# Heiligabend

# Liturgie und Alltag

Guido Fuchs

# Heiligabend
## Riten – Räume – Requisiten

Verlag Friedrich Pustet
Regensburg

Die Deutsche Bibliothek – CIP-Einheitsaufnahme

Ein Titeldatensatz für diese Publikation ist bei
Der Deutschen Bibliothek erhältlich.

ISBN 3-7917-1809-6
© 2002 by Verlag Friedrich Pustet, Regensburg
Satz und Layout: MedienBüro Monika Fuchs, Hildesheim
Umschlaggestaltung: Martin Veicht. form fünf, Regensburg
Druck und Bindung: Friedrich Pustet, Regensburg
Printed in Germany 2002

# Inhaltsverzeichnis

# Vorwort

*Das Lukas-Evangelium, das man doch gerade in der Kirche hörte, wird gelesen, von aller Welt also, die sich schätzen ließ, und daß dies die allererste Schätzung im Lande gewesen sie zu einer Zeit, da Cyrenius Landpfleger war, und der Alten und Kranken wird gedacht. Wobei dem Vater die Tränen kommen, die Familientränen, so daß die Andacht einen Aufschub erfährt, was nicht zu ändern ist …*

Aus großer Zeit

Die ausführliche Schilderung einer Heiligabend-Feier in dem Roman „Aus großer Zeit" des Schriftstellers Walter Kempowski brachte mich vor einigen Jahren dazu, mich mit diesem häuslichen Ritual näher zu beschäftigen, denn es enthält – bis heute – erkennbar gottesdienstliche Elemente. Dies geschah zunächst in einem liturgiewissenschaftlichen Seminar an der Universität Würzburg. Der Mangel an Schilderungen der Feier dieses Abends aus heutiger Zeit (Berichte, „wie's einstens war", gibt es zahlreich), und das gleichzeitige Interesse daran veranlassten mich darüber hinaus zu einer Umfrage, zunächst über verschiedene Zeitungen und Rundfunksender, vor allem aber über eine Website mit konkreten Fragen zur Gestaltung dieser häuslichen Feier (Fragebogen: vgl. S. 201f.).

Mit den – teilweise sehr ausführlichen und interessant zu lesenden – Antworten auf diese Umfrage sowie mit Stimmen aus vergangener Zeit (Erinnerungen, auch ältere Umfragen, die teilweise die 2. Hälfte des 19. Jahrhunderts noch lebendig werden lassen), aber auch mit Beschreibungen aus Romanen, Erzählungen etc. werden die einzelnen Rituale des Heiligabends, die in diesem Buch erläutert werden, gleichsam illustriert. Wenn es sich um Ausschnitte aus denjenigen Antworten handelt, die auf die genannte Umfrage eingingen, werden sie mit einer Zahl in Klammern (47) gekennzeichnet; die vollständigen Antworten lassen sich im Internet unter der Adresse www.hl-abend.de nachlesen.

Eine besondere Rolle unter diesen „Illustrationen" nehmen die Schilderungen des Heiligabends in den Büchern von Walter Kempowski ein. Seine „Familienchronik" („Aus großer Zeit" – „Schöne Aussicht" – „Tadellöser & Wolff" – „Uns geht's ja noch gold" – „Ein Kapitel für sich" – „Herzlich willkommen") umfasst den Zeitraum vom Anfang des 20. Jahrhunderts bis in die späten 50er Jahre, der Heiligabend wird dabei in allen Büchern, der Zeit und den jeweiligen Umständen entsprechend (Großbürgertum am Beginn des Jahrhunderts – Zwanziger und Dreißiger Jahre – Kriegs- und Nachkriegszeit – Zeit im Gefängnis – beginnendes Wirtschaftswunder), gefeiert. Kempowski versteht es wie kaum ein anderer, solche familiäre Szenen detailgetreu einzufangen und die Stimmung der jeweiligen Zeit lebendig werden zu lassen. Kurze Szenen aus diesen Heiligabend-Schilderungen seiner verschiedenen Bücher werden den einzelnen Kapitel jeweils vorangestellt. Dankenswerterweise ermöglichte er mir auch die Suche nach Bildmaterial in seinem umfangreichen Foto-Archiv.

Das Vorlesen der Heiligabend-Szene bei der Familie de Bonsac aus Kempowskis Roman „Aus großer Zeit" ist in unserer Familie bereits selbst ein Ritual, das irgendwann an Weihnachten seinen Platz hat. Ihm, dem liebenswerten Chronisten, sei dieses Buch daher auch gewidmet.

Abschließend möchte ich allen Menschen danken, die mir bei der Entstehung dieses Buches in irgendeiner Weise behilflich waren, vor allem jenen, die sich an der Umfrage „Wie feiern Sie Heiligabend?" beteiligt haben und mir reiches Material zukommen ließen. Mein Dank gilt auch der Diözese Würzburg für die Gewährung eines Zuschusses zu den Druckkosten dieses Buches.

Hildesheim, im Juli 2002                                   *Guido Fuchs*

# Riten – Räume – Requisiten

## Einleitung

„Der Countdown begann am Vormittag des Heiligen Abends: da wurden letzte Einkäufe getätigt und das so genannte Weihnachtszimmer abgeschlossen. Es war das so genannte Herrenzimmer – das Arbeitszimmer des Vaters; fugenlos abgedichtet, eine Art von Allerheiligstem, sogar noch die Schlüssellöcher mit Pergamentpapier verhängt. In diesem Zimmer waltete von da an nur noch Vater, Zeremonienmeister und Inspizient in einem. Der Rest der Familie wartete in Küche und Wohnzimmer. Zum Mittagessen gab es Nudelsuppe, gekocht aus dem Gänseklein. Danach vertrieb man die Zeit durch häusliche Hilfsarbeiten wie Aufräumen, Abwaschen, Kohlen aus dem Keller holen, damit alles an Ort und Stelle war und der Gang des Festes nicht mehr gestört werden musste. Diese Phase wurde abgeschlossen durch den Kaffee, der gleichzeitig den Beginn der eigentlichen Festlichkeiten markierte. Diese war für uns Kinder jedoch nicht mit Behaglichkeit und Entspannung verbunden, sondern hatte etwas Geschäftiges und Aufregendes. ‚So, jetzt zieht ihr euch mal um‘ – man wurde in seine Sonntagskleider eingewiesen, die schließlich noch auf ordentlichen Sitz und Fusselfreiheit überprüft wurden.

Um halb fünf begann dann die ‚Kirche‘; aber weil sie an diesem Tag besonders voll war und alle Familien – auch die, die, gleich uns, sonst nicht zur Kirche gingen – dorthin drängten, um sich in die gehörige Stimmung versetzen zu lassen, musste man schon eine halbe Stunde zuvor dort sein, um noch einen ‚anständigen‘ Platz zu ergattern. ‚Die Kirche‘ lief dann ein für allemal gleich ab; man schaute nach den Leuten, las hinten im Gesangbuch die Texte über die Dichter, um sich die Zeit zu verkürzen, und freute sich, wenn die Mesnerin mit einem langen Rohr die Kerzen an den Weihnachtsbäumen neben dem Altar anzündete. Dazu Orgel und vor allem Kinderchor – das war der Inbegriff von Weihnachten. Dann beschimpfte der Pfarrer die ‚Weihnachtschristen', die nur an diesem Tag in die Kirche kamen, damit ihnen die Gans besser schmeckte; er wählte deswegen auch Lieder aus, die nur seine Intim-Christen kannten und bei denen wir ‚Stille-Nacht-Sänger' nicht mithalten konnten. Nur zum Schluss ‚O du fröhliche' stehend – das war das einzige Zugeständnis und eine Art Gnade- und Versöhnungsakt, in dem die Kirche den verlorenen Schafen Trost spendete und mit einer gewissen Absicht Gnade walten ließ: erst Schimpfen, dann Reue und zuletzt Versöhnung. Anschließend gingen wir heim, es war schon dunkel.

Der Vater brauchte noch einmal furchtbar lange; man konnte schon die Märklin-Eisenbahn fahren hören und hatte den Verdacht, er erhöhe die Spannung absichtlich, und als dann schon fast alles vor Spannung zu platzen drohte, wurde vom Vater noch die Weihnachtsgeschichte nach Lukas aus der Bibel vorgelesen. Er ging dann wieder ins Allerheiligste zurück, wieder dauerte es, schließlich läutete er mit einem Glöckchen. Die Familie trat endlich ein, hielt im Angesicht des Lichterbaums inne und starrte einen gebührenden Augenblick lang darauf. Da wir alle außerordentlich unmusikalisch waren, wurde nur sehr dünnfädig gesungen, was ich als Kind immer als Makel ansah, denn zu einer richtigen Weihnachtsfeier gehörten eben Blockflöten und glockenhelle Stimmen. Wir Kinder mussten eine Zeit lang Gedichte aufsagen, aber da das Repertoire bald erschöpft war, wurde später von dieser Lösung wieder abgegangen. Schließlich war der Weg zu den Geschenken frei, die nach Personen auf Haufen geordnet waren. Zuerst packte man die Größeren aus, freute sich, tat zumindest so. Dann spielte ich mit der Märklin-Eisenbahn, die Kerzen wurden später ausgepustet, der Vater rauchte seine Weihnachtszigarre, man las in geschenkten Büchern. Zum Essen gab es Saitenwürste mit Kartoffelsalat, damit die Mutter keine Umstände hatte – im übrigen durfte man aufbleiben, solange man wollte.

Am nächsten Tag war die Spannung weg. Es gab die Gans, die mein Vater im weißen Mantel so kunstgerecht tranchierte, dass sie bereits kalt war, bis sie auf den Tisch kam. Freunde besuchen durfte man erst am zweiten Feiertag und da auch nur zwischen 11 und 12 Uhr. An Weihnachten wollten schließlich alle unter sich sein, wir wollten es angeblich auch; beim eigentlichen Fest waren allenfalls Verwandte als Gäste zugelassen.

Ich weiß nicht mehr, wann ich das erste Mal dieses Ritual hasste, zumindest nicht mehr mochte, aber es hat mit Sicherheit einige Zeit gedauert. Mit 12, 14 Jahren gefragt, hätte ich es, wenn nicht wunderschön, so doch auf alle Fälle gültig und verbindlich gefunden. Das war einfach die DIN-Form, Weihnachten zu feiern. Dass man es auch anders oder gar nicht feiern könnte, wäre mir unvorstellbar gewesen."[1]

„Die DIN-Form, Weihnachten zu feiern …": In dieser Beschreibung eines Weihnachtsfestes vielleicht aus den 60er Jahren des 20. Jahrhunderts von Utz Jeggle klingt alles an, was in vielen Häusern, Familien und Lebensgemeinschaften noch immer zum Programm am 24. Dezember gehört und alljährlich auf eine bestimmte, oft über viele Jahre hinweg feststehende Art und Weise begangen wird: die Feier des Heiligen Abends. In seiner Genese und auch seinen Grundzügen – häufig nicht mehr erkennbar und auch nicht bewusst – geht das spätnachmittägliche oder abendliche Ritual vor dem Weihnachtsbaum auf eine religiöse Feier, eine Hausandacht zurück, denn es enthält, wie es auch in der Beschreibung von Jeggle anklingt, gottesdienstliche Elemente (Lieder, Evangelium, bisweilen auch Gebete); es findet an einem quasi liturgischen Ort statt, in einem besonderen, vorher abgeschlossenen Raum (im Weihnachtszimmer, dem „Allerheiligsten"), an der Krippe oder vor dem mit brennenden Kerzen geschmückten Christbaum; es wird von bestimmten, gleichsam liturgischen Rollen getragen (Vater, Mutter, Kinder), denen entsprechende Zeremonien und Aufgaben in dieser Feier obliegen (Entzünden der Kerzen, Öffnen der Türen, Lesen des Evangeliums, Aufsagen bestimmter Texte). Höhepunkt und Ziel dieser Feier (aber nicht originär dazugehörig) ist das Überreichen von Geschenken, wodurch auch der Inhalt des Weihnachtsfestes ausgedrückt wird. Mit dieser Feier sind weitere Handlungen verbunden, vor allem eine oft ausführliche Vorbereitung, aber auch ein – meist so und nicht anders stattfindendes – Essen. Unterhaltung und Spiele können die Feier selbst bereichern, die gelegentlich noch mit einem Besuch des Gottesdienstes in der Kirche vorher oder nachher verbunden ist.

Diese Feier des Heiligabends ist nach wie vor zumindest in deutschsprachigen Ländern weit verbreitet und einzigartig: Es gibt keinen anderen Tag im Jahr, an dem ein solch entfaltetes Ritual, das auch teilweise immer noch religiösen Ausdruck annehmen kann, in so großer Übereinstimmung stattfindet. Der „Heilige Abend" ist geradezu institutionalisiert, und man weiß mit diesem Begriff bereits ein bestimmtes häusliches Ritual verbunden.

Die Feier des Heiligen Abends findet in mehreren Räumen statt; da ist zunächst einmal der Zeit-Raum des 24.12., der mit dem „Countdown" am Morgen beginnt und meist noch in der Nacht abgeschlossen wird – zumindest ist am nächsten Tag „die Spannung weg", wie Jeggle schreibt. Er findet im Raum der Familie statt, oft sogar der Familie im engeren Sinn, also nur zwei Generationen umfassend. Und es ist konkret der Raum des Hauses bzw. der Wohnung, in dem sich dieser Ritus abspielt, wo unter Umständen nochmals ein besonderer Raum (das „Herrenzimmer") zum „Weihnachtszimmer" hergerichtet werden kann und schon vorher als „Allerheiligstes" fungiert, zu dem nur wenige Personen Zutritt haben. – Der andere Raum, der in Jeggles Skizzierung genannt wird, „die Kirche", stellt zwar die ursprüngliche Beheimatung der weihnachtlichen Feier dar, wurde aber im Aufkommen dieses häuslichen Rituals zum Nebenraum degradiert, in dem häufig allenfalls der Auftakt oder der spätere Ausklang stattfindet.

Es kommen hier drei verschiedene Dinge zusammen, die zunächst gar nicht selbstverständlich und daher frag-würdig sind:

• Wieso wird das Weihnachtsfest nicht am 25.12., an dem eigentlich der Geburt Christi gedacht wird, sondern bereits einen Tag vorher, am 24.12., gefeiert?

• Weshalb wird diese Feier nicht, wie andere christliche Feste auch, ausschließlich oder zumindest überwiegend in der Kirche begangen, sondern schwerpunktmäßig im Haus/in der Familie?

• Warum besteht diese häusliche/familiäre Feier aber wiederum aus liturgischen Grundelementen und religiösen Riten? Wie und wieso wandert die gottesdienstliche Feier aus der Kirche in den Raum der Familie?

Diese drei Fragebereiche stehen am Anfang dieser Untersuchung über die häusliche Heiligabend-Feier. Lag ihr ursprünglich auch einmal eine familiäre Liturgie zugrunde (Hausandacht), so ist doch heute wohl nur noch selten von einer solchen auszugehen. Immerhin aber gibt es viele Hilfen zur Gestaltung dieses Abends, die auch gottesdienstliche Elemente beinhalten oder sogar ausgesprochene „Hausgottesdienste" für den Heiligen Abend sind. Es ist daher auch der Frage nachzugehen, ob es sich bei einem unter Umständen entfalteten religiösen Ritual um eine wirkliche „Liturgie" handelt, die von den Familienangehörigen oder einer Gruppe als „Hauskirche" gefeiert wird *(Kapitel 1)*. Diese Feier wird dann im weiteren genauer untersucht, wobei die einzelnen Riten und Feierelemente – ob zu ihrem Kern oder eher zum äußeren Bereich derselben gehörig, ob Vorbereitung oder Ausklang des Abends – phänomenologisch, systematisch und wenn möglich auch in ihrer historischen Entwicklung dargelegt werden *(Kapitel 2, 3 und 4)*.

In verschiedenen Punkten weist die christliche Heiligabendfeier auffällige Ähnlichkeiten mit dem jüdischen Sederabend/ Paschaabend auf, mit dem die Feier des Pesach (Pascha) eröffnet wird: Das besondere Essen, die rituelle Gestaltung des Abends, die Beheimatung in der Familie – aber auch die Vorbereitung und die später oft verklärte Erinnerung an diesen Tag lassen die Frage aufkommen, ob es Beziehungen zwischen diesen beiden Feiern gibt, die über eine rein phänomenologische Übereinstimmung hinausreichen. Es wird daher auch kurz die Bedeutung des familiären Gottesdienstes im Judentum sowie der Sederabend selbst dargestellt und in Beziehung zur Heiligabend-Feier gebracht *(Exkurse 1 und 2)*.

Zu den von Jeggle genannten Requisiten dieses Abends zählt auch das „Glöckchen", mit dem vom Vater oder der Mutter geläutet wird, um den Kindern den Zugang zum Weihnachtszimmer und dem dahinter verborgenen Zauber zu signalisieren. Wie kein anderes Element der Feier markiert dieses Läuten den Übergang von einem Raum in den anderen und die damit verbundene Präsentation des Baumes, der Krippe, der Geschenke etc. Es bringt zugleich die ausgeprägte Rolle der Eltern („Zeremonienmeister und Inspizient in einem") und das oft mit bestimmten Erwartungen verbundene Verhalten der Kinder in diesem Heiligabend-Ritual auf einen markanten Punkt. Das führt schließlich zu der Frage, inwieweit es sich bei diesem Ritual auch um eine Inszenierung der Eltern für die Kinder handelt *(Kapitel 5)*.

In einer solchen Inszenierung des Heiligabends durch die Eltern für die Kinder liegt aber die große Gefahr, dass die eigentliche Botschaft von Weihnachten untergeht. Es ist daher abschließend auch nach der Bedeu-

tung der Heiligabendfeier für das Verständnis von Weihnachten sowie nach
der Rolle der Kirchen in der „Domestizierung" dieses alten christlichen
Festes und nach seiner Perspektive für die Zukunft zu fragen *(Kapitel 6)*.

Beschreibungen und kulturhistorische Erschließungen des Weihnachtsfestes und des Heiligabends, der diversen Bräuche und Feierformen gibt es –
vor allem aus volkskundlicher Sicht – reichlich; daher werden bekannte
Dinge auch weitgehend referiert. Es geht in diesem Buch um eine Darstellung der häuslichen Heiligabend-Feier aus liturgiewissenschaftlicher Perspektive heraus, die es bislang nicht gibt. Im Interesse der Liturgiewissenschaft steht vor allem die Entstehung des Weihnachtsfestes und die
Frage, wie die Theologie dieses Tages in den verschiedenen kirchlichen
Feiern zum Ausdruck kommt; pastoralliturgisch wird der Zeitansatz der
Gottesdienste und ihre Form diskutiert. Zumeist aber bleibt es dabei auf
der Ebene der Gemeinde; die häuslich-familiäre Feierform spielt leider
eine untergeordnete Rolle.

Um einen Überblick über diese gottesdienstlichen Aspekte der häuslichen Feier des Heiligabends zu bekommen, war ich daher auf sehr dispa-
rate Quellen und Literatur angewiesen: Für den Ablauf der Feier selbst auf
Hilfen für die häusliche Heiligabendfeier von einzelnen Diözesen oder
Gemeinden; auf christliche Hausbücher und Kalender, Gesang- und Ge-
betbücher; aber auch auf Weihnachtsbücher unterschiedlichster Art, Fami-
lienzeitschriften, Erinnerungen, Berichte, Meinungserhebungen und anderes mehr. Es ist sehr wahrscheinlich, dass längst nicht alles gesichtet und
gewertet wurde, was es an Beiträgen zu diesem Thema gibt. Ich bin mir
auch bewusst, dass die Form des Heiligen Abends, wie sie hier als gleichsam „klassische" Form zu Grunde gelegt wird, nicht die einzige oder gar
allein richtige ist. Schon regional gab und gibt es bemerkenswerte Abwei-
chungen in der Feier dieses Tages, die gar nicht alle erfasst werden können.
Unterschiedliche Milieus und Szenen tragen heute zu gänzlich verschiedenen Feierformen an diesem Abend bei. Schließlich gibt es auch viele Menschen, die Heiligabend gar nicht oder kaum feiern. Trotzdem oder auch
gerade deshalb ist dieses Buch ein Plädoyer für eine Feier des Heiligen
Abends, die sich allerdings des Vorrangs der Feier von Weihnachten am
25.12. bewusst ist.

# 1. Der Rahmen

*Der 24. war ein Sonntag. So was hatte es ja noch nie gegeben.*
*„In diesem Jahr ist auch alles verrückt."*
*Nach dem Gottesdienst las meine Mutter am runden Tisch, auf dem*
*die Klöppeldecke lag, bei Kerzenschein den Lukas-Text. „... daß alle*
*Welt sich schätzen ließe."*
*Dabei wischte sie sich Tropfen von der Nase.*
*Das habe ihr Vater früher auch immer vorgelesen, und denn das end-*
*lose Singen, wie sei das immer langweilig gewesen!*

Tadellöser & Wolff

## 1.1. Der 24. Dezember – Heiliger Abend

Der „Heilige Abend" (Heiligabend) ist die Bezeichnung nicht nur für den
Abend des 24. Dezember, vielmehr wird der ganze Tag, der dem Weihnachtsfest am 25. Dezember vorausgeht, so genannt.[1] Ähnlich hat sich die
Bezeichnung „Sonnabend" als Bezeichnung für den ganzen Samstag und
nicht nur für dessen Abend eingebürgert. Und wie der Sonnabend ist der
Heilige Abend zunächst ein Tag der Einstimmung auf den folgenden Festtag, der aber mit der Zeit das eigentliche Fest vom 25. Dezember immer
stärker an sich gezogen hat.

## 1.1.1. Name und Bedeutung

Die Bezeichnung „Heiliger Abend" ist wohl entstanden in Anlehnung an
die „heilige Nacht" (= „geweihte Nacht", „Weihnachten"), mit der und in
der die liturgischen Feierlichkeiten des Hochfestes am 25. Dezember vor
der Liturgiereform begannen. Die Bezeichnung „Heiliger Abend" begegnet auch im MB 1975, bezieht sich hier aber – entgegen der üblichen
Verwendung dieses Begriffes und gleichzeitig in seiner ursprünglichen

Bedeutung – ausdrücklich nur auf den Abend des 24. Dezember. Der Name „Heiliger Abend" für den ganzen 24. Dezember wurde spät, partiell erst in der ersten Hälfte des 20. Jahrhunderts verbreitet.[2]

Eine andere Bezeichnung für diesen Tag (und Abend) ist „Christabend", was schon im Spätmittelalter als „Kristabent" begegnet.[3] Diese Bezeichnung ist möglicherweise eher im protestantischen Gebrauch verbreitet, wie auch Luther die Bezeichnung in einem Brief wählte: „annahenden heiligen christabend".[4] Weitere Bezeichnungen waren (und sind) Weihnachtsabend, Christtagsabend.[5] Einige im Norddeutschen früher verbreitete Bezeichnungen bezogen sich auf das reichhaltige Essen, das es (nach dem Besuch der Gottesdienste) an diesem Abend gab: „Dickbuuksabend", „Vullbuuksawend", „Dickefrätersabend".[6] Weiterhin findet man die Bezeichnungen „Christbescherungstag" und „Festabend".[7]

## 1.1.2. Heiliger Abend – Vorabend – Vorfeier (Vigil)

Die Benennungen „Sonnabend" oder auch „Heiliger Abend" weisen auf die Bedeutung des Vorabends des Sonntags bzw. des Weihnachtsfestes, mit dem diese jeweils liturgisch beginnen. Das ist allerdings keine spezifisch christliche Einrichtung, es rührt letztlich von der jüdischen Praxis her, den Tag mit dem Vorabend zu beginnen und am Abend zu beenden.[8]

Bei den Israeliten gab es neben einer Zählung der Tage vom Morgen ab (vgl. 1Sam 19,10f.) auch eine kultische Festlegung des Feiertages und des Sabbats vom Abend des vorangegangenen Tages an (vgl. Lev 23,32). Über den kultischen Bereich scheint diese Ordnung des Tages allmählich die bedeutendere geworden zu sein und hat sich im Leben der Juden weiter ausgewirkt. Ihr entspricht die Formel „Nacht und Tag", „Abend und Morgen", wie sie in jüngeren Schichten des Alten Testaments begegnet. Der jüdische Tag beginnt danach auch heute noch mit dem Sonnenuntergang und endet vor Sonnenuntergang des nächsten Abends.

Diese Ordnung des Tageslaufes von Abend zu Abend hat sich nicht nur bei den Juden bis heute bewahrt, sie wurde auch – zumindest regional – von den Christen übernommen. Während es in den Kirchen des Ostens ebenfalls bis heute üblich ist, liturgisch jeden Tag mit dem Vorabend zu beginnen, zählte der Westen den Volltag – wohl unter Einfluss römischen Sakralrechtes – von Mitternacht an. Lediglich für die Sonntage und Festtage wurde der ursprünglich jüdische Beginn des Tages mit dem Vorabend beibehalten.

Liturgisch kam und kommt diese Überlieferung in der Feier der Ersten Vesper zum Ausdruck (seit den 60er Jahren des 20. Jahrhunderts auch in den so genannten Vorabendmessen), an bestimmten Tagen aber auch in der Feier einer Vigil, eines nächtlichen Gottesdienstes (nach dem Vorbild der Osternacht), der ursprünglich am Vorabend begann und am frühen Morgen des Festtages mit der Eucharistie beschlossen wurde. Allerdings wurden solche Vigilien vor großen Festen und Heiligenfeiern für das Volk schon bald als eine Art „Vor-Vigil" bereits am Abend gefeiert, jedenfalls vor Einbruch der Dunkelheit. In den Liturgiebüchern des Mittelalters wurden Vigilien als eintägige Vorfeiern verstanden; sie bestanden im Wesentlichen nur noch aus den Vigilmessen, die inzwischen am Vormittag ihren Platz hatten.[9]

Bis zur Liturgiereform im Anschluss an das II. Vatikanischen Konzil enthielt das Kirchenjahr eine Reihe solcher Vigiltage, die als „Vorfeiern" verstanden wurden; sie waren zumindest teilweise noch geprägt von ihrem ursprünglichen Charakter der Vorbereitung und Buße, der sich unter anderem in den violetten Paramenten, dem Wegfall des Alleluja (außer, wenn der Vigiltag auf einen Sonntag fiel) und dem Fastengebot niederschlug.

### 1.1.3. Der 24. Dezember als Vigiltag bis zur Liturgiereform

Neben anderen war auch der 24. Dezember bis zur Liturgiereform ein solcher Vigiltag mit einer morgendlichen Messe „In Vigilia Nativitatis Domini". Ihren Ursprung hatte diese Vigil – wie das Weihnachtsfest überhaupt – in Rom; hier feierte man möglicherweise bereits im 5. Jahrhundert, sicher bezeugt aber für die Mitte des 6. Jahrhunderts,[10] am 24.12. („VIIII kal. Ian.") „post nonam" also nach 15 Uhr, wohl zusammen mit dem Bischof und dem Volk in St. Peter, später in S. Maria Maggiore, die Vigil im Sinne einer Messe, die zugleich das auf Weihnachten vorbereitende Fasten beendete. Das Formular dieser Messe findet sich bereits im Sacramentarium Leonianum und auch im späteren Gelasianum.[11]

Später rutschte diese Messe, wie andere Vigilmessen auch, auf den Vormittag; zugleich entwickelte sich (in klösterlichen Kreisen?) eine nächtliche Feier des Offiziums, die Matutin („Mette"), die sich mit der Mitternachtsmesse verband (und ihr später auch den Namen „Christmette" gab).[12]

In Rom kannte man im frühen 9. Jahrhundert (überliefert von Amalar von Metz) zwei verschiedene nächtliche Offizien: Das eine Offizium wurde in S. Maria

Maggiore in Anwesenheit des Papstes „zur Vigil" gesungen, das andere pflegten die Kleriker in St. Peter zu singen. Das zweite (jüngere) Offizium lebte im Breviarium Romanum von 1568 weiter. Diese doppelte Vigil (Vigil und Matutin) gehörte derart zum Bestand der Weihnachtsfeier, dass sie auch in der Lateranbasilika des 12. Jahrhunderts gehalten wurde.[13]

Als Vigiltag war der 24. Dezember seit dem Mittelalter bis in die 60er Jahre des 20. Jahrhunderts hinein ein Fasten- und Abstinenztag; dies bedeutete neben der nur einmaligen Sättigung auch ein Verbot der Fleischspeisen *(vgl. dazu Kapitel 3.4.1.)*. Die Beachtung dieses Fastens wurde den Gläubigen auch eingeschärft; so heißt es in einem Gesangbuch aus dem 19. Jahrhundert: „Halte 1) gewissenhaft die Vigilfasten am Tage vor Weihnachten. 2) Bringe den Heiligen Abend vor Weihnachten andächtig zu."[14] Allerdings nahm diese Einschränkung mit der Zeit ab, wie aus einem Liturgiebuch von 1933 deutlich wird: „Der heutige Tag heißt im Volksmund „Heiliger Abend" und nimmt eine ganz einzigartige Stellung unter den Vigilien ein. Nur zu einem kleinen Teil enthält er Bußstimmung, er ist vielmehr ein Tag der freudigen Erwartung."[15] Ende der 50er Jahre wurde das Fastengebot vom 24. auf dem 23.12. vorverlegt (wenn dieser auf einen Sonntag fiel, sogar auf den 22.12.). Auch diese Verlegung war ein wichtiger Schritt auf dem Weg der erlebnismäßigen Vorverlegung des Weihnachtsfestes vom 25. auf den 24. Dezember.

Im vorkonziliaren Messbuch Pius V. von 1570 zählte die (vormittägliche) Vigilmesse am 24. Dezember noch zur Adventszeit; die Weihnachtszeit begann mit der Ersten Vesper am Abend dieses Tages, die erste Messe war das so genannte Engelamt, die „Christmette" in der Nacht zum 25. Dezember („Missa in nocte"). Bis zur Liturgiereform war diese Erste Weihnachtsmesse für das (katholische) Volk auch wirklich die erste Weihnachtsliturgie; sie fand nach der Matutin (Mette), um Mitternacht, eventuell auch später, nicht aber vor 24 Uhr statt.[16] An der Ersten Vesper, die liturgisch-offiziell das Hochfest eröffnete, hatte das Volk ja weitgehend keinen Anteil (das Stundengebet war als „Breviergebet" dem Klerus vorbehalten), die hie und da stattfindenden Krippenfeiern waren keine offizielle Liturgie.

Es war von dieser Einordnung und Gestaltung des 24. Dezember richtig, wenn Joseph Minichthaler noch 1931 schreibt, dass der „Höhepunkt des Adventes […] der heilige Abend" ist.[17] Und die Beschreibung, die Klara Wirtz von der Feier des Heiligabends gibt, traf Mitte des 20. Jahrhunderts durchaus – zumindest offiziell und im Geist der Liturgischen Bewegung – noch zu: „Darum beginnt die Weihnachtsfeier vieler Familien mit dem Gang zum Gotteshaus, während der Heilige Abend noch im Schein seliger Erwartung steht. Ihm gilt das Wort der Tagesmesse: ‚Heute sollt ihr erfahren, dass der Herr kommt, uns zu erlösen; und morgen sollt ihr schauen Seine Herrlichkeit.‘ Die Kerzen am Adventskranz brennen nieder; noch einmal erklingen die sehnsüchtigen Adventsweisen, und die Krippe des Herzens ist bereitet in frommer Beichte."[18]

### 1.1.4. Der 24. Dezember nach der Liturgiereform

Die Vigilmessen vor bestimmten Hochfesten wurden auch nach der Liturgiereform im Anschluss an das II. Vatikanum beibehalten, allerdings rückten sie vom Morgen wieder auf den Abend und stellen jetzt eine Art Vorabendmesse mit eigenem Messformular dar. Auch der 24. Dezember hat im heutigen Messbuch (MR 1970 / MB 1975) zwei Messen, eine erste (noch adventliche) am Morgen (Messe vom 24. Dezember) sowie eine zweite – die bislang morgendliche – am Abend, die als „Messe am Heiligen Abend" mit eigenen Texten heute zugleich die erste Weihnachtsmesse darstellt (von der Entstehung der verschiedenen Weihnachtsmessen her ist sie die vierte …) und vor oder nach der Ersten Vesper ihren Platz hat.

Die ursprünglich einzige Messe wurde in Rom am 25. Dezember gegen 9 Uhr gefeiert; Belege dafür gibt es aus dem 4. Jahrhundert. Im 5. Jahrhundert kam eine nächtliche Feier in S. Maria Maggiore hinzu, im 6. Jahrhundert eine weitere Messe, die der Papst in der Kirche der heiligen Anastasia hielt. Diese drei verschiedenen Weihnachtsmessen wurden mit der Zeit allen Priestern erlaubt.

Mit dieser Vigilmesse am Abend des 24. Dezember (bzw. der ihr vorausgehenden Ersten Vesper) beginnt heute das Hochfest der Geburt des Herrn und damit auch die Weihnachtszeit, wie an der Anordnung der Überschriften im Messbuch deutlich abzulesen ist:[19]

DIE WEIHNACHTSZEIT

25. Dezember

HOCHFEST DER GEBURT DES HERRN

Weihnachten – Christtag

AM HEILIGEN ABEND

Zu dieser Einordnung der Vigilmesse als Erste Weihnachtsmesse (im MB 1975) erscheint aber der alte Eröffnungsvers, der die Situation des Vortages voraussetzt, unpassend: „Heute sollt ihr es erfahren. Der Herr kommt, um uns zu erlösen, und morgen werdet ihr seine Herrlichkeit schauen."[20]

### 1.1.5. Weihnachten am 24. Dezember?

Hat die Vigilfeier, also die Einstimmung des Festtages durch die Vorfeier, mit dazu beigetragen, dass die eigentliche Feier des Festes der Geburt Christi im Verständnis der Menschen allmählich vom 25. Dezember auf den 24. vorverlegt wurde? Tatsächlich gibt es heute – zumindest in der öffentlichen Meinung – ja kaum einen Dissens darüber, dass Weihnachten am 24. Dezember ist. Nicht nur für die Kinder ist der Tag, an dem sie die Geschenke erhalten, der eigentliche Festtag. Die meisten Adventskalender zeigen hinter ihrem letzten Türchen, dem 24., die Krippe und damit die Geburt Christi.[21] „Einmal werden wir noch wach, heißa, dann ist Weihnachtstag!", heißt es im Lied „Morgen, Kinder, wird's was geben", und aus dem Kontext ergibt sich, dass diese Zeilen am 23. Dezember gesungen werden. Vor einigen Jahren sagte eine TV-Sprecherin auf SAT 1 am 23.12. gegen 22 Uhr abends: „Morgen um diese Zeit ist Weihnachten bereits vorbei." Tatsächlich endet bei vielen Rundfunksendern um diese Zeit am 24.12. auch die spezifisch weihnachtliche Musik. Folgerichtig wird dann auch bereits am 23. Dezember abends zu Feiern „Wir warten aufs Christkind" eingeladen.[22] In dieser Vorstellung wird der eigentliche Festtag am 25. Dezember, der „Erste Feiertag", gewissermaßen zur Nachfeier. So wundert es auch nicht, dass der Bayerische Rundfunk 1994 am 25. Dezember eine Sendung mit dem Titel ausstrahlte: „Das war wieder ein Fest. Gedanken am Ende der Weihnachtstage."[23]

Ende des Jahres 2001 machte der deutsche Bundestagsabgeordnete Siegfried Helias (CDU) den Vorschlag, Heiligabend künftig bundesweit zu einem Feiertag zu machen und als Ausgleich dazu den 2. Weihnachtsfeiertag zu opfern. Die BILD-Zeitung forderte über Internet zu einer Meinungsabgabe auf; danach sprachen sich über 91% für die bisherige Regelung des Heiligabends und zur Beibehaltung des 2. Feiertages aus.[24]

Doch nicht nur in unserer weithin säkularisierten Gesellschaft erscheint der Heilige Abend zunehmend nicht mehr als Tag der Vorbereitung auf Weihnachten, sondern als eigentlicher Feiertag – auch kirchlicherseits ist dies der Fall, wie die vielen Feiern am Nachmittag und Abend des 24. Dezember zeigen.[25]

Als im Jahr 2000 der Heilige Abend auf einen Sonntag fiel, der zugleich 4. Adventssonntag war, wurde teilweise in den vormittäglichen Adventsgottesdiensten weihnachtliche Musik erwünscht. (3) Selbst der Bischof von Hildesheim bekannte vor einigen Jahren freimütig, dass für ihn der „24. Dezember einen besonderen Rang auf der Skala aller drei Festtage" einnehme; er ist „Auftakt und Höhepunkt".[26] Entsprechend leer bzw. auffällig weniger besucht ist damit das einstmalige „Hochamt" am 25. Dezember, die erste und ursprünglich einzige Feier des Festes.

So sehr hat sich der 24. Dezember inzwischen als vermeintliches Weihnachtsdatum in den Köpfen eingenistet, dass in einem neueren Buch sogar das Fest der Verkündigung des Herrn nach vorn verschoben wird: „Am 24. März feierte man schon vor über 1'500 Jahren das Fest Mariä Verkündigung [...] Der 24. März befindet sich im Kalender genau neun Monate vor dem 24./25. Dezember, dem offiziellen Geburtstag Jesu."[27]

Woher rührt diese eigentümliche Vorverlegung der Feier der Geburt Christi vom 25. auf den 24. Dezember?

### 1.1.6. Die lutherische Christmette und Christvesper

Der nächtliche Weihnachtsgottesdienst (und die ihm eventuell vorgelagerte Mette, Matutin), die Christmette, erfreute sich beim Volk allgemeiner Beliebtheit. Die Feierfreude konnte dabei jedoch auch in Übermut und Überschwang umkippen. „Offiziell standen früher zwar die kirchlichen Feiern im Mittelpunkt, aber dieser Mittelpunkt wurde oft und oft überwuchert von den Sprossformen, die das Weihnachtsfest ansetzte. [...] Weihnachten war nicht zuletzt ein Fest, an dem junge Leute ihre eigenen Wege gingen und der Obrigkeit zu schaffen machten."[28] Schon aus der Zeit vor der Reformation gibt es Berichte über das Tanzen, Lärmen und Herumtoben des Volkes vor aber auch während des nächtlichen Gottesdienstes. Viele Gottesdienstbesucher waren alkoholisiert, weil sie sich in Wirtshäusern oder zu Hause die Zeit bis zur Mette mit Trinken vertrieben.[29]

*24. 3. : FA in Rom !*

Die Reformation bescherte durch die Betonung der (täglichen) gemeindlichen Tagzeitenliturgie in Form von Vesper und Mette, wie sie Luther in
seiner Schrift „Von ordnung gottis diensts ynn der gemeine" 1523 vorschlug, auch der Liturgie des Weihnachtsfestes und des Heiligen Abends
etwas Neues: Die Christvesper und die Christmette. Unter letzterer versteht man allerdings – im Gegensatz zum landläufigen Verständnis der katholischen Christmette – keine mitternächtliche Messe mit vorgelagerter
Matutin (Mette), sondern eine reine Tagzeitenliturgie.

Bei der Mette, wie sie Luther vorschlug, handelt es sich gewissermaßen um
eine Kombination von Matutin und Laudes; sie sollte am frühen Morgen
zwischen 4 und 6 Uhr stattfinden, Träger waren (angesichts der Uhrzeit verständlicherweise) allerdings weniger die Gemeindemitglieder als vielmehr die Schüler, die in der Gemeinschaft eines Konviktes miteinander lebten. Lediglich
die Sonn- und Feiertagsmette sollte auch die Gemeinde versammeln.

Auch die Christmette verlegte man bald schon auf die frühen Morgen-
stunden. In einer Kirchenordnung von 1543 (Pfalz-Neuburg) heißt es:
„Die Mette in der Christnacht soll nicht mehr um Mitternacht, sondern
allerlei Gefahr zu vermeiden, erst um vier Uhr nach Mitternacht gehalten
werden."[30] Diese Zeit wurde vielerorts üblich. Gelegentlich wich man auch
von der Mettenform ab und gestaltete sie freier mit vielen Liedern und
Gesängen (Quempas).[31] Doch auch trotz dieser frühen Morgenstunde kam
es noch häufig zu Umtriebigkeiten. Über eine solche evangelische Mette
am frühen Morgen des 25. Dezember heißt es in einer Beschreibung aus
Zittau zum Ende des 18. Jahrhunderts:

> Der Gottesdienst begann morgens um 4 Uhr. Die Kirche war er-
> leuchtet, es erschallten Musik und lateinische Gesänge. Das Fest lockte
> eine Menge Menschen aus den benachbarten Bergstädten dahin, die
> sich mit Branntwein und Honigkuchen reichlich zu versehen pfleg-
> ten, um sich gegen die Kälte zu schützen und das Christfest zu bege-
> hen. Die Kirche war gepfropft voll und der Lärm so groß, als wenn
> alle Trommeln eines Regiments auf einmal geschlagen würden. Der
> entsetzliche Dampf von Branntwein, Lichtern und Taback erfüllte
> die Kirche und erstickte fast den einzigen nüchternen Mann, den
> Prediger. Dieser konnte wegen des erstaunlichen Getöses nicht re-
> den, stand still und sah von der Kanzel herab auf den Unfug der
> Gemeinde. Brennende Lichter, die das besoffene Volk von den Leuch-
> tern riss, flogen in der Kirche umher …[32]

Es wundert daher nicht, dass man versucht hatte, dem Treiben dadurch Einhalt zu gebieten, indem man die Mette entweder noch weiter auf den Morgen schob oder auf den Nachmittag des 24. Dezember vorverlegte.[33] So wurde etwa wegen des Umtriebes in der Nacht seitens des preußischen Kurfürsten am 18. Dezember 1711 folgende Verfügung erlassen:

> Weil mit denen Lichter-Cronen auf dem Christabend viel Gaukeley, Kinder-Spiel und Tumult getrieben wird, als befehlen wir Euch hiermit nicht allein solche Christ- und Lichterkronen gäntzlich abzuschaffen, sondern auch, die Christ-Metten nicht des Abends, sondern des nachmittags um 3 Uhr zu halten.[34]

Teilweise wurde sie in einzelnen evangelischen Landesteilen sogar ganz abgeschafft, hielt sich aber vielerorts nichtsdestotrotz – vor allem im Erzgebirge und anderen mitteldeutschen aber auch süddeutschen Regionen.[35]

Nach Bieritz waren die Metten der Ersatz für die der katholischen Mitternachtsmesse vorgelagerten Matutin; die Messe selbst bzw. deren Texte sieht er ersetzt in der Christvesper, die am Nachmittag des Heiligen Abends stattfand.[36] Allerdings ersetzten die Christvespern wohl auch die verbotenen bzw. vorverlegten Metten. Zu dieser Christvesper gehören auch (bis in die Reformationszeit zurückreichend) die Lesung der alttestamentlichen Prophetien sowie das Evangelium von der Geburt des Herrn, Lk 2,1–20, das „Weihnachtsevangelium". Das ist insofern wichtig, als hier eine Nahtstelle zur häuslichen Feier am Heiligabend zu finden ist, denn dieser Text spielt ja auch hier eine wesentliche Rolle. Im allgemeinen hat sich heute im evangelischen Bereich die Feier der Heiligen Nacht als Feier der „Christvesper" auf den Spätnachmittag/Abend verlagert, die unter relativ großer Teilnahme von Erwachsenen und Kindern gefeiert wird. Seit etlichen Jahren finden aber auch vermehrt wieder nächtliche Gottesdienste statt.

### 1.1.7. Die katholische Christmette

Auch in katholischen Gebieten machte der nächtliche Gottesdienst (Mitternachtsmesse) durchaus Probleme. Der Pfarrer von Justingen (Württemberg) schilderte im Jahr 1804 brieflich die Zustände, wie sie sich – wohl nicht nur bei ihm – eingebürgert hatten: Die Leute warten bis Mitternacht bei Bier und Branntwein in den Häusern, treiben Schwärmerei und Aberglauben, um dann „ganz erhitzt ohn aller Andacht und Frömmigkeit zur Kirche hin zu schwärmen."[37] Vor allem um die Wende des 18./19. Jahrhunderts wurde über die Beibehaltung der Christmette nicht nur deshalb diskutiert, weil sie Anlass zu „Rauchen, Zänkereien und Vermummungen"[38] gebe, sondern auch wegen der Dunkelheit, der langen Wege der Kirchenbesucher und der Einbruchsgefahr in leer stehende Häuser. Deswegen wurde sie in Bayern um 1800 „... auf den ernstlichen Wunsch Sr. churfürstlichen Durchlaucht"[39] und auf Weisung der Behörden (allerdings durchaus unter Befragung des Kirche) auf die Frühe des 25. Dezember gerückt.[40] Ähnliches geschah in den angrenzenden Ländern, in Württemberg, Österreich, den rheinländischen Diözesen; in der Stadt Speyer und der ganzen Diözese wurde dies bereits um 1790 durchgeführt.[41]

Während die Befürworter dieser Verlegung auf die sittlichen Missstände verwiesen, konnten die Gegner gar keine feststellen; vielmehr rühmten die Geistlichen häufig das Verhalten der Gläubigen, die diesen Gottesdienst in der Nacht zum höchsten Fest im Kirchenjahr machten.[42] Erst zweieinhalb Jahrzehnte später erhielt die Christmette in Bayern wieder ihren alten Platz um Mitternacht.[43] Die Behörde hatte nichts mehr gegen den Gottesdienst um Mitternacht einzuwenden, beharrte aber auf strenge polizeiliche Aufsicht hinsichtlich der Ordnung im Volk. Auf katholischer Seite hielt sich aber die Christmette danach bis zur Liturgiereform auf diesem nächtlichen Platz bzw. mancherorten auch am frühen Morgen des 25. Dezember. Eine Vorverlegung auf die Abend- bzw. Nachmittagsstunden des 24. Dezember aber kam durch das Verbot jeder Messe nach 12 Uhr mittags nicht in Frage.[44]

Vielerorts gab es gar keine eigentliche „Mette"/Matutin – lediglich die Bezeichnung „Christmette" für den nächtlichen Gottesdienst erinnerte noch daran. Bisweilen waren die vorbereitenden Feiern auch lediglich (musikalische) Einstimmungen der Gemeinde. Im Zuge der so genannten Liturgischen Bewegung in der ersten Hälfte des 20. Jahrhunderts wurde auch für die Wiedereinführung der Mette als gemeindliche Matutin vor der „missa in nocte" plädiert: „... in Kirchen mit Mitternachtsgottesdienst [sind] um 11 Uhr, ja schon um 10 Uhr die Bänke besetzt ... Wie wäre es, wenn man diese Frühankömmlinge zu einer Art Chormette gegen 11 Uhr als Vorbereitung zur hl. Messe heranzöge? [...] In unserer Stiftskirche lauscht ergriffen die dicht gedrängte Menge, wenn diese unsagbar schönen Weisen erklingen."[45] – „Etwa um halb 11 Uhr laden uns die Weihnachtsglocken ins Gotteshaus zur Mette. Wir Jünger der Liturgie werden es uns nicht versagen, die Mette in der Nacht zu beten, am liebsten in der Gemeinschaft."[46] Entsprechend hielten verschiedene Gesangbücher dieser Zeit auch die Texte der Mette lateinisch-deutsch bereit.

### 1.1.8. Das Vorrücken der katholischen Mette auf den 24. Dezember

Das Verrücken der Christmette/Messe auf den Abend bzw. Nachmittag des 24. Dezember blieb auf katholischer Seite dem späten 20. Jahrhundert vorbehalten. „Im Zuge der vom Zweiten Vatikanischen Konzil eingeleiteten Anpassungen des Gottesdienstes an die Erfordernisse der Zeit fing man auch an, die mitternächtliche Weihnachtsmesse auf einen Zeitpunkt vorzuverlegen, der den Menschen offenbar mehr zusagt. Die Pfarrgemeinderäte wurden mit der Frage befasst, Rundfragen gemacht und Abstimmungen in den Kirchen durchgeführt. Das Ergebnis der Meinungsbildung war in den meisten Fällen eine Vorverlegung der Christmette. Im südlichen Bereich des deutschen Sprachgebietes wird sie seither mit wenigen (und begründeten) Ausnahmen zwischen 22 und 24 Uhr begonnen, in nördlicher gelegenen Gebieten ist sie vielfach zu einer Vorabendmesse geworden oder man feiert sie „praktischer" bereits um etwa 17 Uhr."[47] Eine Antwort auf den Fragebogen des Archivs für westfälische Volkskunde von 1970 trifft in ihrer Wortwahl („Vorabendmesse") die heutige Einschätzung ziemlich genau, sie gibt zugleich einen Eindruck über die frühere Ordnung:

> Die Vorabendmesse, als Uchte (= Mette)[48] gedacht, war dieses Jahr um 19.30 Uhr, die Frühmesse am ersten Festtag 7 Uhr früh, das Hochamt um 9.30 Uhr. In früheren Jahren war die Uchte in den Städten um 12 Uhr Mitternacht, (in den) Dörfern um 5 Uhr morgens. Ihr schloss sich die Frühmesse an, das Hochamt war 9.30 Uhr.[49]

Nach den Angaben (nur) des deutschen Messbuches kann das Formular der abendlichen Vigilmesse, die vor oder nach der Ersten Vesper ihren Platz hat, „aus pastoralen Gründen durch die Mitternachtsmesse ersetzt werden" (MB 1975, 36), was nicht unproblematisch ist: Damit rutschen unter Umständen die Texte dieser Messfeier, die von der Nacht handeln (Tagesgebet, Gabengebet, vgl. auch die Zeitangaben in den Liedern: „… wohl zu der halben Nacht", „Stille Nacht" etc.), in den Abend bzw.

Spätnachmittag des 24. Dezember hinein. Der Verlust der Symbolik wird
seither wiederholt und zu Recht beklagt.[50]

Daneben aber wurde es schon bald nach dem II. Vatikanum auch üblich, am Nachmittag des 24. Dezember so genannte Kinderchristmetten
zu feiern, deren Sinn es ist, die Kinder auf die Feier in der Nacht bzw. die
Feier zu Hause vorzubereiten,[51] die zunehmend verloren gegangene familiäre Feier zu ersetzen[52] oder auch nur für eine Entlastung der Mütter und
Väter zu sorgen, die so ungestört die häusliche Bescherung vorbereiten
konnten.[53]

> Als Kind bin ich mit meinen Geschwistern im Nachmittagsgottes-
> dienst gewesen, hinterher haben wir bei meiner Oma „Wir warten
> aufs Christkind" geschaut. (14)

Nicht selten handelt es sich bei diesen Kinderchristmetten um Messfeiern;
in ihnen werden dann auch die Texte der Messe in der Nacht – zumindest
der Abschnitt des Lukasevangeliums – verwendet. Auch diese Praxis der
eucharistischen Kinderchristmetten wird stark kritisiert.[54] Eine Messe als
Kinderchristmette gab und gibt auch den Erwachsenen die Möglichkeit,
damit der „Feiertagspflicht" zu genügen.[55]

Mit dem Besuch des nachmittäglichen Gottesdienstes – sei er als Christvesper oder als Kinderchristmette gestaltet – ist für viele Menschen Weihnachten auch liturgisch am 24. Dezember bereits erledigt. Man kann sich
nun ganz der (meist) familiären Feier am Abend dieses Tages hingeben, sie
bildet gewissermaßen das Ziel und den Abschluss des Festes: „Die ganze
weltberühmte, gefühlsbetonte deutsche Weihnacht mit ihrer winterlichen
Romantik, mit Christbaum und leuchtenden Kinderaugen, mit Glühwein
und Plätzchen, mit Rauschgoldengel und ‚Stille Nacht, heilige Nacht …'
kreist letztlich um diese Stunden des Heiligen Abends."[56]

Überblickt man die Gründe für das Vorrutschen der weihnachtlichen
Gottesdienste von der Nacht zum 25.12. auf den Nachmittag und Abend
des 24.12., so kann man sagen, dass sie teilweise äußerlicher Natur waren
und eher die „Widerspenstigkeit von Teilen der Bevölkerung"[57] gegenüber
den weltlichen und kirchlichen Behörden widerspiegeln als theologische
Argumente. Diese theologischen Begründungen („Nach jüdischer Tradition beginnt der Tag nicht zu Mitternacht, sondern am Vorabend. So ist der
Heilige Abend am 24. Dezember bereits Teil des folgenden Festtages."[58])

sind zwar richtig, erscheinen aber nachgeschoben und begegnen bezeichnenderweise auch erst nach Einführung der Vorabendmessen seit den 60er Jahren des 20. Jahrhunderts, als eben dieses Argument auch benutzt wurde. So gesehen ist der immer stärker werdende Drang, das Fest vorzuziehen, nicht glücklich und gibt letztlich einem Trend nach, feste Daten und Zeiten bequemeren Bedürfnissen anzupassen.

Daneben spielt die Betonung der gemeindlichen Tagzeitenliturgie in der evangelischen Kirche, in diesem Fall die Christvesper, für das Erleben des Heiligen Abends eine wichtige Rolle, auch wenn dadurch, wie es auch Wilhelm Stählin bedauerte, „im Grunde die Feier des Christfestes selbst vorweggenommen wird".[59]

Es gibt aber auch erstaunlicherweise bis heute – und auch gar nicht so selten – das (bewusste) Festhalten am 25.12., mit allen Elementen, die sonst den Heiligen Abend ausmachen.

### 1.1.9. Feier am 25. Dezember

Die familiäre Weihnachtsfeier mit den verschiedenen Einzelelementen, wie sie im Folgenden noch dargestellt werden, erscheint heute so sehr mit dem 24. Dezember verbunden, dass man sich kaum vorstellen kann, wie sie einmal am (frühen) Morgen des 25. Dezember gestaltet wurde. Dabei ist es teilweise noch gar nicht so lange her, dass dies zumindest in manchen Gegenden allgemein der Fall war. Das hing vor allem mit der oben geschilderten Verlegung der katholischen (aber auch evangelischen) Christmette auf den frühen Morgen des 25. Dezember zusammen. Die drei Weihnachtsmessen (In der Nacht – Am Morgen – Am Tag) wurden dann oft hintereinander zelebriert – und von den Gläubigen auch besucht, so dass sich die häusliche Feier bis auf den Spätvormittag oder Mittag hinauszögerte.

> Der Hl. Abend war in meiner Jugend ein ganz gewöhnlicher Alltag, die Weihnachtsbescherung wurde erst in den letzten 25 Jahren von vielen Familien so nach und nach auf diesen Abend gelegt. Während in meinem Elternhause aus praktischen Gründen seit dieser Zeit die Bescherung am Hl. Abend ist, habe ich in meiner Familie die Bescherung am Weihnachtsmorgen beibehalten. […] Wenn die Kerzen dann am Baum erstrahlen und ein Weihnachtslied verklungen ist, kommt die Bescherung. Anschließend hat die Familie dann Zeit zu einem gemütlichen Frühstück.[60]

Weihnachten feierten wir bis zu meiner Vermählung immer am 1. Weihnachtsfeiertag. Morgens ging es in die Uchte um 5 Uhr. Aus der Kirche
gekommen, nachdem drei Messen angehört waren, ging Vater sofort
ins Zimmer und zündete die Kerzen an. Die Vorbereitungen hatte Mutter schon am Abend zuvor alle getroffen. Mit einer Schelle wurde das
Zeichen gegeben, dann stürmten wir Kinder ins Zimmer. Zum Singen
kamen wir nicht, (das) war in der Kirche genug getan worden. Wir
wünschten uns frohe Weihnachten und stürzten uns auf die Geschenke. Dann ging es an den gedeckten Tisch und es wurde gut gefrüh-
stückt. Danach beschäftigte sich jeder mit seinen Geschenken.[61]

Die frohe Erwartung, die, die uns an diesem Abend beseelte, ließ uns
… nicht lange schlafen. Gegen 4 Uhr erwachten wir bereits wieder;
wir baten die Eltern um Erlaubnis, ins Wohnzimmer hinunterzuge-
hen. Und dann standen wir staunend vor unseren Gabentellern und
dem schönen Weihnachtsbaum. Nach einem kurzen Imbiss und reichlicher Kostprobe von den Leckerbissen des Gabentellers gingen wir
dann um 6 Uhr mit den Eltern zur Christmette.[62]

Inzwischen hat sich die Heiligabendfeier im deutschsprachigen Raum zwar
wohl weitgehend durchgesetzt, dennoch kann man immer wieder aus verschiedenen Gründen ein Festhalten an der morgendlichen Feier bzw. ein
bewusstes Verlagern auf diesen Tag registrieren. Die Tradition mag hier
ebenso eine Rolle spielen wie der Einfluss anderer Länder (und Sitten)
oder auch eine bewusste Hinwendung zur Feier von Weihnachten am
25. Dezember.

In meiner Kindheit war es üblich, die häusliche Weihnachtsfeier mit
Bescherung erst nach dem Besuch der Christmette und dem Frühstück zu feiern. Das Festzimmer war abgedunkelt, damit der Christbaum voll zur Geltung kam. In meinen 67 Lebensjahren habe ich
nur einmal Weihnachten am Abend des 24.12. gefeiert. Anfang der
60er Jahre fand die Christmette um Mitternacht statt. Wir Eltern
konnten vorher in Ruhe die Bescherung vorbereiten. Nach dem Frühstück wurde mit viel Singen, Gedichten und Evangelium beschert.
Die Kinder hatten danach viel Zeit, mit ihren Geschenken zu spielen. Als die Kinder heranwuchsen, fragten wir jedes Jahr: „Nun, wie
sollen wir es denn diesmal halten?" und die Antwort war: „Wie immer." […] Unsere Tochter hat mit ihrer Eheschließung die Tradition
gebrochen, aber in diesem Jahr … will sie es wieder so halten wie
früher. Unser Sohn, der eine Amerikanerin zur Frau hat, feiert am
25.12., denn das ist auch in Amerika so Brauch. Rundum in Nachbarschaft und Freundeskreis sind wir die einzigen mit so „wunderli-
chen" Traditionen. (53)

*Ob wir nachher noch mal ein bißchen zu Subjella gingen, was hielte ich davon?*

*„Nun heute doch nicht, Kinder!" rief meine Mutter. Wir sollten man hier bleiben, sonst wäre es doch zu und zu trostlos. Außerdem säße der gewiß jetzt auch bei seiner Mutter und leiste ihr Gesellschaft. In dieser schweren Zeit. Weihnachten sei doch das Fest der Familie.*

Uns geht's ja noch gold

## 1.2. Heiligabend als familiäres Fest

Das „klassische" Heiligabend-Ritual findet offensichtlich in der Familie – möglichst mit kleineren Kindern – statt; nach einer Allensbach-Umfrage aus dem Jahr 1974 wurde von 88 Prozent der (west-)deutschen Bevölkerung der Heilige Abend im Familienkreis gefeiert.[1] Auch die meisten Gestaltungs-Hilfen für diesen Abend wenden sich an Familien, oft sogar mit Unterscheidungen zwischen Familien mit jüngeren und älteren Kindern. Hilfestellung für ältere Menschen gibt es kaum, gelegentlich werden Alleinstehende in den Blick genommen.[2]

Doch trotz dieser Bedeutung der Familie für Weihnachten/Heiligabend steht „Familie" hier vor allem als Gegenstück zur kirchlichen Gemeinde, der ersten und eigentlichen Trägerin christlicher Feiern. Andererseits ist die Familie aber wiederum typisch für die Feier des Heiligabends; die Grundmuster der Feier, wie man sie heute vor Augen hat, sind letztlich mit geprägt von der bürgerlichen Familie. Ähnlich wie der Heiligabend als weihnachtlicher Feiertermin oft alt eingeschätzt wird und doch relativ jung ist, so ist auch der Zusammenhang Heiligabend – Familie nicht von Anfang an gegeben („Weihnachten hat als Familienfest eine uralte Tradition"[3]), sondern bildet sich erst in den letzten zwei Jahrhunderten – mancherorts sogar erst Mitte des 20. Jahrhunderts – heraus. Natürlich hat das Weihnachtsfest als hohes kirchliches Fest die Gläubigen auch immer in ihrem privaten Leben berührt; eine häusliche Feier beschränkte sich aber Jahrhunderte lang auf ein mehr oder weniger üppiges Mahl, womöglich auf das private, häusliche Gebet, das ohnehin zum Alltagsleben gehörte, auf Mildtätigkeit gegenüber den Armen.[4] Wie schon dargestellt, hatte der

Heilige Abend ohnedies lange Zeit zumindest in katholischen Gegenden den Charakter des vorbereitenden Vortages, an dem lange gearbeitet und sogar gefastet wurde, was eine familiäre „Feier" gar nicht in Betracht kommen ließ.

Eine aufschlussreiche Beschreibung der familiären Weihnachtsfeier im 16. Jahrhundert gibt eine Chronik, die der Kölner Ratsherr und Kaufmann Hermann Weinsberg (1519–1597) verfasst hat. Demnach war die eigentliche Feier erst am Weihnachtstag; sie bestand aus dem Besuch des Gottesdienstes und der „hoichzit", der Kommunion. Zuhause pflegte er mit Familie und Gesinde den Brauch des Kindleinwiegens: „Das Christfest … zu St. Jakob gehalten und am Abend im Haus Weinsberg unter uns das Kindchen gewieget, gesungen und mit Jesulein fröhlich gewesen."[5]

## 1.2.1. Grundzüge der familiären Heiligabendfeier

Als wichtigste Grundzüge der bürgerlichen, familiären Neuformung von Weihnachten und des Heiligen Abends lassen sich, besonders im 19. Jahrhundert, nennen:[6]

1. Räumlich die Ausgestaltung der Privatsphäre. Weihnachten wird im Kern zuhause gefeiert und womöglich in einem besonderen „Weihnachtszimmer". Zur privaten Prägung dieses Festes heute bemerkt Eckhard Bieger: „Der starke familiäre Akzent von Weihnachten prägt den Charakter des Festes und damit auch seine Bezüge zum öffentlichen Leben. Zumindest am Heiligabend ‚erstirbt' das öffentliche Leben, weil alle Welt sich in den Bereich der Familie zurückzieht. Die Privatsphäre gilt an diesem Abend als besonders geschützt."[7]

> Die engsten Freunde werden angerufen. Für die Feier wird der Hörer nebendran gelegt. Später wieder 2drauf. (73)

2. Sozial die Familienzentrierung und Pädagogisierung. Es sind überwiegend die engsten Familienmitglieder, die Anteil an dieser Feier erhalten, selbst Angestellte blieben früher (nach einem allgemeinen Teil) von dem entscheidenden Moment des Heiligabend weitgehend ausgeschlossen.

> „Aber vorher stiegen wir, Vater und Mutter, Schwester und ich, in die Beletage zur Familie B. empor, die die hübsche Sitte pflegte, vor ihrer Familienfeier eine kleinere Vorfeier für die Abwartsleute und die Dienstboten und ein paar befreundete Musiker zu begehen."[8]

Auch für die heutige Zeit gilt dies entsprechend, wie Utz Jeggle anmerkt: „Freunde besuchen durfte man erst am zweiten Feiertag und da auch nur zwischen 11 und 12 Uhr. An Weihnachten wollten schließlich alle unter sich sein, wir wollten es angeblich auch; beim eigentlichen Fest waren allenfalls Verwandte als Gäste zugelassen."[9]

Dieser Rückzug auf die Familie selbst trägt zu deren Definierung und Identität bei (s. u.). Hier ist auch der Ort und die Zeit, wo und in der die Kinder, eingestimmt schon die Adventszeit über, vor der Bescherung durch Aufsagen von Gebeten, Sprüchen, durch Vorspielen und -singen eine Leistung erbringen und sich die Zuwendung der Eltern gleichsam verdienen. Weihnachten und der Heiligabend werden zum Fest der Eltern für die Kinder, was die Inszenierung dieses Tages maßgeblich fördert (vgl. *Kapitel 5*).

3. Für den Einzelnen die Verinnerlichung und Individualisierung. Die geforderten bürgerlichen Tugenden trafen sich mit einer christlichen Grundhaltung (Nächstenliebe, Dankbarkeit, Frömmigkeit), kamen aber auch ohne diese aus. „Vorrang gewinnen in der verbürgerlichten Weihnacht subjektive Geschmacks- und Gestaltungsfragen sowie Abwägungen der wirtschaftlichen und gesellschaftlichen Angemessenheit."[10]

Die Übernahme dieses gehoben-bürgerlich-familiären Weihnachtsrituals durch Familien, die anderen, sozial tieferen Schichten zugehören („gesunkenes Kulturgut"[11]), drückte sich auch in Einzelheiten aus (Nachahmung etwa des Beschenkens, des Aufstellens eines Baumes, des Musizierens etc.). Bis heute werden die familiären Grundmuster des Heiligen Abends (Essen, Bescherung, Baum, Lieder etc.) zum Teil auch dort verwendet, wo die klassische Familie aus Eltern mit (kleinen) Kindern nicht (mehr) vorhanden ist oder wo die Feier auch ohne kirchliche und religiöse Bezüge gestaltet wird, wie es sich früher besonders deutlich bei vielen jüdischen Familien – aber bis heute auch in vielen nicht-religiös geprägten Häusern – in Deutschland zeigt(e): Die gemeinsame Schiene bestand und besteht in der Zugehörigkeit zum (gehobenen) Bürgertum und dessen Feierformen, und nicht in der Religion und ihren Ausdrucksformen.

Die Betonung der familiären Werte gegenüber den christlichen war vor allem während des so genannten Dritten Reiches evident. Die Nationalsozialisten begannen wenige Jahre nach Beginn ihrer Herrschaft 1933 damit, die christliche Weihnachtsfeier in ihrem Sinne umzugestalten. Das erfolgte zunächst hinsichtlich offizieller Feierformen (etwa in der Schule, Militär), später aber auch (als

aufwendig inszenierte Feste durch den Krieg nicht mehr möglich waren) in Hinblick auf die familiäre Feier – wobei in beiden Fällen die Struktur kirchlicher
Feiern Pate stand. Diese Beeinflussung geschah vor allem durch Familienbücher:
„Die oft mehrere hundert Seiten umfassenden, reich illustrierten Bände enthielten Märchen, Lieder, Gedichte, Rollenspiele, Rezepte und Geschichten. Zwischen
diese Beiträge hatten die Herausgeber geschickt Sachtexte eingefügt, die zum Beispiel von den germanischen Wurzeln des Weihnachtsfestes handelten, Vorschläge
für die häusliche Weihnachtsfeier machten oder Anleitungen für ‚sachgerechtes‘
Brauchtum in der Vorweihnachtszeit gaben.“[12] In diesen Büchern wurden die christlichen Elemente der Heiligabendfeier konsequent ersetzt: an Stelle des Evangeliums traten Weihnachtsmärchen, neue, nationalsozialistische Lieder wurden eingefügt, vor allem das „Hohe Nacht der klaren Sterne“, das ein Gegenstück war zu
„Stille Nacht“, und das Jesuskind tauchte unter dem Namen „Lichtkind“ auf …
Betont wurden familiäre Werte wie etwa Mütterlichkeit etc.

Das „Heyne-Weihnachtsbuch“, das weniger christlicher Verkündigung
dient, sondern Rituale und Gebräuche der Weihnachtszeit vorstellt, rät:
„Wie immer Sie zu dem christlichen Fest der Geburt des Heilands stehen
– feiern Sie den Heiligen Abend als ein familiäres Fest …“[13]

### 1.2.2. Der Heilige Abend als Hilfe für familiäre Identität

Der Rückzug auf die Familie trägt wesentlich zur Identität der Familie bei.
Denn obwohl der Heilige Abend in weiten Kreisen übereinstimmende
Grundmuster aufweist, weicht er doch bei näherem Hinsehen in jeder
Familie auf typische Weise von der Gestaltung in anderen Familien ab. In
diesem Sinne erleben und feiern Familien am Heiligen Abend auch sich
selbst als Familie. Dies kommt auch zum Ausdruck im Erzählen von Geschichten (vgl. *Kapitel 3.5.1.*). „Großeltern verkörpern im wahrsten Sinne
des Wortes Familiengeschichte und Familientradition. Jede Familie lebt
aus ihrer Geschichte und aus ihrer Tradition. Wenn die Großeltern ‚von
früher‘ erzählen, wird den Enkelkindern überaus lebensnah und einpräg-
sam Vielfalt und Reichtum christlicher Bräuche, Feste und Feiern und
deren Einfluss auf die Familie bewusst.“[14] Darum sind die gleich bleiben-
den Rituale an diesem Abend besonders wichtig, weil sie die Gruppe, d. h.
Familie definieren. „Jedes Gruppenmitglied erlebt die rituellen Anforderungen als Normen und die mythischen Traditionen als deren Begründungen: Etwas muss so gemacht werden, weil es von seinen Ursprüngen
her schon immer so zu geschehen hatte. Jede Distanzierung zu einer Gruppe

wird mit Ausschluss und Isolation bedroht und als schuldhaft erlebt („schlechtes Gewissen").[15] Reibungslose Rituale schaffen Zufriedenheit, garantieren so auch die Identität und den Bestand der Familie. In Heinrich Bölls Satire „Nicht nur zur Weihnachtszeit" wird durch das täglich gleiche Ritual einer Heiligabendfeier – auch im Sommer, schließlich sogar mit Schaufensterpuppen als Ersatz für Familienmitglieder – die krankhafte Vorstellung einer Tante und damit der weihnachtliche „Friede" einer Familie gewahrt. Umgekehrt schafft diese familiäre Identifizierung über bestimmte, so und nicht anders ablaufende Rituale auch Reibungen bei Heirat und Neugründung einer eigenen Familie, in die unterschiedliche Rituale einfließen.

Die Bedeutung des Heiligabends für die Familie – ja sogar für das ganze „Haus" – zeigt sich auch in dem Brauch, an diesem Tag die Gräber zu besuchen, sowie der Einbeziehung der Tiere und der Pflanzen in die Bescherung (vgl. *Kapitel 4.1.3.* und *3.3.4.*).

### 1.2.3. Heiligabend ohne familiären Bezugspunkt

Da die Gestaltung des Weihnachtsfestes und vor allem des Heiligen Abends zumindest in jüngerer Zeit sehr auf (innerfamiliäre) Beziehung abgestimmt ist, wird die Feier dieses Tages und auch die Zeit davor besonders dort als sehr schmerzlich empfunden, wo die Bezugspersonen fehlen. Das gilt für Alleinstehende, für Menschen, die einen Todesfall zu beklagen hatten, aber auch für manche kinderlosen Paare. Andere Menschen wiederum, die eine nur an diesem Abend heile Familienwelt als falsch und aufgesetzt erfahren, fliehen oft diese Feier.

Irene Dänzer-Vanotti weist zu Recht darauf hin, dass bereits der von vielen Menschen beklagte „Weihnachtsstress" für manchen Alleinstehenden ein ungutes Gefühl auslöst, denn er hängt ja meist damit zusammen, dass man für andere etwas besorgt, einkauft, vorbereitet etc. „Der Weihnachtsstress lässt die Frau womöglich abends mit einer gewissen Befriedigung ins Bett sinken, während Sehnsucht und Selbstmitleid eher weiterbohren und wach halten."[16] Noch stärker ist dieses Gefühl nach dem Verlust eines nahe stehenden Menschen. „Das erste Weihnachten ohne Opa oder Oma, das erste nach einer Trennung, nach dem Tod eines Kindes, das erste ohne Vater und Mutter steht schon im Advent als schwer zu meistern bevor."[17] Manche Menschen entgehen dieser Situation durch bewusstes Durchbrechen eigener Traditionen, durch Verreisen, Ausgehen oder Einladen. Heilsam kann es freilich auch sein, sich bewusst der Trauer auszusetzen.

„Für Unglück Steigerungsformen zu finden, ist sicher nicht richtig, aber es muss für eine Mutter, einen Vater, ein Paar oder eine Familie besonders schwer sein, nach dem Tod eines Kindes an das Kinderfest Weihnachten überhaupt nur zu denken."[18] Mit allen Sinnen wird man in diesen Tagen und Wochen auf die schöne Vergangenheit einerseits und die trostlose Gegenwart andererseits verwiesen. Auch hier suchen nicht wenige Paare nach einer Möglichkeit, Weihnachten zu entrinnen oder zu ignorieren: Vielfach hat Weihnachten den Sinn verloren.

Ähnlich schwierig kann es auch für Paare sein, die keine Kinder haben, obwohl sie sich Kinder wünschen oder wünschten, diese Leere während des „Kinderfestes Weihnachten" auszuhalten oder zu füllen.

All diese Beispiele zeigen, wie sehr Weihnachten und besonders der Heilige Abend als Familien-, ja Kinderfest verstanden und gefeiert wird. Für ältere Ehepaare hat mit dem Auszug der Kinder und deren eigener Weihnachtsfeier der Heilige Abend häufig an Sinn und Gestalt verloren. Das wird indirekt auch deutlich aus vielen Erzählungen und Berichten über Weihnachten, die meist in der Vergangenheitsform stehen werden: Der Blick älterer Menschen ist rückwärts gewandt auf eine Zeit, da der Heilige Abend in ihren Augen noch Sinn machte.

Diese Beobachtung konnte ich auch bei meinen Studien zum Tischgebet und Tischritual machen: Zwar kam ich mit sehr vielen Menschen darüber ins Gespräch, doch häufig bezog sich die Schilderung auf früher, auf die Zeit, da die Erzähler noch selbst Kinder waren oder Kinder hatten (und das Tischgebet noch praktizierten).

### 1.2.4. Familienfeier und Bescherung

Die Verknüpfung des Heiligen Abends mit der Familie wurde nicht unmaßgeblich durch die Bescherung der Kinder beeinflusst. Allerdings fand auch die zunächst nicht am Abend des 24.12., sondern am frühen Morgen des 25.12. statt; häufig fanden die Kinder ihre Geschenke vor, wenn sie morgens erwachten. Die heimliche Bescherung der Kinder an Weihnachten durch das „Christkind" bzw. den „Weihnachtsmann" hatte Züge der ebenfalls heimlichen Bescherung durch den heiligen Nikolaus in der Nacht zum 6. Dezember. In vielen Ländern, aber auch vereinzelt in Deutschland, hat sich dies bis heute gehalten.

Da die Weihnachtsbescherung der Nikolausbescherung in den Grundzügen ähnlich war, brauchte gewissermaßen zunächst nur der Termin für den Brauch geändert und ein anderer Gabenbringer eingesetzt zu werden. Nach und nach aber verschob sich die Bescherung selbst auf den Vorabend. „Mit dieser Verschiebung begannen die evangelischen Familien bereits im 19. Jahrhundert. Die katholischen rückten zögernd nach. […] In der evangelischen Kirche kam man bald dieser Veränderung entgegen und veranstaltete am späten Nachmittag des Heiligen Abends einen Gottesdienst, der sich besonders an die Kinder richtete. Während diese aus dem Haus waren, konnten die Eltern in aller Ruhe das Weihnachtszimmer ausgestalten. Die Bescherung und die anschließende Familienfeier erfolgten dann nach der Rückkehr vom Kirchgang."[19] Es ist jedoch eher so, dass die vorverlegte gottesdienstliche Feier, die nachmittägliche Christmette bzw. -vesper, die Möglichkeit bot, nach dem Gottesdienst und doch schon am Heiligen Abend zu bescheren – nicht umgekehrt.

Es kommen aber wohl mehrere und verschiedene Gründe für diese Vorverlegung der Bescherung auf den Heiligen Abend zusammen: Ein nicht zu unterschätzender Grund mag gewesen sein, dass man aus Rücksicht auf die Kinder, die die Spannung nicht ertragen haben, den Termin nach vorne schob. Das entspricht einer bis heute anhaltenden Tendenz, das Warten und Erwarten nicht mehr aushalten zu wollen (*Kapitel 1.1.5.*). Weiterhin darf man das Vorbild des Adels nicht außer Acht lassen, der teilweise schon im 18. Jahrhundert eine Bescherung am 24.12. vornahm.[20] Das trifft dann auf den besonderen Stellenwert, den die Familie durch die christliche Erweckungsbewegung der Inneren Mission seit der Mitte des 19. Jahrhunderts erhielt. Hier kommt wieder manches zusammen, denn die Innere Mission, vom Rauhen Haus in Hamburg ausgehend, wurde vorwiegend vom Mittelstand und vom Adel getragen und unterstützt.[21]

Ingeborg Weber-Kellermann, die sich aus zwei verschiedenen Blickwinkeln (Familie / Weihnachten) mit dieser Thematik intensiv beschäftigt hat, nennt speziell die Zeit des Biedermeier, in der sich der Heilige Abend als

Beschertermin für Kinder endgültig etabliert und damit auch das ganze Weihnachtsfest zum Bescherfest für Kinder macht.[22] Dahinter steht soziologisch die große Veränderung, die das 19. Jahrhundert für die Familie und besonders auch für die Frau mit sich brachte. Die vielfältige Funktionen einer Hausmutter innerhalb einer großen Haushaltsfamilie reduzierten sich beim Aufkommen der bürgerlichen Klein- und Kernfamilie auf die zunächst weit geringeren Pflichten der Nur-Hausfrau und Mutter. Das führte letztlich dazu, dass die Frauen ihre ganzen Kräfte auf die Ausgestaltung der familiären Innenwelt verwandten und sie als Gegenpol zur männlichen (außerhäusigen) Berufswelt gestalteten. Zudem wuchs der Eigenbereich der Kinder, die zunehmend als eigene Persönlichkeiten wahrgenommen wurden. „Dies geordnete glückliche Familienleben mit Wohnzimmer und Kinderstube bereitete auch einer neuen Schenkkultur den Boden."[23] Zwar betraf dies zunächst nur die mittleren bis gehobeneren Schichten, doch sie lieferten für die kommende Zeit das Vorbild für die anderen.

Spätestens im 19. Jahrhundert ist damit weitgehend die Verlagerung des Weihnachtsfestes von der Kirche hin zur Familie geschehen, wobei kirchlich-liturgische Elemente auch in der familiären Feier eine wesentliche Rolle spielten.

## 1.2.5. Familienfeier und häusliche Andacht

Für die Bedeutung des Weihnachtsfestes als familiärer Feier-Höhepunkt spielte auch die „Wiederentdeckung" der Familie und ihre Förderung seitens kirchlicher Kreise in der Mitte des 19. Jahrhunderts eine wichtige Rolle. Die Sorge um die Familie war im 19. Jahrhundert stark ausgeprägt. Emanzipationsbestrebungen von Frauen und Kindern auch im Zuge der industriellen Revolution (Auseinanderfallen von Arbeit und Familie), die sich abzeichnende Isolierung der Kleinfamilie wurden von verschiedenen Seiten sehr kritisch gesehen und auch durchaus als Bedrohung bestehender Verhältnisse erachtet. Man kann hier auf katholischer Seite an die von Kanada Mitte des 19. Jahrhunderts ausgehende Frömmigkeitsbewegung denken, in welcher die Heilige Familie (Jesus, Maria, Joseph) als Vorbild für die christliche Familie gesehen und gefördert wurde. Bezeichnenderweise wurde dieses Fest im Umfeld von Weihnachten etabliert und – je mehr gleichzeitig Weihnachten zum „Fest der Familie" wurde – mit der Zeit auch immer näher an das Weihnachtsfest herangerückt.[24]

Besonders aber wurde seitens der Erweckungsbewegung und vor allem der Inneren Mission die Familie wieder stark in den Mittelpunkt der Pastoral angesiedelt: „Die Wiederherstellung der Familien und Hausstände in jeder Beziehung und die Erneuerung und Wiedergeburt aller damit unmittelbar zu verknüpfenden Verhältnisse … wird eine der Hauptaufgaben der inneren Mission sein", schrieb Johann Hinrich Wichern in seiner programmatischen Schrift „Die innere Mission der deutschen evangelischen Kirche" (1949).[25] Formen, die dieses Anliegen unterstützen konnten, waren die Stärkung gottesdienstlichen Feierns im Haus und – für Weihnachten wichtig – die praktizierte Liebestätigkeit (vgl. *Kapitel 3.3.*). Dies führte zu einer großen Zahl an Haus- und Andachtsbüchern, die auch den Heiligen Abend nicht außer Acht ließen, wie im folgenden Kapitel zu zeigen sein wird.

*Abb. 1: Den Abschnitt der weihnachtlichen Lieder in einem evangelischen Gesangbuch von 1921 eröffnet eine häusliche Heiligabend-Szene.*

> *… dann werden die beiden Mädchen hereingeholt, Lisbeth und Lene,*
> *und die endlose Andacht wird gehalten, die Andacht in* reichster *Form*
> *– „Amen, amen, amen!"*                                    Aus großer Zeit

## 1.3. Die häusliche Heiligabend-„Liturgie"

Die immer noch allgemein verbreitete häusliche Feier des Weihnachtsfestes, in welcher Form auch immer, ist einzigartig, sie gibt es so an keinem anderen Tag im Kirchenjahr. Das liegt hauptsächlich an zwei Dingen: Zum einen an der Ergänzung, zum Teil auch Ersetzung kirchlicher Gottesdienste durch häusliche Andachten, wie sie vor allem evangelischerseits seit der Reformation zunehmend geschah; dies führte zur Herausbildung bestimmter Formen und Elemente, wie sie auch die Heiligabendfeier in vielen Familien und Häusern immer noch prägen. Zum andern liegt es, wie beschrieben, an der engen Beziehung zwischen Weihnachten und der Familie, die vor allem seit dem Biedermeier immer mehr zu Tage tritt. Weihnachten – speziell der Heilige Abend – wird zum familiären Fest schlechthin, wobei die häusliche Andacht am Heiligen Abend mit zu dieser Bindung beitrug.

Erscheint uns heute die häuslich-familiäre Feier des Heiligabends auch noch weitgehend als typisch, so darf doch nicht übersehen werden, dass eine „liturgische" Feier des Heiligen Abends in den Familien bzw. Häusern gegenüber der weihnachtlichen Liturgie – auch am 24.12. – in der Gemeinde sekundär, in gewisser Hinsicht sogar tertiär ist, weil historisch noch vor der familiären Feier diejenige der Gruppen (z. B. Zünfte) stand (die bis heute in den „Weihnachtsfeiern" der Betriebe und Firmen nachklingt). Der häusliche Gottesdienst hat aber mit der gemeindlichen Liturgie Gemeinsamkeiten, die Form, Elemente, Orte und Rollen betreffen. Er ist gegenüber der Gemeinde abgegrenzt, insofern es sich um eine Versammlung gleichsam privater Art handelt. Dies betrifft auch die Frage, ob er – auch in entfalteter Form – eine „Liturgie" ist. Gegenüber dem Gebet bzw. der Andacht des Einzelnen wiederum ist er abgegrenzt, insofern sich hier eine Gemeinschaft – auch im Sinne von Mt 18,20 – zusammenfindet.

### 1.3.1. „Haus" und Hausgottesdienst

Die Vorstellung und Bedeutung des „Hauses" ist für die Idee des Christentums nicht unproblematisch und bedarf vorab einer Erklärung, die für das Verständnis von Hausgottesdienst und Hausvater, die wiederum im Heiligabend-Ritual ausgeprägt erscheinen, nötig macht.[1]

Das „Haus" („ganzes Haus") ist eine im abendländischen Europa seit der Entstehung des Pflugbauerntums bis ins 18. Jahrhundert anzutreffende soziale Einheit, die vor allem durch gesellschaftliche und rechtliche – und nicht nur durch biologische – Beziehungen begründet und zusammengehalten wird. Zum Haus gehören auch Personen, die nicht in verwandtschaftlicher Beziehung zum Hausherrn stehen. Diesem Sozialgebilde steht der Hausherr, der pater familias vor; er hat als rechtlicher Herr des Hauses – und eben nicht nur wegen seiner biologischen Bedeutung – die Gewalt über sämtliche „Haus"-Angehörigen (Frau, Kinder, Bedienstete etc.). Das „Haus" steht als elementare Sozialeinheit anderen sozialen-rechtlichen Einheiten (Gemeinde, Stadt, Land) gegenüber; über den Hausherrn allein sind in Antike und Mittelalter „Haus" und Polis, Gemeinde miteinander verbunden: „Nur der Hausherr selbst ist gemeindefähig, nicht aber die von ihm hausrechtlich Abhängigen, seine Frau, seine Kinder, sein Gesinde, sowie die übrigen seiner Gewalt („Munt") unterworfenen Mitbewohner." Zu einer besondere Ausprägung der Ökonomik, der „Lehre vom ganzen Haus", kommt es im Zuge der Reformation, die eine große Haus- und Hausväterliteratur befördert. Allerdings kommt das soziale Gebilde des Hauses im 18. Jahrhundert immer stärker in Konflikt mit der zunehmenden Emanzipation des Individuums, auch durch die im Zuge der industriellen Revolution einsetzenden Trennung von Wohn- und Arbeitsraum, Beruf und Familie.

Für die Rolle (und damit das Verständnis) des Hausherrn wesentlich war ursprünglich auch die priesterliche Funktion, die der pater familias für das Haus einnahm. Häuslicher Kult und derjenige übergeordneter Kultverbände (Gemeindekult, Stammeskult, Reichskult) konnten so nebeneinander bestehen und waren über den Hausvater miteinander verbunden. Im Christentum aber kommt es zu einer interessanten Änderung. In der Botschaft Jesu wird das Haus und die Bindung an dessen herrschaftlich verfasste soziale Einheit aufgegeben zugunsten der Werte einer Gruppe

Gleichgesinnter, an die man sich neu bindet: Wer „um des Evangeliums
willen Haus oder Brüder, Schwestern, Mutter, Vater, Kinder oder Äcker
verlassen hat", wird „Häuser, Brüder, Schwestern, Mütter, Kinder und Äcker
erhalten" – jetzt schon, in dieser Zeit (Mk 10,29f.). Andererseits bleibt die
charismatische Jesusbewegung auf Häuser angewiesen, die gleichsam zu
Keimzellen der späteren Ortsgemeinden werden. So wohnt der werden-
den Kirche von Anfang an eine große Spannung inne: „Da ist eine religiöse Bewegung, die in Erwartung unmittelbarer, sich jetzt schon anbahnen-
der Verwirklichung der Königsherrschaft Gottes aus vorfindlichen sozia-
len Bindungen aufbricht und damit zugleich das ‚Haus' als Grund legen-
des und stabilisierendes Element der gesellschaftlichen Ordnung relativiert, ja auflöst; eine Bewegung, die dennoch immer wieder des ‚Hauses'
bzw. vergleichbarer elementarer Sozialeinheiten bedarf, um sich der jeweiligen Kultur und Gesellschaft wirksam zu vermitteln."

Die „Haustafeln" des Neuen Testamentes zeigen, wie sich diese Spannung konkret ausdrückte: Einerseits stehen sie in der Tradition der antiken Ökonomik, andererseits wenden sie sich nicht ausschließlich an den
pater familias, sondern auch an die übrigen Angehörigen des „Hauses"; in
der gemeinsamen Beziehung aller im „Haus" zu Christus über alle sozia-
len Klassifizierungen hinaus relativiert sich hausherrschaftliche Gewalt. Das
neue strukturierende Moment des „Hauses" soll die Gemeinschaftlichkeit
sein, die koinonia (vgl. etwa die Gütergemeinschaft der Apostelgeschich-
te). Allerdings konnte sich dieses urchristliche Modell bis auf Ausnahmen
ebenso wenig durchsetzen wie die radikale neue Ordnung der Wander-
charismatiker. Diese Tatsache ist aber auch ein Ausdruck für die Notwen-
digkeit einer Inkulturation der neuen Bewegung. So bleibt das Christentum eine Bewegung, die das „Haus" zwar als religiöse, soziale und kultu-
relle Verortung benötigt, zugleich aber den Anspruch des häuslichen Rah-
mens übersteigt und damit auch die ursprüngliche Trennung zwischen
häuslich-familiären und öffentlichen Belangen aufhebt. „Indem die häuslichen Herrschaftsverhältnisse in die Christus-Koinonia und den Christus-
Gehorsam hineingebunden und darin ‚aufgehoben' werden, werden auch
die Entsprechungen solcher Verhältnisse im Bereich öffentlicher, politi-
scher Herrschaft berührt. […] Der Christenglaube versteht und verwirk-
licht sich nicht als ‚Hausreligion', sondern zielt auf die größere Öffentlich-

keit der ‚Polis', der ‚Gemeinde'. […] Wenn dann im Zuge fortschreitender ‚Enthäuslichung' des Glaubens sich auch in der Kirche neue Einrichtungen herrschaftlicher Art herausbilden und durchsetzen, die dieses Leitbild verkehren, kann – das zeigt die Kirchengeschichte – erneut das ‚Haus' als begrenzte, überschaubare Lebens- und Glaubensgemeinschaft zum Ansatzpunkt für religiöse und soziale Alternativmodelle werden."

### 1.3.2. Zur Geschichte der häuslichen Liturgie und Andacht

Das „Haus" ist – die genannten Spannungen einmal ausgeblendet – von Anfang an legitimer christlicher Gottesdienstort; hier wurde in den ersten Jahrhunderten getauft, die Eucharistie gefeiert und auch gebetet. „Was allerdings in den Häusern vor sich ging, war offizielle Verkündigung und Liturgie."[2] Erst mit der Möglichkeit, den Gottesdienst auch in größeren und öffentlichen Räumen zu begehen, reduzierten sich die Formen häuslicher Gottesdienste zunehmend auf den privaten Bereich, etwa das Tagzeitengebet, das auch die Laien für sich hielten, wobei sie sich jedoch zum Teil an den Formen, Zeiten und Inhalten des öffentlichen Stundengebets der Mönche und des Klerus orientierten bzw. Ersatzformen dafür schufen. Häusliche Gottesdienstformen standen jetzt als private Formen den offiziellen-öffentlichen gegenüber; nur gelegentlich kam es zu Verbindungen, etwa bei Hausmessen im Zusammenhang der Krankenpastoral. Allerdings muss man sagen, dass das mittelalterliche Leben auch im privaten Bereich stärker als heute mit Gebeten und religiösen Riten durchzogen war, als es heute der Fall ist, was die Bestimmung einer eindeutigen Form erschwert.[3]

### 1.3.3. Die evangelische Hausandacht

Die Vorstellung des „Hauses" als Kirche in der christlichen Antike ist vor allem seit der Reformationszeit und der Vorstellung eines allgemeinen Priestertums wieder besonders ausgebildet und führt auch zu entsprechenden Formen. „Vater und Mutter sind ‚Hauß=Bischöffe', ‚Hauß=Prediger'; insbesondere der Hausvater hat die Pflicht, seine Hausangehörigen morgens, mittags und abends zu versammeln und mit ihnen zu beten; mindestens einmal pro Woche wird er sie auch im Katechismus unterweisen. […] Bei manchen Autoren ist ausdrücklich von einer ‚Hauß=Kirche' (mit Gesang,

Schriftlesung, Gebet und Segen) die Rede, die der Hausvater bzw. die Hausmutter abhalten sollen."[4]

Anfänge solch spezifisch evangelischer „Hausandacht" sind greifbar schon in der Zuordnung der Katechismen für die Familie, wie es in Luthers Kleinem Katechismus („Wie ein Hausvater sein Gesinde soll lehren, morgens und abends sich zu segnen") aber auch anderen Ordnungen deutlich wird; auch die Zuweisungen von Liedern (z. B. von Nikolaus Herman oder Nikolaus Selnecker) an die „Hausväter und ihre Kinder" lassen auf den Raum des Hauses, in dem das Gebet und Lied (überhaupt die Musik) Platz haben, schließen.[5] Ziel ist nicht zuletzt die Unterweisung von Kindern, aber auch der Erwachsenen (etwa auch des Gesindes). Zeugnisse für solche Hausandachten gibt es zwar zunächst überwiegend nur von Fürstenhöfen, es steht aber außer Zweifel, dass sie auch bei den Bürgern gehalten wurden, zumal sie teilweise von den Kirchenordnungen sogar verlangt wurden: „Derhalben soll in den Häusern wöchentlich durchaus Gottes Wort gelesen, gehöret und verhandelt werden" (Kurländer Kirchenordnung von 1570).[6]

Eine reiche Erbauungsliteratur, Gesangbücher und Haus-Postillen förderten die oft täglichen häuslichen Morgen- und Abendandachten. Oftmals waren die Texte, Gebete und Gesänge für bestimmte Tage, Wochen und Zeiten so geordnet, dass das Kirchenjahr mit seinen Festen gewissermaßen ins Haus verpflanzt wurde. „Diese Art Hausandachten haben auch einen gewissen liturgisch feststehenden Verlauf, wenn auch in der allereinfachsten Form. Sie sind also wirklich eine ‚Hauskirche‘, bestehend aus Gesang, Schriftverlesung und Gebet lehnen sie sich an den öffentlichen Gottesdienst an, wollen ihn vorbereiten oder ergänzen, unter Umständen wohl auch ersetzen, aber nie in dem Sinne, als sei der öffentliche überflüssig oder als wollten sie ihm entgegen sein."[7]

Dies geschah zunehmend im 18. Jahrhundert. Die kirchlichen Versammlungen scheinen nicht ausreichend; es soll sich, so wird gewünscht, nicht nur die Familie zur Andacht treffen, sondern auch darüber hinaus Freunde und Bekannte zusammenkommen, was aber letztlich die Konventikelbildung innerhalb der Gemeinde förderte. „Und damit hat die Hauskirche eine Form angenommen, die dem damaligen öffentlichen Gottesdienste in irgendeiner Weise Abbruch tun musste."[8] Diese neue Form, in der man sich zunehmend auf den privaten Gottesdienst zurückzog – sicher auch eine Reaktion auf die gesellschaftlichen Umbrüche –, da sich im öffentlichen Gottesdienst „reine Herzen durch Weltkinder gestört sehen konnten", bürgerte sich vor allem im Pietismus ein. Schließlich identifizierte man Familien, bei denen Hausandachten gehalten wurden, mit „Pietisten".[9] Das späte 18. Jahrhundert gefährdete die Hausandacht auch noch durch einen starken Individualismus und Subjektivismus: Vor der Gemeinschaft – auch der kleinen der Familie – steht das Individuum; das religiöse Leben wird so „privatisiert". Die häusliche Andacht soll zwar nicht vernachlässigt werden, kommt aber oft erst an zweiter Stelle bzw. in den Gebetbüchern im Anhang. Gelegentlich enthielten die Andachtsbücher auch keine Bibeltexte mehr und berührten das Kirchenjahr nur noch vage. In diesem Zusammenhang sind die Klagen über den Niedergang der Hausandacht zu verstehen und einzuordnen. Es wird darauf gedrängt, sie zu erhalten oder wieder einzuführen. In manchen Kreisen hatte sie sich aber durchaus gehalten, vor allem dort, wo die Aufklärung sich nicht durchsetzen konnte.[10]

Das 19. Jahrhundert zeigt einerseits bedingt durch den Rationalismus einen Rückgang der Hausandacht, zugleich aber gibt es einen großen Bedarf und Markt für Erbauungsliteratur sowie neue Impulse zum Verständnis und zur Gestaltung der Andacht. So war es ein Bestreben, „die Form privater und familiärer praxis pietatis, die einstmals aus dem gemeindlichen Leben in das ‚Haus' übernommen worden war, nun wieder in der Gemeinde heimisch zu machen."[11] In seinem 1833 erstmals herausgegebenen und schnell verbreiteten „Allgemeinen evangelischen Gebet- und Gesangbuch" schreibt Christian Carl Josias Bunsen zur häuslichen Andacht: „Die häusliche und kirchliche Andacht sind nach evangelischen Begriffen keineswegs scharf getrennt: jeder Christ ist Priester, und jeder christliche Hausvater hat für die häusliche Erbauung das Amt des Geistlichen für die Seinigen zu verwalten. Nie aber war es nöthiger, daß das Haus auf die Kirche und die Kirche auf das Haus und das stille Kämmerlein weise, als in unserer Zeit. Durch jenes wird das Gemüth in der häuslichen Andacht an den öffentlichen Gottesdienst erinnert, dessen reichen Segen noch jetzt so manche nicht zu schätzen wissen, und in der Gemeinschaft des Glaubens gestärkt, die vor vielen Anfechtungen schützt, und insbesondere vor der uns bedrohenden Gefahr einer verderblichen Absonderung und Vereinzelung bewahrt. Ebenso sollte bei dem kirchlichen Gottesdienst die Anleitung zur besonderen Erbauung und zur Pflege und Fortsetzung der Andacht in häuslicher Stille nicht mangeln."[12]

Vor allem Johann Hinrich Wichern bemühte sich nach Kräften, die Hausandacht wieder in den Familien zu installieren. Bibel, Gesangbuch und Katechismus waren für ihn die Grundlagen dieser Feierform.[13] Unter anderem sollten die Lehrer bei diesem Bemühen helfen, selbst den Kolporteuren kam durch die Verbreitung von religiösen Schriften und biblischen Lesezetteln große Bedeutung zu.[14] Eine vorbildliche Rolle nahmen die täglichen Gottesdienste in dem von Wichern gegründeten Rauhen Haus in Hamburg ein; sie konnten in vollständiger Form etwa eine Stunde umfassen, in kürzerer Form ca. 15 bis 20 Minuten. Sie bestanden im wesentlichen aus Gesang, Sprüchen, Verkündigung und Auslegung, Feiern (z. B. Tauftage, Geburtstage, Gedenktage) und Fürbitten, Vaterunser, Gesang.[15] Als Grundlage dieser Gottesdienste diente das oben genannte Gesangbuch von Bunsen, das 1846 und 1871 von der Agentur des Rauhen Hauses neu aufgelegt wurde.[16] Der tägliche Hausgottesdienst wurde – nicht nur von ihm – als eines „der wichtigsten Förderungsmittel zur Belebung des christlichen Geistes in der Familie" erachtet.[17]

Wichtig auch für die Verbreitung der adventlichen und weihnachtlichen Feierformen ist, dass die Innere Mission, ausgehend vom Rauhen Haus, vorwiegend vom gebildeten Mittelstand und auch vom Adel mitgetragen wurde.[18]

## 1.3.4. Die katholische Hausandacht

Auch auf katholischer Seite ist die Form häuslicher Andacht gepflegt worden, wenngleich sie nie den Stellenwert erhielt, den sie in der evangelischen Tradition hatte. Das hat wohl auch mit der Definition von Liturgie zu tun, nach der nicht-öffentliche und offizielle Kultus eher in den Bereich der Privatfrömmigkeit gehört(e). Vor allem aber war im katholischen Bereich die tägliche Messe die hauptsächliche gottesdienstliche Form auch für die Familien; so ermahnte ein Gesangbuch von 1865 den Hausvorstand: „Kannst du es möglich machen, täglich oder doch wenigstens an einigen Tagen der Woche die hl. Messe zu hören, so versäume es ja nicht. Stehst du einer Haushaltung vor, so sorge, dass die erwachsenen Mitglieder der Familie abwechselnd soviel als möglich während der Woche die hl. Messe besuchen, und dass die Kinder die Schulmesse nicht versäumen."[19]

Formen des katholischen häuslichen Gottesdienstes, die heute weitgehend verloren scheinen, waren das gemeinsame Gebet am Morgen, Abend und vor dem Essen – etwa in Form des Angelus („Engel des Herrn") –, das gemeinsame Rosenkranzgebet, gemeinsame Andachten etwa (vor einem geschmückten Marienaltärchen) im „Marienmonat" Mai und zu anderen Gelegenheiten (z. B. „Frauentragen im Advent"), Segnung zu verschiedenen Anlässen (Haussegnung). Aber auch das Studium der Schrift (obgleich bei Katholiken verpönt) bzw. „guter" christlicher Literatur gehört hierher. So empfahl im 19. Jahrhundert Josef Schwarz in seinem Artikel über die christlichen Hausbücher die gemeinsame Lesung an den Nachmittags- oder Abendstunden der Sonn- und Feiertage, aber: „kurz soll die gemeinschaftliche Lesung sein, z. B. gleich nach dem Mittagsmahle oder am Feierabende der Sonn- und Festtage".[20]

Solche privaten gottesdienstlichen Formen im Haus – angefangen vom gemeinsamen Gebet bis hin zu Andachten oder Formen der Segnungen und Tagzeitenliturgie – werden vor allem als Nachklang der Liturgie der Kirche bzw. als Hinführung zu ihr wohlwollend betrachtet. Auch als Mittel zur Stärkung des religiösen Lebens werden sie gefördert – vor allem in Zeiten, in denen sowohl die Institution der Familie wie auch die Religiosität gefährdet erscheinen: „Ein besonders taugliches Mittel zur Erneuerung des religiösen Lebens der Familie wäre die eifrige Mitfeier des katholischen Kirchenjahres im Hause."[21] Ein eigener Stellenwert scheint ihnen aber kaum gegeben.

Im Zuge der Liturgischen Bewegung des 20. Jahrhunderts wurden wiederholt Stimmen laut, die den häuslichen/familiären Feierformen große Bedeutung beimaßen.[22] Diese religiösen rituellen Vollzüge innerhalb der Familie gelten als „Widerhall" der kirchlichen Feierformen, sind auf diese Weise zugleich eine „Vorschule des liturgischen Gebets".[23] „Dieser Geist der Familie, diese von lebendigem Christentum erfüllte Atmosphäre des Elternhauses ist der weitaus wichtigste Faktor in der religiösen Formung unserer Jugend. Zu lange hatten auch katholische Kreise geglaubt, alle Verantwortung für die Bildung der Kinder – auch für die religiöse und charakterliche – auf die Schule abwälzen zu können."[24] Vor allem in der

französischen Literatur wurde der Begriff „Liturgie familiale" zumindest
seit den 50er Jahren des 20. Jahrhunderts sogar „zu einem pastoral-
theologischen Modewort".[25] Allerdings wird hier teilweise ein ziemlich
weiter Liturgiebegriff Grund gelegt, der aber auch bezogen werden kann
auf konkrete Formen der Riten, Sakramentalien und Weihen; diese Formen, die sich im Laufe der Jahrhunderte entwickelt haben, können Stüt-
zen der Seelsorge sein.[26]

Besonders wird auf die Rolle und Bedeutung des Gesangbuchs für die
häusliche Liturgie verwiesen: „Im engsten Kreis: im heiligen Raum der
Familie fällt die Entscheidung. Die Familie ist heute die ‚Kinderschule der
Kirche' geworden. Wenn unsere Familie wieder ihre Kinder recht beten
und singen lehrt, ist schon viel gewonnen. Gebet und heiliges Lied, Singen und Beten gehören eng zusammen. Im Heim der Familie muss es
wieder singen und klingen von frohen und frommen Liedern […] Unser
Gesangbuch gehört in die Hausandacht. Es darf nicht mehr wohlverwahrt
in der Schutzhülle auf dem Bücherbrett oder im Winkel des Eckschran-
kes, abseits vom Leben des Hauses, sein Dasein fristen, es soll wieder mitten in unserem Leben stehen …"[27]

### 1.3.5. Die Rolle des „Hausvaters"

Eines besonderen Augenmerks bedarf die Rolle des Vaters, die auch heute
noch in verschiedenen Hilfen zur Gestaltung des Heiligabends als expo-
niert erscheint: „Der Vater liest das Evangelium von der Geburt des Herrn
(GL 128)."

Seine Herkunft hat diese Rolle des Vaters von der oben skizzierten Bedeutung des „pater familias", des Hausvaters, der für das geistliche Wohl
seiner ihm Anvertrauten Sorge zu tragen hat. Die Stellung des „Hausvaters"
im Alten Testament (und davon beeinflusst auch im Neuen Testament
und in der christlichen Kirche) hängt mit der Bedeutung der Familie, ja
des ganzen „Hauses" als primärer Kult- oder Gottesdienstgemeinschaft zusammen; ihr Priester ist zunächst der Vater.

Diese – in der vorchristlichen aber auch christlichen Antike durchaus
übliche – Vorstellung ist zusammen mit derjenigen einer „Hauskirche"
durch die Reformation stark gefördert worden. Das Haus ist Ort und Hort

von Ehe und Familie; die „Hausväterlichkeit ist die reformatorische Versi-
on des pater patriae und als solche [...] Imitatio des himmlischen Hausherrn ...".[28] Diese Rolle kommt vor allem zum Ausdruck in den häuslichen Gottesdiensten und Gebeten, die der Hausvater anleitet und auch
überwacht, wie es schon in Luthers Kleinem Katechismus ausgeführt
wird.[29] Deutlich wird diese Rolle noch in der Beschreibung, die Wilhelm
Heinrich Riehl idealisierend im 19. Jahrhundert gibt: „Wenn man nicht
in die Kirche gehen konnte, dann las nach alter Sitte der Hausvater dem
ganzen Hause am Sonntag Morgen aus der Postille vor. Am Weihnachts-
und Neujahrsabend versammelte er das Haus um sich und las ein Kapitel
aus der Bibel; das Gleiche geschah wohl auch an jedem Sonntag Abend.
Ging die Familie zum Abendmahl, dann sprach der Hausvater als Eröff-
nung des Ganges zur Kirche ein Gebet in der Familienhalle. Bei vereinzel-
ten Bauerschaften geschieht das alles noch. Merken die städtischen Väter
denn nicht, dass sie mit dem Aufgeben dieser Sitten freiwillig eines der
stolzesten Attribute im Hause aus der Hand gegeben haben? Wahrlich, der
Hausvater sollte den letzten Rest, der ihm von der hauspriesterlichen Würde
seiner Urahnen verblieben, nämlich das Amt, dem ‚ganzen Hause' vorzu-
beten, nicht so leichtsinnig wegwerfen."[30]

Ausführlich geht auch B. A. Langbein Mitte des 19. Jahrhunderts in
seinem Handbuch zur evangelischen Hausandacht auf die Rolle des Vaters
ein: „Aus dem Allem ergibt es sich nun schon ganz von selbst, daß es des
Hausvaters Aufgabe ist, den gemeinsamen Hausgottesdienst zu leiten. Denn
er ist Hauspriester schon in seiner Eigenschaft als Haupt des Hauses; das
ist seine höchste Ehre, die sich keiner rauben lassen sollte. Nur wenn er
verhindert ist, trete die Hausmutter an seine Stelle ein."[31]

Auch katholischerseits war dies – vor allem in der Zeit der Liturgischen
Bewegung (aber auch schon vorher) – ein Ideal, das auch verbreitet wurde:
„Vater und Mutter verwalten das Hauspriestertum. Sie sollen Christus und
die Kirche zur Darstellung bringen ..."[32] – „Als Sinnbild, als lebendiger
Spiegel des himmlischen Vaters, als Teilhaber am Schöpfungswerk ist der
Vater das Haupt der Familie. [...] Was der Bischof für die Diözese, das ist
der Vater für die Familie, derjenige, der Sorge trage für die Seelen, damit er
Seelsorger sei."[33] Gebete eines Hausvaters enthält noch 1950 das Gebet-
buch „Lehre uns beten" von Josef Gülden: „Allmächtiger Gott, gnädiger

Vater, in Deinem Dienst stehe ich in meinem Dienst als Hausvater. Hilf mir, meiner Familie und meinem ganzen Hauswesen recht vorzustehen, dass Dein Wort und christliche Zucht in meinem Hause regieren …"[34]

### 1.3.6. Gestalt und Aufbau der Hausandacht

Es ist natürlich unmöglich, eine über die Jahrhunderte in den verschiedenen Kirchen ausgeprägte Form häuslichen Gottesdienstes zu finden, denn auch knappste Formen wie das Gebet wurden dieser häuslichen Liturgie zugeordnet. In Hinblick auf die Feierform des Heiligen Abends aber kann man – zumindest für die vergangenen zwei Jahrhunderte – von einer komplexeren Form ausgehen, die evangelischer- wie auch auch katholischerseits feste, übereinstimmende Grundelemente enthält. Die folgende Übersicht über die Gestalt häuslicher Andacht nimmt zunächst die evangelischen Hausandachten in den Blick.

„Zu einem vollständigen Hausgottesdienste gehören nothwendig zwei Stücke: Gebet und Lesung des göttlichen Wortes, wozu, wenn es irgend sein kann, auch der Gesang treten möge."[35] Diese Aussage des evangelischen Theologen B. A. Langbein aus dem 19. Jahrhundert in seinem Buch über die Hausandacht lässt sich vielleicht als Basis nehmen, denn damit ist ein Grundschema gottesdienstlichen Handelns gegeben. Viele evangelische Gesangbücher des 18. und 19. Jahrhunderts, die nach ihrem Titel auch für „die häusliche Andacht" gedacht sind, enthalten zwar keine vollständigen Andachten, wohl aber die verschiedenen Elemente, die zur Gestaltung einer solchen beitragen: eine Auswahl an Lesungen und Evangelien, Kirchengebeten (Kollekten) und privaten „Gebeten für die Hausandacht" (vor allem Wochentagsgebete), den Kleinen Katechismus Luthers und verschiedene andere Texte.

> Dem Gesangbuch ist zunächst beigegeben ein kleines Gebet- und Andachtsbüchlein, in möglichster Kürze und Bedürfnisse, wie des häuslichen, so des kirchlichen Gottesdienstes umfassend; eine biblische Lesetafel enthält außer den altkirchlichen Evangelien und Episteln noch andere, alt- und neutestamentliche Lesestücke, um für die häusliche oder kirchliche Betrachtung des heiligen Schriftwortes eine größere Auswahl zu geben …[36]

Damit wir auch zur ferneren Hausandacht unseren Gemeinen mit
dieser Auflage des Gesangbuches zu Hülfe kommen möchten, haben
wir demselben einige dazu auf mehr als eine Art dienliche Zugaben,
nach dem Beispiel der vorigen Auflagen, beigefüget:
1. Evangelien und Episteln auf alle Sonn- und Festtage des ganzen Jahres
2. Kirchengebete
3. Gebete zur Beförderung sowohl des Hausgottesdiensts als auch
   der Andachten
4. Geschichte des Lebens Jesu etc.
5. Ordnung des hiesigen Gottesdienstes [37]

Gelegentlich wird in den Gesangbüchern auch eine Anleitung oder „Hand-
reichung für die Ordnung der Hausandacht" aufgeführt, z. B. Liedstrophen,
Lesung eines Bibelabschnitts oder einer Betrachtung, Gebet, Vaterunser,
Liedstrophe.[38] Ausführlicher ist das folgende Schema:

> Der Hausvater (die Hausmutter) spricht: Das walte Gott Vater, Sohn
> und Heiliger Geist. Amen.
>
> Die Hausgemeinde singt sodann ein Lied, etwa das Lied der Woche,
> wie es im Lektionar (am Schluss des Gesangbuches) für jeden Sonn-
> tag angegeben ist, oder ein Morgenlied bzw. Abendlied, ein nach der
> Kirchenjahreszeit passendes Lied, ein Loblied o. dgl.
>
> Der Hausvater (die Hausmutter) liest den Wochenspruch und einen
> Abschnitt aus der Heiligen Schrift (Tageslesung oder eine der Lektio-
> nen des vorhergehenden Sonntags), womöglich mit einer anschlie-
> ßenden Auslegung des Schriftwortes (aus einem Andachtsbuche.)
>
> Nach einem Gebet (Morgen- bzw. Abendgebet oder für den vorher-
> gehenden Sonntag bestimmten Kollekte sprechen alle gemeinsam das
> Vaterunser.
>
> Es folgt eine gemeinsam gesungene Schlußstrophe.[39]

Die Auslegungen der Schrifttexte können also einem „Andachtsbuche"
entnommen werden. Bisweilen sind diese Andachtsbücher auf die Gesangbücher bzw. die Ordnung des Gottesdienstes abgestimmt.

　　Diese Hausandacht kann als täglicher Gottesdienst in „schlichter Form"
gestaltet werden mit Lied, Lesung (mit Auslegung) und Gebet, aber auch
in „reicherer Form":

> Wo Freudigkeit, Zeit und Möglichkeit dazu vorhanden sind, wird man
> am Morgen oder Abend den Hausgottesdienst mit weiteren Stücken
> der Mette oder Vesper ausgestalten und die Hausgemeinde, insbeson-
> dere die Kinder, am Ablauf des Hausgottesdienstes beteiligen wie folgt:

*Reichere Form*
Lied (Morgen- bzw. Abendlied)
Psalm zwischen Hausvater und Hausgemeinde oder zwischen den
Kindern und Erwachsenen gebetet.
Morgenpsalmen: Ps. 84 Ps. 57 Vers 2–3.6.8–12
Ps. 125. 146. 67. 13. Ps. 63 Vers 2–9
Abendpsalmen: Ps. 8. Ps 17 Vers 1–9. 15. Ps. 141 Vers
1–4. 8. Ps. 4. Ps. 36 Vers 6–11. Ps. 121. 134.
Schriftlesung (mit Auslegung)
Lied der Woche (siehe Lektionar)
Gebet:
Hausvater: Kyrie eleison (Herr, erbarme dich.)
Hausgemeinde: Christe eleison, Kyrie eleison.
(Christe, erbarme dich, Herr, erbarme dich.)
Alle gemeinsam: Vater unser … Amen
Fürbittengebet im Wechsel zwischen dem Hausvater und der Haus-
gemeinde.
Tagesgebet (für den Morgen in der Ordnung der Mette,
für den Abend in der Ordnung der Vesper)
Ein Lied oder eine Amenstrophe mag die Andacht beschließen.[40]

## 1.3.7. Die Hausandacht am Heiligen Abend

Sofern die Heiligabend-Feier auf die Form der häuslichen Andacht zurückzuführen ist, können evangelische wie katholische Formen und Elemente eine Rolle spielen; in vielen Fällen werden sie einander ähneln: etwa
was das Verlesen des Evangeliums anbelangt, Lieder, Gebete. Aber es gibt
auch je typische Feierelemente aus den verschiedenen Konfessionen.

Die evangelischen Gesangbücher enthalten keine spezielle Hausandacht
für den 24. Dezember. Es lassen sich aber die Lieder, Lesungen und Gebete, die für den Weihnachtstag angegeben sind, natürlich auch für eine
Andacht – in schlichter oder reicherer Form – verwenden. Nur selten wird
ein eigenes „Festgebet für den Heiligabend" aufgeführt:

> Vater unseres Herrn Jesu Christi, aus der Unruhe dieser Tage kom-
> men wir zu dir. Lass unsere Herzen stille werden an der Krippe des
> Christkindes, damit auch wir die frohe Botschaft vernehmen: Euch
> ist heute der Heiland geboren. Gib uns deinen lieben Sohn als das
> rechte Christgeschenk in unsere Herzen und lass uns all die Seligkeit
> fassen und genießen, die du uns in ihm bereitet hast. Amen.[41]

Anders in den Andachtsbüchern; während die Gesangbücher dieser Zeit in ihren Angaben zu den Schriftlesungen den Heiligen Abend unberücksichtig lassen (das Evangelium Lk 2,1–20 wird für den „1. Christtag" aufgeführt), bieten die Andachtsbücher häufig auch einen Vorschlag zur Gestaltung des Heiligen Abends; so etwa das Andachtsbuch von Gerhard Uhlhorn:

> Andacht Am heiligen Abend
> Gesang: Dies ist die Nacht, da mir erschienen
> Lesung: Jes 9,2–6
> Auslegung / Besinnung
> Gesang: Dies ist die Nacht (5. Str.)[42]

Walter Lotz schlägt in seinem „Christlichen Hausbuch" von 1941 folgenden Ablauf vor (nach der Rückkehr aus der Christvesper):[43]

> Lied (aus dem Quempasheft oder Gesangbuch)
> Aufsagen der Bibelworte durch die Kinder
> Weihnachtsspruch des Vaters: „Dank sagen wir alle …"
> Glorialied
> Weihnachtsevangelium, unterbrochen von geeigneten Liedern
> Überleitung zum Auspacken der Geschenke
> Lied als Abschluss des Abends

Ihren Platz konnten sie aber nicht nur zu Beginn der häuslichen Feier, sondern auch an anderer Stelle haben.

> Nach dem Abbrennen der Kerzen las der Vater eine Weihnachtsandacht vor, worauf es dann zur Ruhe ging.[44]

### 1.3.8. Katholische Hausandacht am Heiligabend

Eine ähnlich entfaltete Form sucht man in den katholischen Gesang- und Hausbüchern des 19. Jahrhunderts vergebens. Vielleicht trifft die Beschreibung, die Annette von Droste-Hülshoff in ihrer „Judenbuche" gibt, die Art, wie die häusliche Vorbereitung noch bis in das 19. Jahrhundert hinein war:

> Es war am Vorabende des Weihnachtsfestes, den 24. Dezember 1788. Tiefer Schnee lag in den Hohlwegen, wohl zwölf Fuß hoch, und eine durchdringende Frostluft machte die Fensterscheiben in der geheizten Stube gefrieren. Mitternacht war nahe, dennoch flimmerten überall matte Lichtchen aus den Schneehügeln, und in jedem Hause lagen die Einwohner auf den Knien, um den Eintritt des heiligen Christfestes mit Gebet zu erwarten, wie dies in katholischen Ländern Sitte ist, oder wenigstens damals allgemein war.[45]

Immerhin gibt es vereinzelt Hinweise auf den Heiligen Abend und darauf, wie man ihn zubringen soll:

> Halte 1) gewissenhaft die Vigilfasten am Tage vor Weihnachten. 2) Bringe den heiligen Abend vor Weihnachten andächtig zu. 3) Weil Weihnachten der höchste Gnadentag ist, liest jeder Priester drei Messen, und pflegen auch fromme Christen drei Messen zu hören.
> Anmerkung: Die Weihnachtsbescherung ist ein löblicher Brauch, wenn sie mit Frömmigkeit geschieht, und man den Kindern dabei Dankbarkeit und Liebe gegen das göttliche Jesuskind einflößt, von dem alles Gute kommt. Weltliche Eitelkeit und Lustbarkeit an dem heiligen Weihnachtsabend ist unchristlicher Mißbrauch. – Ein anderer lieblicher und heilsamer Gebrauch ist die Errichtung der Krippchen.[46]

In ähnlichen Worten hält Leonhard Goffine einen „Unterricht für den heiligen Christabend"; er schreibt: „Keine Nacht ist so heilig wie die Christnacht; deshalb soll der Christ sie heilig zubringen, mit Gebet, frommen Lesungen und Betrachtungen, nicht aber mit Spiel, Trinken, Possen und anderen Ausschweifungen, wie es leider häufig geschieht." Als Formen der Vorbereitung nennt er: 1. Halten der Vigilfasten; 2. Rückzug zu Gebet und Betrachtung bis zur Mitternachtsmesse; wo dies nicht möglich ist, soll die Arbeit (!) dem Jesuskind aufgeopfert werden. 3. Vorbereitung auf Bußsakrament und Kommunionempfang. 4. Zuflucht zu Maria und Joseph im Gebet; 5. Gebet des Rosenkranzes; 6. Ein Werk der Barmherzigkeit. Kurz erklärt werden der Brauch der Weihnachtskrippe, des Christbaumes, der Christbescherung. Schließlich werden noch einige „Gebete am heiligen Christabend" aufgeführt.[47]

Deutlich wird auch, dass der Heilige Abend nur der Auftakt ist für die gemeindliche Feier der Christmette, entweder um Mitternacht oder am frühen Morgen. In der folgenden Beschreibung des Heiligabends aus der Mitte des 19. Jahrhunderts werden aber immerhin schon Elemente eines (typisch katholischen) Gottesdienstes genannt: Krippe, Kerzen, Rosenkranz, Gebet, Evangelium:

> Der heilige Abend ist angebrochen. Die Hausgeschäfte sind früher zu Ende gebracht, als an anderen Vorabenden. Denn man will einen Feierabend vor der Heiligen Nacht. Den ganzen Tag wurde strenge Fasten gehalten, und dennoch ist alles im Hause froh und heiter. Auch auf den Abend ist wenig zu erwarten, was dem Gaumen und dem Bauche genehm ist. Statt dessen gibt es andere, höhere Genüsse. In

der Ecke der Wohnstube ist eine Krippendarstellung angebracht, und
sei es auch nur ein Christkindlein in einem Körblein. Um diese Darstellung werden Kerzen aufgestellt. Schon zündet man die Lichter
an, und wird der Rosenkranz gebetet. Niemand ist vom Schlafe ge-
plagt wie an anderen Abenden. Das gemeinschaftliche Gebet wird
mit freudiger Andacht verrichtet. Nach demselben wird das Evangelium von der heiligen Weihnacht und anderes aus dem großen Leben
Christi gelesen, was auf die heilige Nacht Bezug hat. Das Alles gehört
zur häusliche Erbauung und ist Vorbereitung auf die kirchliche Feier.
Nur wo kindlicher Sinn ist, und wo man die hohe Bedeutung der
Menschwerdung des Eingeborenen vom Vater wenigstens ahnet, kann
man diesen Abend in würdiger Weise zubringen. Sei es Unterredung,
sei es Gesang, sei es gemeinschaftliches Gebet; alles wird einen heilsa-
men Eindruck auf das Gemüth machen, wenn nur der religiöse Sinn
nicht ganz erstorben ist. Jetzt ertönen die Glocken, die zur heiligen
Christmette rufen. Es dauert noch eine ganze Stunde, bis das heilige
Amt beginnt. Alles wird auch zur Mette kommen und während derselben sich vorbereiten auf die Freudenbotschaft von der Geburt des
Erlösers. Dieser nächtliche Kirchengang hat, wo immer noch christliche Zucht nicht landesflüchtig geworden, etwas recht Erhebendes.
Die Eltern mit ihren Kindern, die Nachbarn miteinander vereint,
verlassen mitten in der Stadt ihre Wohnungen.[48]

Pius Parsch nennt zwar in den 30er Jahren des 20. Jahrhunderts den Heiligen Abend, eine feste Form kennt er nicht. Nach wie vor aber ist die
häusliche Feier allenfalls Auftakt für die kirchliche.

Der heutige Tag heißt im Volksmund „Heiliger Abend" und nimmt
eine ganz einzigartige Stellung unter den Vigilien ein. Nur zum kleinen Teil enthält er Bußstimmung; er ist vielmehr ein Tag der freudigen Erwartung. Stimmungsmäßig trägt freilich viel der Volksbrauch
der Weihnachtsbescherung dazu bei, dass er für uns einer der gemüt-
vollsten des ganzen Jahres ist. Der Tag hat auch in jeder Familie seine
eigene Liturgie, diese möge dem kommenden Geschlecht vermittelt
werden.
    Etwa um halb 11 Uhr laden uns die Weihnachtsglocken ins Got-
teshaus zur Mette. Wir Jünger der Liturgie werden es uns nicht versagen, die Mette in der Nacht zu beten, am liebsten in der Gemeinschaft.[49]

In den katholischen Gesangbüchern der 50er Jahre des 20. Jahrhunderts
werden vermehrt Hinweise auf die häusliche Feier des Heiligen Abends
gegeben. Deutlich ist das Vorbild der Liturgie, wenn auch in den Familien
der Vortrag des so genannten Weihnachtsmartyrologiums empfohlen wird.[50]

In einem Passauer Gesangbuch dieser Zeit wird eine häusliche Feier skizziert, die noch – wie es der offiziellen Einordnung des 24. Dezember entsprach – im Schein des Advents steht:

> Die ganze Hausgemeinschaft versammelt sich in froher Besinnung um Krippe und Christbaum. Die Lichter verlöschen bis auf den Adventskranz oder eine Christbaumkerze. Vom Advent nehmen wir Abschied mit dem letzten Adventslied: „Macht hoch die Tür ..." Dann beten alle als Brücke von Advent zu Weihnachten den „Engel des Herrn"; er kann auch gesungen werden. Die Adventskerzen werden nacheinander ausgelöscht. Darauf entzündet die Mutter den Christbaum. Der Vater verkündet den Seinen die frohe Botschaft von der Geburt des Herrn, Lukas 2,1–20. Als Antwort darauf erklingt das „Stille Nacht". Die Erklärung zur ersten Lesung und der Hymnus der Weihnachtsandacht können folgen. Kinder und Jugendliche können ihre Krippenlieder und Hirtenweisen singen, wie „Ihr Kinderlein kommet" usw. Der Vater schließt die Feier mit dem Weihnachtsgebet.[51]

### 1.3.9. Heutige Hilfen zur häuslichen Feier des Heiligen Abends

Die Hilfen zur gottesdienstlichen Gestaltung des Heiligen Abends in den Familien oder in Gruppen sind seit einigen Jahrzehnten zahlreich geworden und schwer zu überschauen; es gibt Hilfen in christlichen Haus-, Weihnachts- und Werkbüchern, in Gesangbüchern, auf Faltblättern und Kalendern, die von einzelnen Diözesen veröffentlicht werden, und auch in Pfarrbriefen. Sie können und sollen hier aber nicht einzeln aufgeführt werden (vgl. Literaturverzeichnis). Interessanterweise gibt es solche Hilfen in Form von Heftchen oder Faltblättern überwiegend auf katholischer Seite. Während von evangelischer Seite zu anderen Anlässen Hilfen zu Hausandachten herausgegeben werden, hält man sich hier hinsichtlich des Heiligabends eher zurück; begründet wird dies mit dem zahlreichen Besuch des Gottesdienstes in der Kirche, dem man auf diese Weise nicht kontraproduktiv begegnen will.[52] Die von verschiedenen katholischen Diözesen herausgegebenen Hilfen hingegen finden offensichtlich große Verbreitung.

Die „Hauskirche" (Linz) erscheint etwa alle fünf Jahre neu; die Auflage der jüngsten Ausgabe betrug ca. 100.000 Stück –Tendenz steigend. Sie enthalten Text-und Liedvorschläge zu familiären Gottesdiensten im Advent, Heiligabend, Silvester und Dreikönig. Die 1982 erstmals erschienenen Hefte aus Paderborn (Heiliger Abend und Weihnachten zuhause) haben eine Auflage von ca. 80.000 Exemplaren und sind nicht nur im Erzbistum, sondern (über die Seelsorgeämter) auch in anderen Diözesen Deutschlands verbreitet. Adressaten sind vor allem die Eltern der Kindergarten-Kinder, aber auch überhaupt Interessierte an einer „liturgischen" Gestaltung des Heiligabends. Eine ungleich größere Auflage hat der vom Bistum Essen herausgegebene Adventskalender „Wir sagen euch an" (2000: 650.000 Exemplare); seit 1977 sind über 16 Millionen Exemplare des Kalenders gedruckt worden, der auch Anregungen für Heiligabend und Weihnachten enthält.

Die Herausgeber des katholischen „Hausbuches zur Advents- und Weihnachtszeit" ($^5$1969) unterscheiden bei der christlichen „häuslichen Feier" am Heiligabend (nicht „Andacht" genannt), verschiedene Stufen; es gibt ihrer Meinung nach dabei eine Kernfeier mit Mindestprogramm, das jedoch über mehrere Stufen hinweg entfaltet werden kann: „Wir müssten es als Minimum häuslicher Feier für jede christliche Familie sehen, dass sie vor der Krippe gemeinsam ein Weihnachtslied singt, dass das Evangelium der Heiligen Nacht erzählt oder vorgelesen wird und dass in einem gemeinsamen Gebet alle für die Menschwerdung Gottes danken."[53] Schriftverkündigung, Gebet und Lied stellen ja die Kernelemente eines (Wort-)Gottesdienstes dar und bilden auch die wesentlichen Elemente der Hausandacht. Wichtig scheint hier auch die Angabe des Ortes: vor der Krippe. Diesem Grundschema entsprechen auch die meisten der angebotenen Hilfen.

Diese Grundform kann nach Ansicht der Autoren entfaltet werden „zu einem richtigen kleinen Programm": Adventslieder zu Beginn, Herbergssuche, Anbetung an der Krippe, Evangelium in mehreren Abschnitten, verschiedene Gebete, Darbringung der Advents-Fastenopfer durch die Kinder, instrumentale Musik. Dieses Programm kann noch ergänzt werden um die Darstellung der Weihnachtsgeschichte durch die Kinder im Anschluss an den biblischen Text, das dann mit der Anbetung an der Krippe endet. Zweifellos ein anspruchsvoller Vorschlag, dessen Realisierung auch vor dreißig, vierzig Jahren nicht selbstverständlich war.

In einer ganz weiten Form zählen zu dieser Heiligabendfeier auch noch andere als die genannten gottesdienstlichen Elemente; die Autoren des Heftes „Heiliger Abend und Weihnachten zuhause" etwa zählen zur häuslichen Feier auch das gegenseitige Wünschen einer frohen Weihnacht und die Bescherung, das gemeinsame Essen am festlich gedeckten Tisch; Erzählen, Vorlesen, Singen und Musizieren; Besuch der Christmette.

Die einzelnen Elemente sollen in den nächsten Kapiteln dargestellt werden.

## *1.3.10. Die Feier des Heiligen Abends – eine Liturgie?*

Die Grundmuster der häuslichen Feier am Heiligabend mit Evangelium, Liedern, Gebeten ist in einer häuslichen Andacht zu sehen. So begegnet auch noch immer der Begriff „Hausandacht" bei Vorschlägen und Modellen für diesen Abend (etwa in den von der Diözese Linz herausgegebenen Hefte der Reihe „Hauskirche"). Seltener begegnet das Wort „Gottesdienst" in diesem Zusammenhang; der Begriff „Hausgottesdienst" hat sich eher als Bezeichnung von Feiern im Advent oder der Fastenzeit erhalten. Zumeist ist von einer „Feier" die Rede. Gelegentlich wird im Zusammenhang mit der religiösen Form der häuslichen Heiligabend-Feier aber auch von einer „Liturgie" gesprochen. „Zur Vorbereitung von Weihnachten gehört nicht nur, dass man Geschenke einkauft, sondern sich auch gemeinsam überlegt, wie man den Heiligen Abend begehen möchte, wie man die häusliche Liturgie um den Christbaum und die Krippe so gestalten könnte, dass alle Familienmitglieder etwas davon haben."[54]

Auch aus einzelnen Antworten zur Umfrage wird deutlich, dass in manchen Familien eine kleine Liturgie gefeiert wird mit allem, was dazu gehört:

> Es gibt eine kleine religiöse Feier an der Krippe bzw. vor dem Tannenbaum in Form eines Wortgottesdienstes. Er besteht aus den Elementen: Gebete, Lieder, ein Psalm und im Mittelpunkt die Weihnachtsgeschichte. (92)

Das führt zum Abschluss dieses Kapitels noch zu der Frage, ob es sich bei der Feier des Heiligen Abends um eine Liturgie handelt oder handeln kann.

Der schon erwähnte Pius Parsch schrieb 1933 in seinem „Klosterneuburger Liturgiekalender" zum 24. Dezember: „Der heutige Tag […] hat auch in jeder Familie seine eigene Liturgie, diese möge dem kommenden Geschlecht vermittelt werden."[55] Die häusliche Feier besitzt seinem Empfinden nach durch die verschiedenen religiösen Elemente eine eigene, gleichsam liturgische Gestaltung. Auch der Liturgiewissenschaftler Balthasar Fischer wies häufig auf die Bedeutung der „Volksfrömmigkeit" und ihrer Formen für die Liturgie und Pastoral hin; er sprach ebenfalls im Zusammenhang des häuslichen Heiligabends von einer „Familienliturgie": „Die noch verbliebenen Reste von Familienliturgie verdienen die Aufmerksamkeit und ein gelegentliches helfendes Wort des Seelsorgers. Das gilt zum Beispiel von der häuslichen Feier am Weihnachtsabend …".[56]

Allerdings ist hier wohl der Begriff „Liturgie" jeweils nicht im Sinne einer liturgierechtlichen Regelung gemeint, nach welcher (heute) zur offiziellen Liturgie eigentlich nur gerechnet werden kann, was im Namen der Kirche von den rechtmäßig dazu beauftragten liturgischen Personen (vgl. CIC c. 834 §2; 838 §1–2) und nach den entsprechenden liturgischen Büchern vollzogen wird.[57]  Auch im Zusammenhang des Tischgebets und anderer häuslicher Frömmigkeitsformen werden nicht selten Begriffe wie „Hausliturgie" gebraucht. Sie meinen häufig Liturgie nur im Sinne einer religiösen Sprech- und Zeichenhandlung. Die Vorstellung einer wirklichen häuslichen Liturgie trifft noch am ehesten auf die Form der Feier dieses Abends zu, wie sie Hermann Reifenberg vorschwebte: „Die in verantwortbarer Weise gestaltete Christbescherung kann ein wertvolles Modell Recht verstandener Hausliturgie abgeben. Neben Verkündigung, Lied und Gebet darf es auch hier nicht unterlassen werden, das Optische und die sonstigen Sinnesbereiche (Lichterbaum, Weihnachtskrippe, Gebäck, Geschenk) in zweckdienlicher Weise einzubeziehen. So vermag etwa ein ‚Segen' (Berakah im ursprünglichen Sinne!) über den Lichterbaum verbunden mit entsprechender Ausdeutung (etwa: Paradiesesbaum – Lichterbaum) zu echter Meditation anzuregen. Ähnliches gilt für eine Berakah über das Weihnachtsgebäck (Ende der Vorbereitung – Beendigung des Verzichtes – Freude des Festes – Speise und Trank; vgl. dazu die Segnung der Osterspeisen). Die Deutung der Geschenke als Zeichen gegenseitiger Liebe und Fürsorge in Verbindung mit dem Gedanken, dass Gott uns stets – an Weihnachten und mit seinem Sohn – beschenkt, wird ebenfalls zu echter Sinnerfüllung und positiver Überwindung des Geschenkerummels beitragen können. Auf diese Weise ist es auch möglich, eine Brücke zur Christmette der Nacht zu finden …"[58] Er geht – auch wenn diese skizzierte Feier weit an den Möglichkeiten und Fähigkeiten der meisten Gläubigen vorbeigeht – von einer wirklich gottesdienstlichen Situation aus, die liturgische Elemente wie Verkündigung, Lied, Gebet und Segen (Beraka) enthält und möglicherweise sogar mit entsprechenden Büchern (Gotteslob; Benediktionale) oder gottesdienstlichen Hilfen gestaltet wird. Für eine solch entfaltete religiöse Form ist vom Wesen her der Begriff Liturgie nahe liegend, da hier katabatische (von Gott her kommende) und anabatische (zu Gott hin führende) Elemente zusammenkommen: die Vergegenwärtigung des Handelns Gottes im Geschehen dieser Nacht durch Evangelium, Darstellung (Krippe), Segen und – recht verstanden – Geschenk; durch die Hinwendung zu Gott im preisenden und dankbaren Gebet und Lied.

Ein anderer Weg zum Begriff „Liturgie" führt über die Vorstellung der Familie als „Hauskirche", wie sie weiter oben schon skizziert wurde: „Es gibt keine Kirche ohne Liturgie."[59] Dies träfe auch auf die häusliche religiöse Feier des Heiligabends zu. Allerdings ist diese Herleitung nicht unproblematisch, weil die Gleichsetzung von Familie und Hauskirche nicht einfach vollzogen werden kann.

Johannes Chrysostomus spricht wiederholt vom Haus bzw. der Familie als Kirche im Kleinen.[60] In einem ähnlichen Bild spricht die dogmatische Konstitution des II. Vatikanums von der Familie als einer gleichsam (velut) häuslichen Kirche (LG 11). Papst Johannes Paul II. benutzt dieses Bild zehnmal in seinem Apostolischen Schreiben „Familiaris consortio" von 1981, identifiziert hier allerdings eindeutiger, als es in der Konstitution geschieht, die Familie mit Hauskirche. Dies ist durch den Sprachgebrauch des Neuen Testamentes nicht gedeckt, weil hier das „Haus" nicht mit der biologische Familie gleichgesetzt wird (vgl. *Kapitel 1.3.1.*), ja vielmehr die neue christliche Hausgemeinschaft die Familie wie auch das „Haus" letztlich relativiert, transzendiert und öffnet.[61]

Und auch die Vorstellung der Anteilhabe aller Getauften am allgemeinen Priestertum, die ja auch zur Herausbildung häuslicher Gottesdienste seit der Zeit der Reformation maßgeblich war, ist, wie oben dargestellt, in diesem Zusammenhang zu nennen, bleibt aber in Hinsicht auf die Spannung Gemeinde – Haus problematisch.

Bei der Frage, ob es sich bei der Feier des Heiligen Abends um eine „Liturgie" handelt, wird man also eher vom Charakter dieser Feier und vom Wesen der Liturgie ausgehen: Wenn sie so gestaltet ist, dass in ihr das Mysterium der Menschwerdung Gottes durch Wort und Zeichen den Feiernden verkündet und vergegenwärtigt wird, verdient sie den Namen einer häuslichen „Liturgie" – unabhängig aller liturgierechtlichen Bestimmungen.[62]

# Exkurs 1: Hausgottesdienst im Judentum

Sehr viel stärker als in den christlichen Kirchen ist im Judentum die Familie Trägerin des Gottesdienstes. Das Haus erscheint neben der Synagoge (bzw. früher dem Tempel) als eigenständiger Kultort. „Die Bedeutung des Heimes im Judentum ist gar nicht hoch genug anzuschlagen. Wann immer dem jüdischen Gottesdienst Schwierigkeiten bereitet werden, das Haus kann seine Funktionen übernehmen. Solange die jüdische Familie, das jüdische Haus intakt ist, droht dem Judentum keine Gefahr. Die Synagoge kennt keinen Altar, beherrschend steht das Vorlesepult. Der Altar des Judentums ist der Tisch eines jeden jüdischen Hauses, von ihm geht alle Kraft des Dauerns aus, die um ihn Versammelten üben sich täglich in der Heiligung des Lebens und in der Ausrichtung auf die messianische Zukunft."[1] Das hat mit der Geschichte zu tun, in der die Familie bzw. das „Haus" in Glaubensdingen eine maßgebliche Rolle spielt.

Im Zeitraum des alten Testamentes lassen sich verschiedene Phasen unterscheiden, in denen die Familie unterschiedliche Bedeutung für die israelitische Frömmigkeit besaß (Epoche der Vorstaatlichkeit: Patriarchenzeit; Zeit der Staatlichkeit: 10. bis 6. Jh.; Zeit des Exils). Auch hat man es mit unterschiedlichen Größen und Organisationen, Funktionen und religiösen Ausdrucksformen der Familien zu tun, so dass man nicht von einer durchgängigen Tradition ausgehen kann.

In der Patriarchenzeit war die Großfamilie die durchgängige Gesellschaftsform. Die Religion und ihr kultischer Ausdruck ist im Wesentlichen auf die Familie bzw. ihr Oberhaupt bezogen; der Patriarch selbst übt priesterliche Funktion aus. – Mit der Sesshaftigkeit wandelt sich die Großfamilie zunehmend zur Kleinfamilie, die in größere Organisationen eingebunden ist. Noch immer aber spielt die individuelle Gottesbeziehung der Familie eine wichtige Rolle. Neben den Männern übernehmen auch die Frauen eine wichtige Aufgabe, vor allem im religiösen Brauch. – Nach dem Jahrhunderte langen Exil bekommt die Familie als Keimzelle der Identität Israels eine noch größere Bedeutung; auf religiösem Gebiet bewirkt die Konzentration auf die Familie als einer Art Hausgemeinde den Übergang zur Synagoge. Es besteht ein Nebeneinander von offiziellem Kult und Kult im Bereich der Familie (Pascha-, Sabbatfeier); innerhalb der liturgischen Vollzüge der Gemeinde hat die Familie einen festen Platz. – Bedeutsam erscheint in diesem

Zusammenhang auch, dass die Familie primärer Ort der Katechese ist: Vater und Mutter erscheinen (im Buch Deuteronomium) als Katecheten von Sohn und Tochter und weisen diese in die Heilsgeschichte und das Gesetz ein. Damit sicherte die Familie als eine der wenigen intakten Institutionen der Krisenzeit des Exils die Kontinuität der Tradition.[2] Bis heute wirkt so die Bedeutung des „Hauses" (vgl. *Kapitel 1.3.1.*) in der liturgischen Feier der Familie nach.

Eine idealtypische Darstellung der familiären religiösen Praxis hat Wolfgang Walter unternommen; sicher wird man auch hier Abstriche zur Realität in vielen jüdischen Familien machen können; dennoch wird daraus deutlich, wie sehr die Familie ein gleichwertiger religiöser Ort ist: „Die Eltern nehmen genau vorgeschriebene Aufgaben im häuslichen Bereich wahr. Der größte Anteil, der mit den religiös-rituellen Geboten zusammenhängt, fällt dem Vater zu. Er leitet an den Feiertagen die häusliche Liturgie, und er führt auch den Vorsitz bei den gemeinsamen Mahlzeiten. Selbst immer wieder zum Torastudium verpflichtet, sorgt er dafür, dass die Kinder religiös unterwiesen werden, und kontrolliert das Gelernte. Durch seinen Beruf kann er diese Vorschriften oft erst an den Abenden, am wöchentlichen Ruhetag sowie an den Festtagen beobachten. Der Vater vertritt bei allen wichtigen Ereignissen, die mit der Religion verbunden sind, seine Familie in der Öffentlichkeit.

Für alle praktischen Angelegenheiten im Haus ist dagegen die Mutter verantwortlich. Mit ihrem Tun sorgt sie für ein geordnetes Familienleben. Die Erfüllung dieser Aufgaben wird als so wichtig angesehen, dass die Hausfrau bis auf drei Gebote von allen befreit wurde, die orts- und zeitgebunden sind. […]

Bei den verschiedenen Lebensabschnitten der einzelnen Familienmitglieder öffnet sich der Kreis der Familie auf die Gemeinde hin und nach außen. Gerade hier begegnet der Kleinraum der Familie dem Großraum der Gemeinde. Beide sind darüber hinaus eng miteinander verflochten. Wie sich der Gottesdienst der Synagoge in der häuslichen Feier fortsetzt, so stehen wiederum gewisse Vorbereitungen zu Hause ganz im Zeichen eines kommenden Festes. Beispielsweise der Frühjahrsputz der Wohnung vor dem Pessachfest und das Errichten einer Laubhütte für Sukkot.

Das jüdische Haus ist gewissermaßen nochmals eine kleine Gemeinde für sich. Mit seinen äußeren Kennzeichen, in den Formen und Bräuchen erzeugt es eine Atmosphäre, in der die Religion bewahrt und weitergegeben wird."[3]

# 2. Elemente der „liturgischen" Heiligabend-Feier

*Der Großvater liest mit bewegter Stimme die vertrauten Worte, das Andachtenbuch hält er in seiner großen, knochigen Hand. Daß Cyrenius Landpfleger war, liest er, und daß dies die erste Schätzung im Lande gewesen ist, und die Tränen treten ihm dabei in die Augen, weswegen die Lesung einen kleinen Aufschub erfährt.*

Schöne Aussicht

## 2.1. Das „Weihnachtsevangelium"

„Ein wichtiger Bestandteil des Heiligen Abends ist die Weihnachtsgeschichte. Ihre Botschaft gilt jedem Alter."[1] Bis heute bildet das „Weihnachtsevangelium" Lk 2,1–14(20) vielfach die Mitte der häuslichen Feier am Heiligen Abend. Es gehört im Aufbau der „Hausandacht" zu den Lesungen, die neben Gesang und Gebet die Grundform dieses häuslichen Gottesdienstes ausmachen.[2] Ohne die Botschaft von der Geburt Christi gäbe es kein Weihnachten. Allein das begründet die Stellung des Evangeliums: es ist auch die Anamnese, Gedächtnis dieses Festes. Es steht, neben den Liedern, häufig auch in solchen Weihnachtsbüchern, die sonst keine Anregungen für eine häusliche Andacht am Heiligen Abend enthalten.

### 2.1.1. Text

Selbstverständlich, so möchte man sagen, handelt es sich in den meisten Fällen um jenen Evangelienabschnitt, der in der katholischen Christmette (Mitternachtsmesse) bzw. der evangelischen Christvesper verlesen wird, Lk 2,1–14, und der das Gebot, das von Kaiser Augustus ausging, die Geburt Jesu und die Verkündigung der Engel an die Hirten zum Inhalt hat. Nur gelegentlich kommt noch die Erweiterung Lk 2,15–20 hinzu,[3] die Beschreibung des Gangs der Hirten zu der Krippe, die ihren ursprünglichen liturgischen Ort in der Messe am Morgen hat. Das Evangelium der „Messe am

Heiligen Abend" (Mt 1,1–25) spielt verständlicherweise keine Rolle: Nicht nur handelt es noch nicht von der Geburt des Herrn; dieses Evangelium hat in der Liturgie der katholischen Kirche auch erst seit wenigen Jahren eine Bedeutung für den Heiligen Abend. Ebenfalls kaum eine Rolle spielt das älteste Evangelium dieses Festes, der Johannesprolog (Joh 1,1–18), da es auch (aber aus anderen Gründen) die Geburt Jesu nicht konkret anspricht.[4]

In den Hausandachtsbüchern wurden aber auch andere weihnachtliche Texte (aus den Propheten und Briefen) als Grundlage der Betrachtung gewählt, was zum Teil damit zu tun haben kann, dass die Andachten für den Morgen des 24.12. gedacht sind. – Bemerkenswert ist ein Vorschlag aus neuerer Zeit, der die Feier am Heiligen Abend nicht nur in die Form einer abendlichen Lichtfeier, eines so genannten Luzernariums kleidet, sondern als Schriftlesung in dieser Feier Jes 9,1.5–6 vorschlägt. Die Verlesung von Lk 2,1–20 erfolgt am Abend des 25. Dezember (Weihnachtstag) ebenfalls in einem Luzernarium.[5]

> Auf jeden Fall wird eine der biblischen „Weihnachtsgeschichten" gelesen, auch wenn diese schon in der Christmette gehört wurde. Manchmal lesen wir aber auch Texte aus dem Alten Testament, die dazu passen. (29)

Die Wahl des Evangeliums aus der nächtlichen/abendlichen Liturgie ist inhaltlich nahe liegend, zeigt aber auch zugleich, wie sehr die familiäre Feier am Heiligabend genetisch mit dieser gottesdienstlichen Feier zusammenhängt, gleichsam aus ihr herausgewachsen ist. Dieser familiäre Gottesdienst trat ja partiell auch an die Stelle des gemeindlichen. Sobald aber der gemeindliche Weihnachtsgottesdienst – sei es in der Nacht oder am Abend – stattfindet und auch besucht wird, ergibt sich eine Verdoppelung nicht zuletzt des Evangeliums und der Situation seiner Verkündigung, was an sich nicht unproblematisch ist: „Wie soll es zum Beispiel zugehen – um nur ein Beispiel zu nennen –, wenn eine Familie am Weihnachtsabend erst zur Kirche geht und dann zu Haus feiert? Soll dann zweimal hintereinander die Weihnachtsgeschichte vorgelesen werden?"[6] Teilweise wurde früher in katholischen Familien das Evangelium sogar dreimal gehört: in der häuslichen Feier, bei einer „Krippenlegung" vor der Christmette (auf deutsch) und in der Christmette selbst (auf lateinisch).[7] In der Umfrage wird so auch öfters auf das bereits gehörte Evangelium in der Kirche verwiesen.

> Da ich die Christmette besuche, genügt mir die Gelegenheit, dort das Weihnachtsevangelium zu hören. (26)

Der Text steht nicht selten fest (z. B. in der Luther-Übersetzung: „Es begab sich aber zu der Zeit …"),[8] der sich einem auch auf Grund des Rituals bis in die Formulierung hinein unvergesslich einprägt. Zeitweilig war es auch üblich, das Weihnachtsevangelium auswendig zu lernen.

> Oft sagte auch ein Kind die Weihnachtsgeschichte oder mehrere Kinder in einzelnen Abschnitten. Als die Kindergärten üblich geworden waren, lernten die Kinder die Weihnachtsgeschichte schon sehr früh. Vorher war es nicht immer leicht, ein Kind zur Erzählung zu bewegen, so dass dann dem Hausvater oder der Hausmutter die Lesung zufiel …[9]

> … wenn alle Bewohner des Hofes sich um den Lichterbaum versammelt hatten, wurden ein paar Weihnachtslieder gesungen, nachdem der Altvater vorher die Weihnachtsbotschaft vorgelesen oder auswendig hergesagt hatte.[10]

> Sie las die altvertrauten Worte langsam und mit einfacher, zu Herzen gehender Betonung, mit einer Stimme, die sich klar, bewegt und heiter von der andächtigen Stille abhob. „Und den Menschen ein Wohlgefallen!" sagte sie.[11]

Der Text wird der (Familien-)Bibel (73) entnommen,[12] mitunter auch einem „Hausbuch"[13] oder den verschiedenen Hilfen zur Gestaltung des Heiligen Abends, die es bis heute häufig mit abdrucken.

> In meiner Kindheit habe ich die Weihnachtsgeschichte vorgelesen, als ich noch kleiner war aus der Kinderbibel, später die Luther-Übersetzung. (78)

### 2.1.2. Leser

Zumeist ist es der Vater oder das „Oberhaupt der Familie" (77) oder „Vorsteher der Feier" (92), dem die Ehre zufällt, das Evangelium vorzulesen. Noch das katholische Gesang- und Gebetbuch „Gotteslob" verweist auf dieses wesentliche Gestaltungselement des Heiligabends: „Der Vater liest das Evangelium von der Geburt des Herrn …".[14] Das neue Gesang- und Gebetbuch der deutschsprachigen Schweiz von 1998 hat diesen Passus ergänzt: „Dort [= vor der Krippe] liest der Vater oder die Mutter das Evangelium von der Geburt des Herrn."[15] In einem Frauenkloster kann diese Rolle auch die „Oberin oder Stellvertreterin" (3) einnehmen. Natürlich wird das Verlesen der Weihnachtsbotschaft gelegentlich auch den Kindern zugewiesen (24), überwiegend scheint es aber nach der Umfrage eines der Elternteile zu sein.

Vater legt sich das Weihnachtsevangelium zurecht. Als er krank war, las es der älteste Sohn. (73)

Das Vorrecht des Vaters zum Verlesen des Evangeliums rührt, wie eingangs dargestellt, von seiner alten Rolle als Hausvater her. Der Hausvater hatte das Amt der Verkündigung innerhalb des familiären Hausgottesdienstes inne; dazu zählte dann u. U. auch die Auslegung des Evangeliums durch entsprechende Texte aus Büchern, Postillen etc. Die Erinnerung an diese priesterliche Rolle mag da noch mitschwingen, wo man sie an den Priester oder Theologen abtritt, sofern er da ist.

*Abb. 2: Eher die Ausnahme – ein Kind trägt das Evangelium vor.*

> Dann wird das Weihnachtsevangelium gelesen – das war schon immer mein Amt, und mein Bruder meint, ich könnte das am besten, weil ich eigentlich ein Pfarrer hätte werden müssen.[16]

> Das Weihnachtsevangelium wird … immer mir übertragen; liegt vielleicht daran, dass ich einmal Priesteramtskandidat war. (7)

### 2.1.3. Gestaltung

In das Evangelium kann auf besondere Weise eingeführt werden: „Wir hören die Botschaft von der Geburt unseres Herrn Jesus Christus nach Lukas."[18] Der Formel, wie sie von Laien vor dem Verlesen des Evangeliums benutzt wird (kein Gruß: „Der Herr sei mit euch"), entspricht die Formulierung: „Aus dem heiligen Evangelium nach Lukas."[19] In einem Buch von 1950 liest der Vater das Evangelium und beginnt mit den Worten: „Vernehmet in Ehrfurcht die frohe Botschaft von der Geburt unseres Herrn und Heilandes Jesus Christus, aufgezeichnet vom heiligen Lukas im 2. Kapitel 1.–14. Vers."[17]

Wie auch im Gottesdienst der Nacht hat das Lesen des Evangeliums in der häuslichen Andacht eigentlich die Funktion der Verkündigung: „Das Weihnachtsevangelium wird verkündet" heißt es konsequenterweise in einem Hausbuch.[20] „Wir hören stehend das Weihnachtsevangelium" wird in einem Heftchen aufgefordert.[21] Auch wird gelegentlich das Wort Gottes der versammelten Familie noch ausführlicher dargeboten bzw. sogar ausgelegt. Es kann sich geradezu um einen vollständigen Wortgottesdienst handeln, in dem das Evangelium den Mittelpunkt darstellt (92) und auch passende „Antwortgesänge" nicht fehlen.[22]

> Die ganze Familie versammelt sich in meinem Arbeitszimmer um den großen Familientisch. Ich lese aus der biblischen Geschichte vor: „Der Sündenfall der ersten Menschen" (ohne Sündenfall wäre keine Erlösung notwendig gewesen). Dann folgt gemeinsam und ganz gesungen: „O komm, o komm Emmanuel." Weiter lese ich dann vor: „Die Geburt Jesu." Es folgt gemeinsam gesungen: „Zu Betlehem geboren." Währenddessen entzünde ich die Kerzen am Baum im Nebenzimmer…[23]

Geradezu die Ausmaße einer Lesehore/Vigil kann ein solcher Hausgottesdienst annehmen, wenn, wie in einem Vorschlag zur Gestaltung des Heiligen Abends, neben Lk 2,1–14 und Lk 2,15–20 auch die Vorgeschichte Lk 1,26–46 (Verkündigung, Besuch Mariens bei Elisabet) und der Besuch der drei Weisen an der Krippe (Mt 2,1–12) als einzelne Lesungsabschnitte begegnen.[24] Weiterhin trägt zur Verkündigungssituation bei, wenn dem Evangelium auch eine Ausdeutung bzw. Predigt folgt, wie sie nicht nur in der evangelischen Hausandacht durchaus vorgesehen war.

> Vater las aus der „Goffine" das Weihnachtsevangelium vor, dem das Lied „Stille Nacht" folgte. Jetzt musste jedes Kind das gelernte Gedicht aufsagen, und Vater hielt eine richtige Predigt; dazwischen wurde immer wieder gebetet und gesungen.[25]

Die Aufgabe der Predigt als Übersetzung der Botschaft des Evangeliums in die Zeit hinein übernehmen in neueren Hilfen zur Gestaltung des Heiligen Abends in den Familien oft moderne Weihnachtserzählungen.

Ein besonderes Gestaltungselement ist es, wenn das Evangelium von den Familienmitgliedern abwechselnd gelesen[26] oder von Gesängen unterbrochen wird und so in mehrere Abschnitte aufgeteilt ist.[27] Ebenfalls ein (auch für die Liturgie bezeugtes) gestalterisches Element ist das Zeigen von Bildern zu einzelnen Passagen des Weihnachtsevangeliums, wie vorgeschlagen wird.[28] Eine Variante dazu bildet der Vorschlag, zu den Passagen des Evangeliums die jeweiligen Krippenfiguren aufzustellen.[29]

In manchen Hilfen wird auch eine Alternative zum traditionellen Evangelientext angeboten: „Wenn kleine Kinder in der Familie sind, kann das Weihnachtsvangelium auch in einer einfachen Fassung erzählt oder vorgelesen werden."[30] Mitunter wird die Botschaft der Heiligen Nacht auch nur in freier Form wiedergegeben,[31] als (Stegreif-)Spiel dargeboten[32] oder durch eine Geschichte ersetzt, „die zum Weihnachtsfest passt". (79)

Nachzutragen ist freilich auch, dass nach einer großen Zahl der Antworten auf die Umfrage das Evangelium aus den verschiedensten Gründen heraus nicht gelesen wird; z. B.: „Nein, natürlich nicht. Konfessionslose Familie in der 4. Generation." (39)

*Kassler mit Grünkohl gab es dann, und alle 400 Saalinsassen gaben*
*sich die Hand und wünschten sich „Gesunde Weihnachten". Beileibe*
*keine „Frohe Weihnachten", denn froh könne man hier „hinne" ja*
*nicht sein.* Ein Kapitel für sich

## 2.2. Gebete und Segenswünsche. Haussegnung

Aus dem ursprünglichen Sinn der Feier dieses Abends als eine Art häuslicher Gottesdienst ergeben sich die Gebete gleichsam von selbst: „In die
Feier des Heiligen Abends passt und gehört ein Gebet. Es kann sich spon-
tan, z. B. an das Evangelium anschließen, aber ebensogut auch Freude und
Dank, Bitte oder Fürbitte ausdrücken."[1] Die Gebete zählen ja überhaupt
zum Grundbestand einer häuslichen Andacht, wie weiter oben beschrieben wurde. In diesem Zusammenhang lassen sich auch die vielfach be-
schriebenen von den Kindern aufzusagenden Gebete bzw. Verse nennen,
aber auch Segenswünsche, die man sich gegenseitig zuspricht. Letztere lenken den Blick auf eine besondere Form der Haussegnung, die hie und da
noch mit dem Heiligen Abend verbunden ist.

### 2.2.1. Gebete

Neben der Verlesung des Weihnachtsevangeliums nahmen Gebete in der
Vergangenheit teilweise einen gehörigen Platz ein. Das Gebet in der Familie
war allerdings auch selbstverständlicher und geübter als heute. Die wieder-
holten Hinweise auf die Bedeutung des Gebets in der Hausandacht allgemein und am Weihnachtstag besonders, die sich auch in älteren Büchern
finden, lassen jedoch darauf schließen, daß sie nicht überall selbstverständlich waren und sind. Hans Asmussen konnte dieser Unsicherheit aber durchaus etwas Positives abgewinnen: „Die meisten unserer Familien, die gern
christliche Weihnachten feiern möchten, sind sich nicht mehr darüber im
klaren, wie und was man beten soll. Das halte ich für eine gesunde Entwicklung. Mir wird immer etwas unheimlich zumute, wenn Pfarrer und Gemeindemitglieder gar so schnell wissen, wie und was man beten soll, und
sogar ein wenig ärgerlich werden, wenn man diese Frage überhaupt stellt.

Ich fühle mich jedenfalls wohler, wenn ich mit den Jüngern Jesu auf der Schulbank sitze. Sie fragten den Herrn, was sie beten sollten. Dieser Platz scheint mir meinem Glauben gemäßer zu sein als die schulmeisterliche Selbstsicherheit vieler Pfarrer und Laien. Lasst uns also Gebete bringen, die in den Weihnachtstagen gebetet werden können und sollen."[2]

Angesichts einer gewiss vorhandenen Scheu vor dem gemeinsamen Gebet bieten die heutigen Hilfen für die Gestaltung des Heiligen Abends entsprechende Texte an. Nur selten sind keine Gebete oder der Hinweis auf solche enthalten. Die Bandbreite der vorgeschlagenen Texte ist dabei sehr groß: Von einfachen Zweizeilern oder dem gemeinsam gesprochenen „Im Namen des Vaters …" reicht es bis zur entfalteten (Andachts-)Form, die neben dem „Engel des Herrn" auch den Rosenkranz oder stille Anbetung enthält.[3] In einem Büchlein wird die Feierform am Heiligen Abend in das liturgische Gewand eines Luzernariums (Lichtfeier) gekleidet und enthält einen Eröffnungsvers (zum Entzünden der Lichter), Schriftlesung, Bitt- und Fürbittgebete, das Vaterunser, eine Oration und den Segen (eventuell auch als Tischsegen).[4]

Das scheint nicht nur ein Ideal der gedruckten Hilfen zu sein: Auch in der Praxis können die verschiedenen Gebete einen Teil des abendlichen Rituals ausmachen. So wird in einer Zusendung auf die Frage nach der Gestaltung des Heiligen Abends folgender „Katalog" angegeben, der offensichtlich am liturgischen Ablauf orientiert ist: „Psalm/Gebet/Meditativer Text (früher eher freies, kindliches Gebet), heute aus diversen religiösen Büchern, religiösen Zeitschriften o. ä.; Fürbitten, Vaterunser, Segensbitte für die Familie, die Gemeinde, Welt …" (81)

> Die Feier besteht aus dem Vespergebet, dem Engel des Herrn und einigen Liedern. Und dann erklingt von der CD das „Transeamus", das gehört als fester Brauch dazu. (23)
>
> Wir singen Lieder und hören die Weihnachtsgeschichte; es ist eine kleine liturgische Feier mit Liedern, Evangelium, Fürbitten, Vaterunser, Angelus. (7)

Neuere Gebetszusammenstellungen orientieren sich eher an heutigen liturgischen Formen. So haben neben dem öfter genannten Vaterunser auch Fürbitten – wohl nicht zuletzt aufgrund der Bedeutung, die sie in der erneuerten Liturgie wieder gewonnen haben – einen Platz in etlichen Heften und

Büchern; sie zählen aber traditionell auch zum Bestand der evangelischen Hausandacht – vor allem in der ausführlicheren Form *(vgl. dazu auch Kapitel 1.3.6.).* Das Vaterunser gehört zum Kern der Gebete, auf den sie notfalls reduziert werden können. „Über Weihnachten sind viele Familien unterwegs bzw. im Winter- oder Skiurlaub. Sie sind für sich, aber auch mit anderen Familien zusammen in einem Hotel, einem Freizeitheim, um dort die festlichen Tage gemeinsam zu erleben. Auch wenn man dem Trubel zu Hause entronnen ist, möchte man doch in der Ferne etwas haben, was an zu Hause erinnert, und sei es die Weihnachtsgeschichte und das Vaterunser."[5]

Zu den traditionellen Gebeten am Heiligabend zählte katholischerseits auch der Rosenkranz; es hat sich in manchen Gegenden noch so erhalten, „ein Gesetz des freudenreichen Rosenkranzes zu Beginn der Feier [zu] beten". (73) Auch der Angelus hat(te) seinen Platz: „Findet die Bescherung am Vorabend statt, dann betet die Familie zu Beginn der häuslichen Feier den ‚Engel des Herrn' …"[6] Gebete wie der Rosenkranz und Angelus weisen auf alte Andachtsformen hin (vgl. *Kapitel 1.3.4.* sowie die Bezeichnung „Andacht" für die kleine Feier) (50) – können aber auch in einem anderen Zusammenhang mit dem Heiligabend verbunden (gewesen) sein (vgl. unten). Nicht selbstverständlich, aber letztlich aufmerksam in Hinblick auf die gesamte Feier des Heiligen Abends ist es, wenn auch noch Tischgebete angegeben werden. Sogar Abendgebete, „wenn die jüngsten Familienmitglieder ins Bett gehen", werden angeboten.[7]

> Guter Gott, jeden Tag schenkst du uns, was wir zum Leben brauchen, Speise und Freude. Dein größtes Geschenk an uns ist dein Sohn Jesus Christus, dessen Geburt wir heute feiern. Er sei Gast an unserem Tisch und segne unsere Gemeinschaft. Amen.[8]

> Nun ist Abend.
> Heute haben wir gefeiert.
> Wir feiern, weil nun Weihnachten ist.
> An diesem Fest denken wir an Gottes Sohn,
> der wie alle Menschen als Baby zur Welt kam.
> Dieses Kind wuchs heran und wurde
> zum Retter aller Menschen, Jesus Christus.
> Es ist gut zu wissen, dass Gott uns liebt
> und dass wir uns Gottes Kinder nennen dürfen.
> Guter Gott, darum segne uns nun
> und sei in dieser Nacht bei uns.

Wir wollen zum Abschluss des Tages auch allen Menschen danken,
die uns heute eine Freude gemacht haben.
Wir sagen uns gegenseitig ein Dankeschön, weil es gut ist,
miteinander als Familie zu leben. Amen.[9]

## 2.2.2. *Verheißungsverse*

*Abb. 3: Ein Gebet vor dem mit brennenden Kerzen geschmückten Christbaum.*

Zum Gebetselement der häuslichen Andacht/Feierform zählten auch diejenigen Gebete, die – vor allem in älterer Zeit – Kinder häufig zu lernen hatten. Es gehörte geradezu zur Aufgabe eines christlichen „Hausvaters", das Gebetsleben seiner Kinder zu ordnen und auch zu überwachen. Noch nach der evangelischen Hausagende Dieffenbachs von 1853 „sollte der Hausvater mit seinen Hausgenossen – Kindern, Knechten und Mägden, Gesellen und Lehrlingen – ein Katechismus-Verhör halten; d. h. er sollte mindestens ein Hauptstück des Katechismus hersagen lassen, nach dem Inhalte fragen, etliche Bibelsprüche und Lieder beten lassen u.s.f.".[10] Das galt natürlich auch für die häusliche Weihnachtsfeier.

> Und nun ist Weihnachten. […] Ich habe meine kleinen Gebetchen gelernt, vielleicht auch die zehn Gebote und das Vaterunser.[11]

Sie mögen aber auch mit in der Vorbereitungszeit auswendig gelernten Bibelversen, den Verheißungssprüchen,[12] zusammenhängen, deren Sinn am Heiligabend erfüllt ist. „Dann sagen die Kinder ihre Bibelworte (Jes. 9,1; 9,5; Micha 5,1 u. a.), und der Vater spricht den alten Weihnachtsspruch …"[13] Möglicherweise färbte dieser ursprünglich evangelische Brauch ab, wie aus

einem katholischen Buch ablesbar erscheint: „Es ist eine schöne Sitte, wenn
die Kinder am Heiligen Abend, nachdem der Vater die Frohe Botschaft der
Heiligen Weihnacht verlesen hat und das Weihnachtslied gesungen ist, dem
Christkind in der Krippe ihren Gruß sagen. Dem Alter entsprechend, wird
es ein Kindervers, die Strophe eines Weihnachtsliedes oder ein Gedicht sein.
Die Kinder haben es in der letzten Adventswoche gut gelernt und bringen es
nun dem Christkind als ihre Liebesgabe zum Heiligen Abend."[14]

> Ferner ward die Weihnachtsgeschichte abgefragt und einzelne auf die
> Geschichte sich beziehende Bibelsprüche werden von den Kindern
> hergesagt.[15]

Das Auswendiglernen von Bibelsprüchen und Gesangbuchversen hat in
der Evangelischen Kirche Tradition. Im Blick auf die Kinder wurde das
jedoch kontrovers diskutiert.[16] Im Missverstehen der urspünglichen Situation wurden diese Sprüche zu „Gedichten", die es vor der Bescherung als
Leistung aufzusagen galt (vgl. dazu *Kapitel 5.1.4.*).

### 2.2.3. Weihnachtswünsche

In den Bereich der Gebete gehören auch die Wünsche für ein gesegnetes
Weihnachtsfest. Es sind letztlich Segenswünsche, auch wenn sie oftmals
eher im profanen Kleid daherkommen: Fröhliche Weihnachten! Happy
christmas! Die Weihnachtswünsche zählen zum inneren Kern des Rituals
am Heiligen Abend, was auch aus folgender Bemerkung deutlich wird:

> Seit dem Tod meines Vaters werden keine Lieder mehr gesungen und
> dieser „förmliche" Teil ist ganz weggefallen. Wir wünschen gegensei-
> tig „nur" noch frohe Weihnachten und setzen uns dann gemütlich
> zusammen zum Kaffeetrinken und Spielen. (49)

Die „Fröhlichen Weihnachten" beziehen sich letztlich auf die Verkündigung des
Engels an die Hirten: Fürchtet euch nicht, denn ich verkünde euch eine große
Freude (Lk 2,10). Wörtlich greift der Wunsch die Umsetzung dieser Verse in Lied-
form auf, wie sie uns bei Martin Luther („Des lasst uns alle fröhlich sein") oder
Paul Gerhard begegnen („Fröhlich soll mein Herze springen").[17] Überhaupt ist
diese „Fröhlichkeit" im Zusammenhang der Botschaft des Evangeliums eine tief
lutherische Ausdrucksweise,[18] die sich dann auch in dem Lied „O du fröhliche"
findet.[19]

Nicht selten bilden diese Wünsche den offiziellen Abschluss der eigentlichen Feier und leiten zum Auspacken der Geschenke über. So wird es auch

in etlichen Heften und Hilfen zur Gestaltung des Heiligen Abends vorgeschlagen. Als äußeres Zeichen des Weihnachtswunsches kommt auch eine
„Umarmung alle mit allen" und gegenseitiges Küssen dazu. (37; 9)

> Nach dem Lied wünscht jeder jedem Frohe Weihnachten und dann
> kommen die Geschenke an die Reihe ... (19)

> Nachdem wir uns gegenseitig unsere Weihnachtswünsche gesagt ha-
> ben, überreichen wir uns Geschenke. (54)

Diese Weihnachtswünsche beziehen im Ritual des Abends auch andere
Menschen mit ein:

> Gegen 21 Uhr Telefonieren mit Pate/Patin aller Familienmitglieder;
> Gesegnete Weihnachten wünschen und von Geschenken erzählen. (6)

Josef Griesbeck schlägt Weihnachtswünsche vor, die dem Aspekt des Se-
gens besonders zum Ausdruck bringen:

- Gottes Liebe und Segen zum Weihnachtsfest!

- Ein frohes und gesegnetes Weihnachtsfest!

- Zum Fest der Geburt des Herrn wünsche ich dir:
  den Frieden Christi,
  die Liebe des Erlösers,
  den Segen des Schöpfergottes.

- Gruß und Segen zum Fest der Ankunft des Herrn!"[20]

In einer gedruckten Hilfe für die Gestaltung des Heiligabends wird der
Wunsch mit einem Friedensgruß ähnlich dem in der Messfeier verbunden: „Wir haben die Botschaft des Weihnachtsfestes gehört: Friede den
Menschen! Diesen Frieden schenkt Gott den Menschen, die er liebt. Auch
wir wollen uns jetzt ein Zeichen des Friedens geben. (Wir geben uns die
Hand oder umarmen uns und sagen uns unseren persönlichen Weihnachtswunsch.)"[21]

Ein besonderer Segen wird in einem Familiengebetbuch vorgeschlagen:
„Die Eltern können ihren Kindern zum Abschluss des Tages ein Kreuzzeichen auf die Stirne zeichnen."[22]

Gebet und Segen werden auch im Lied ausgesprochen und dargestellt („Am Weihnachtsbaum die Lichter brennen", 3.–4. Str.):

Zwei Engel sind hereingetreten,
kein Auge hat sie kommen sehn;
sie gehn zum Weihnachtstisch und beten
und wenden wieder sich und gehn.

Gesegnet seid ihr alten Leute,
gesegnet sei, du kleine Schar!
Wir bringen Gottes Segen heute
dem braunen wie dem weißen Haar.

## 2.2.4. Haussegnung

In der Frageliste 25 des Archivs für westfälische Volkskunde zu Advents- und Weihnachtsbrauchtum wurde im Zusammenhang mit dem Heiligen Abend auch detailliert nach einer Haussegnung gefragt: „Geht der Hausvater durch die Räume des Hauses und die Ställe und besprengt sie mit Weihwasser? Auch die Außenwände? Wird dabei gebetet? Wer trägt das Weihwasser? Der Sohn? Gibt eine Kerze das nötige Licht für den Weg? Die Lichtmesskerze?" Verschiedene Antworten zeigen, dass dieser Brauch durchaus um die Wende zum 20. Jahrhundert üblich war.[23] Doch auch aus den heutigen Schilderungen wird ersichtlich, dass er teilweise noch länger bekannt, möglicherweise sogar noch immer ausgeübt wird.

> Vater weihte mit Tannenzweigen über Holzkohlen. Er spritzte das Weihwasser herum, und auch wir zwei Mädels bekamen es zu spüren. Mutter ging mit dem Weihbrunnkessel. Sie sparte damit nicht, denn das ganze Haus vom Dachboden bis in den kleinsten Winkel wurde fest geraucht.[24]

> Am Heiligabend versammelten sich die Kinder und die Mutter in der Küche und beteten den ganzen Rosenkranz. Währenddessen ging der Vater mit dem ältesten Sohn durch das Haus. Mit Weihwasser wurde jeder Raum des Hauses ausgesegnet. Danach erst war die Bescherung. (38)

> Zu Hause wird dann alles hergerichtet für die Besprengung und Beräucherung der Wohnräume, des ganzen Hauses und auch des Stalles, verknüpft mit dem Rosenkranzgebet. (1)

Es handelt sich dabei um ein Ritual der so genannten Rau(c)hnächte, die zwischen dem Weihnachts- und dem Epiphaniefest liegen, ein Zeitraum, in dem die Nächte am kürzesten sind und der Mensch und seine Habe am gefährdetsten erscheinen. Von daher wurden an diesen Tagen, besonders aber an den „Drei heiligen Abenden" (die Nächte vor dem 25.12., vor dem 31.12. und vor dem 6.1.) Haus und Hof mit Weihwasser und Weihrauch gesegnet. „Grundsätzlich vollzieht sich der Ritus der Häusersegnung aber an allen genannten Abenden gleich. Zur Zeit des Abendgebets wird Glut vom Herd genommen und in eine Räucherpfanne getan, Räucherwerk wird aufgelegt. Betend geht man durch alle Räume, sprengt mit Weihwasser und räuchert mit Weihrauch. Mancherorts wird auch Licht mitgetragen. Auch in Stall und Scheune sowie rund ums Anwesen wird geräuchert. Überall macht man mit dem Räuchergefäß ein Kreuzzeichen."[25] Teilweise wurde sogar über den Speisen des Abendtisches am Heiligen Abend geräuchert.[26] Die Träger des Brauches sind meist der Hausvorstand mit Begleitung des ältesten Sohnes oder Knechtes, bisweilen schließen sich alle Hausbewohner an. Im zweiten der drei zitierten Berichte scheint es sich zumindest um eine Restform zu handeln, da von Weihrauch selbst nicht die Rede ist.

Es handelt sich letztlich um kein weihnachtliches Ritual, selbst wenn es am Heiligabend stattfindet. Stärker als an diesem Tag lebt der Brauch bis heute unter veränderten Vorzeichen in der Segnung des Hauses bzw. der Wohnung (durch die Sternsinger oder den „Hausvater") an Epiphanie fort.[27]

> *Mein Vater griff in die Tasten – (Was die deutschen Kinder singen an*
> *liebem Sinn und Unsinn) – beugte sich mal vor und mal zurück und*
> *sang mit falscher Stimme*
> > *Der Christbaum ist der schönste Baum …*
> *alle 7 Strophen.*                    Tadellöser & Wolff

## 2.3. Lieder, Musik und Instrumente

Wie zu jeder Feier gehören auch zu Weihnachten Lieder und Musik. Vor allem Lieder sind – in welcher Form und Zahl auch immer – von Weihnachten und speziell vom Heiligabend nicht wegzudenken, selbst wenn sie seit Jahrzehnten immer häufiger von elektronischen Medien geliefert werden. Wie sehr Weihnachten und Musik zusammengehören, zeigt ja auch die Beschallung der Öffentlichkeit schon Wochen vor Weihnachten mit Musik; das gibt es bei keinem anderen Fest. Das Erscheinungsbild von Weihnachten prägen nicht zuletzt auch „musizierende Engel", die meist auf eher kitschige Art und Weise die himmlische Musik nach Lk 2,13f. versinnbilden.

Das Singen und Musizieren in den Familien am Heiligabend dürfte zu Anfang von den gottesdienstlichen Feiern und den späteren häuslichen Andachten mit beeinflusst worden sein. Zumindest sind die Anfänge weihnachtlichen Singens zunächst in der Liturgie zu suchen. Auch noch im späten Mittelalter, aus dem die ersten deutschen Weihnachtsgesänge überliefert sind (Sei willekommen, Herre Christ – 13./14. Jh.), scheint der hauptsächliche Ort für das Singen der Gottesdienst gewesen zu sein. „Über häusliche Familienfeiern mit Musik ist aus dieser Epoche nichts überliefert, und zwar weder aus den Städten, wo es höchstens eine Gemeinschaftsfeier in den Zunfthäusern gab, noch vom Land."[1] Der Sitz im Leben für die sich langsam entwickelnden weihnachtlichen Gesänge sind vor allem Brauchhandlungen wie Klöpfelbräuche, Kindelwiegen, Weihnachtsspiele und Heischegänge.[2] Lieder aus diesen verschiedenen Herkunftsorten wandern ebenso in die häuslichen Feiern wie diejenigen Gesänge, die zunächst im gemeindlichen Gottesdienst gesungen wurden.

Bei dieser häuslichen Feier spielte die Musik eine wesentliche Rolle; die Liederbücher waren mit ein Motor dieser zunächst spezifisch evangelischen Form. Viele

Lieder sind für die häusliche Andacht bestimmt. „Im Titelbild von Rist's ,Hausmusik' 1654 wird eine Familie beim Musizieren dargestellt, in der Mitte im Lehnstuhl der Hausvater mit der Laute, neben ihm die Hausmutter mit dem Gesangbuch, singend, ein älterer Sohn sitzt am Klavizimbel, zwei jüngere Kinder singen aus Gesangbüchern."[3] Eine nicht unwesentliche Rolle dürfte auch Schwerdgeburths Darstellung des musizierenden Martin Luther unter dem Christbaum gespielt haben (vgl. S. 88).

Hinzu kommen seit dem 19. Jahrhundert Lieder, in denen die häusliche Feier selbst thematisiert wird. Das 20. Jahrhundert bescherte neben neuen geistlichen Gesängen auch den weihnachtlichen Schlager und Popsong, der durchaus seinen eigenen Platz im Musikbetrieb des Heiligabends hat. So finden sich heute Musik, Lieder und Gesänge unterschiedlichster Provenienz in dem Ritual am 24. Dezember.

> Alle singen, die erwachsenen „Kinder" spielen mit Gitarre, Harfe. Lieder: Herbergsuche, Der Engel des Herrn, Als Maria übers Gebirge ging, Oh, du fröhliche, Stille Nacht, Ihr Kinderlein kommet, Zu Betlehem geboren. (28)

> Weihnachtslieder, die flott und fröhlich sind, also kein „Stille Nacht" oder ähnliches, auch zu den Weihnachtsliedern im Radio oder vom CD-Player wird gesungen. (74)

Längst fand wohl auch eine gegenseitige Übernahme konfessionsgeprägter Lieder statt, die vor etlichen Jahrzehnten so mancherorts noch nicht denkbar war:

> Das heute so bekannte „O du fröhliche" wurde damals nur bei den Evangelischen gesungen, bei uns erst viel später.
> Ein Lied wurde bei uns nie gesungen, nämlich „O Tannenbaum"; das galt bei uns als ausgesprochen protestantisch.[4]

Die Antworten auf die Umfrage nach den Heiligabend-Ritualen zeigen hinsichtlich des Singens und Musizierens die ganze Bandbreite der Möglichkeiten auf. Die familiären Formen reichen vom Singen und Musizieren „ganz traditionell" (10) über das Mitsingen der Lieder im Radio bzw. vom CD-Player (74) bis zur völligen Ablehnung („Zu Hause? Nein."). (56)

Eine Systematisierung der vielfältigen musikalischen Ausdrucksformen am Heiligen Abend in den Familien ist nicht einfach; Lieder und weihnachtliche Musik können Teil eines „liturgischen Programms" sein, Ausdruck der Festfreude („Auch heute noch singen wir, als Feierstunde, viele

Lieder und ich spiele Gitarre dazu.") (83) oder Bestandteile einer Inszenierung („Bevor ich nicht geläutet habe, darf keiner ins Zimmer, und jeder, auch die Erwachsenen, müssen ein Lied singen oder ein Gedicht aufsagen.") (71)

### 2.3.1. Gesänge und Lieder

Die verschiedenen Hefte und Hilfen zur Gestaltung des Heiligen Abends
nennen Lieder und Gesänge als wesentlichen Bestandteil der Feier am
24. Dezember bzw. an den Tagen danach. Ein ausführliches Liedprogramm
schlägt das Modell einer „Festfeier am Heiligabend" vor, das nicht weniger
als 15 Gesänge enthält, von den Flötenstücken ganz abgesehen.[5] Das dürfte aber wohl eher die Ausnahme sein. Trotzdem zeigt es etwas von der
ursprünglichen Bedeutung des Singens am Heiligabend: Es geschieht aus
der Freude heraus, ist Charakteristikum und Ausdruck des Festes und speziell der Feier an diesem Abend.

> Weihnachtslieder mit theologischen Aussagen (Typ „Zu Betlehem ge-
> boren") sind mir wichtig und machen das Flair dieses Abends aus.
> Am 25.12. klängen sie anders. (8)

Im ursprünglichen Sinne eines „Hausgottesdienstes", wie sie der häuslichen
Krippenfeier zugrunde liegt, haben die Gesänge gleichsam liturgische Funktion. „Ein gemeinsames Lied könnte den kleinen Familiengottesdienst an
der Krippe eröffnen und abschließen."[6] Lieder können auch das Weihnachtsevangelium, sofern es in mehrere Abschnitte aufgeteilt ist, unterbrechen und
damit das Gehörte kommentieren (vgl. *Kapitel 2.1.3.*). Verschiedene Hilfen
sehen diese Möglichkeit vor, auch in Berichten klingt dies immer wieder an.
Oft steht ein Lied auch am Ende des Evangeliums, gleichsam als Antwort
auf das gehörte Wort. (81) Neben Evangelium und Gebet an der Krippe
gehört das „gemeinsam gesungene Weihnachtslied" – vor allem das „Stille
Nacht" – gewissermaßen zum „Mindestprogramm einer christlichen Weihnachtsfeier".[7]

Zu den Weihnachtsliedern gesellen sich hie und da auch noch Advents-
lieder, vor allem zu Beginn einer solchen Feier. „... angefangen mit einem
Adventslied könnten wir die ganze Weihnachtsgeschichte [...] an unserem
Herzen vorüberziehen lassen."[8] Was aus der ursprünglichen Situierung des

Heiligen Abends sinnvoll erschien, ist heute ein Anachronismus, weil Weihnachten meist schon mit und in der Feier der „Kinderchristmette" am Nachmittag begonnen hat.[9] Letztlich verweist das Singen von Adventsliedern zu Beginn der Heiligabend-Feier (zu den angezündeten Kerzen des Adventskranzes) auf eine Zeit, in der der 24. Dezember tatsächlich noch den „Höhepunkt des Advent" bildete, wie gesagt wurde (vgl. *Kapitel 1.1.3.*).

Dieses Musizieren und Singen findet gelegentlich speziell „vor dem Christbaum" (16) bzw. „vor der Krippe" statt, was auch die ursprünglichen Zusammenhänge dieses Tuns im Rahmen einer quasi-liturgischen Feier anzeigt.

> Im Weihnachtszimmer steht in einer Ecke die große aufgebaute und beleuchtete Krippe, wovor wir alle Weihnachtslieder singen. Dann setzen wir uns vor den Weihnachtsbaum und mein Mann erzählt eine Geschichte. Später machen die Kinder hier ein musikalisches Programm. (60)

Das Singen bereitet den heutigen Menschen nicht selten Schwierigkeiten: Das liegt auch mit an einer Überschwemmung des Alltags mit (oft perfekt aufgenommener) Musik, was nicht eben dazu anregt, selbst zu singen und sich selbst herzugeben („keine Lieder gesungen, nur instrumental – wollen nicht singen"). (37) Von daher hat gemeinsames Singen in den Familien mitunter etwas Befremdliches und Komisches an sich, was sich dann auch in der Situation selbst niederschlägt.

> Vor der Bescherung werden gemeinsam einige Lieder gesungen, was mangels Textkenntnissen oft in Gelächter ausartet. (40)

Der Verzicht auf das Singen zuhause hängt möglicherweise auch damit zusammen, dass bereits in der kirchlichen Feier gesungen und musiziert wurde und es damit genügt.

> Lieder werden … ausschließlich in der Christmette gesungen. Es wird jedoch entsprechende Musik gehört, z. B. der „Messias" von Händel (1. Teil) (26)

Die Lieder werden entweder entsprechenden Liederbüchern bzw -heften entnommen, den offiziellen Kirchengesangbüchern („was die Palette des Gotteslobes halt so anbietet") (50) oder auch selbst zusammengestellten Hilfen (52); manch eine(r) braucht auch das nicht: „Ich kenne fast alle Weihnachtslieder und fast alle auswendig") (33).

Zu den Stereotypen gehört, dass die Väter meist nur ungeschickt brummen oder sich überhaupt des Singens enthalten, weil sie unmusikalisch sind:

> Ich muss noch erzählen, dass wir während der Bescherung fleißig sangen. So liebte es die Mutter. Maria begleitete die Lieder auf dem Klavier, der Vater summte bescheiden vor sich hin. Zum Kummer der Mutter war ihm kein zuverlässiges Gehör verliehen.[10]

Obgleich dies auch in unserer Familie der Fall war, glaube ich doch, dass letztlich eine gewisse Scheu der Männer vor dem Sich-Entäußern beim Singen – zumal religiöser Lieder – dahintersteckt.

### 2.3.2. Musikinstrumente und Instrumentalmusik

Ein wesentliches Instrument im wahrsten Sinne des Wortes für die Förderung des Gedankens einer familiären Weihnachtskultur war das Klavier. Schon im ausgehenden 18. Jahrhundert hatte die aufstrebende Bürgerschicht das häusliche Musizieren als standesgemäß entdeckt und gefördert. Die Serienfabrikation des Klaviers seit dem Anfang des 19. Jahrhunderts erweiterte neben der Notenliteratur zugleich auch die Zahl der Musikausübenden. Vor allem sind es die Töchter (und Frauen), die das Klavierspielen erlernen. In dieser Zeit spielen die häusliche Weihnachtsmusik und die weihnachtlichen Lieder eine immer größere Rolle. „Der mehrstimmige Kirchenchoral wurde als Sololied mit Klavierbegleitung in die ‚gute Stube' übernommen."[11] Immer wieder zeigen daher die Bilder aus dieser Zeit das Klavier als Bestandteil der familiären Weihnachtsszene, an ihm sitzen Mädchen oder Frauen, seltener die Buben oder der Vater.[12]

> Endlich standen wir vor der Tür zum Klavierzimmer, bis diese aufging, und da saß Mutter an dem alten Tafelklavier und spielte im Schein von zwei Kerzen „Ihr Kinderlein kommet". Sie selbst sang sehr temperamentvoll mit, meine Stimme war ganz klein vor Erregung.[13]

Die Instrumente hatten ihren Platz auch bei der weihnachtlichen Hausmusik, die unabhängig von einer eigentlichen Feier war; die dort vorzutragenden Stücke sind in ihrem Zusammenhang mit der „Inszenierung" des Abends wohl ähnlich zu sehen wie die aufzusagenden Gedichte (oder Gebete):

> Nachdem die Feier zu Ende war, musste ich meine eingeübten Weihnachtslieder am Klavier vorspielen. Die Eltern waren besonders stolz, weil ich mit 11 Jahren schon ganz gut Klavier spielte.[14]

Neben den kirchlichen Gesängen entstanden Weihnachtsliederpotpourris, eine „neue Schicht des familienfreundlichen Weihnachtsliedes für den Hausgebrauch, die das Bild der bürgerlichen Gesellschaft getreulich widerspiegelte …"[15] In ihnen stand neben dem Inhalt des Weihnachtsgeschehens („O du fröhliche", „Tochter Zion") zunehmend auch das bürgerliche Geschehen des Weihnachtsabends selbst im Mittelpunkt: „O Tannenbaum", „Ihr Kinderlein kommet", „Morgen, Kinder, wird' s was geben", „Morgen kommt der Weihnachtsmann", „Kling, Glöckchen" u. a.

> „Was bringt der Weihnachtsmann unserm Otto?
> Eine Peitsche und ein Hotto
> bringt der Weihnachtsmann unserm Otto …"
> Die Mutter spielt das auf dem Klavier, und die Kinder singen unverdrossen.[16]

1805 schrieb Friedrich Schleiermacher ein kleines Büchlein mit dem Titel „Die Weihnachtsfeier", das einen häuslichen Weihnachtsabend schildert, Gespräche unter den an ihm beteiligten Personen enthält, aber auch von den Vorbereitungen und dem Vollzug der Feier selbst berichtet; diese Erzählung hat die reiche musikalische Gestaltung des Heiligabends mit beeinflusst.[17] In dieser Feier spielt nun auch das Klavier eine wesentliche Rolle, wie Dieter Schellong notiert, der sich eingehend mit diesem Büchlein beschäftigt hat. „Fast den ganzen Weihnachtsabend hindurch wird in der ‚Weihnachtsfeier' Klavier gespielt, teils um dazu zu singen, teils als stimmungsvolle Untermalung für Erzählungen. Das Jahrhundert des Klaviers wird also auch in der Theologie pünktlich eingeläutet. Doch was Schleiermacher nicht wissen konnte, ist, wie schnell das zum Geklimpere der Salonmusik geführt hat."[18]

> Dann wird vorgespielt auf dem Klavier. Die Großeltern sitzen ernst und würdig auf besonderen Stühlen und schnauben noch einmal tüchtig aus. „Weihnachtsflitter" heißt das Stück, was nun erklingt, und sechshändig ist es gesetzt, eine musikalische Dichtung, in die alle Weihnachtslieder verwoben sind. [...] … der würdige Großvater überlegt, ob das eigentlich geht, vom Glauben her, „Weihnachtsflitter", ob das nicht eigentlich viel, viel ernster ist, weil doch der Heiland all sein Blut gegeben … Und er zieht sein Notizbuch heraus und schreibt sich das auf. Morgen, in der Stiftskirche, wird er mal mit Pastor Kregel sprechen.[19]

*Abb. 4: Heiligabend mit Blockflöten …*

Nicht weniger häufig als das Klavier erscheint die Flöte als „weihnachtliches" Instrument: „Da wir alle außerordentlich unmusikalisch waren, wurde nur sehr dünnfädig gesungen, was ich als Kind immer als Makel ansah, denn zu einer richtigen Weihnachtsfeier gehörten eben Blockflöten und glockenhelle Stimmen."[20] Die Flöte wird wird auch in vielen Hirtenliedern erwähnt, wo sie – wie die Schalmei, Pfeife und Geige („Fidel") – ein Instrument der Hirten ist (und so auch gut im Krippenspiel eingesetzt werden kann).[21] Ihre Verwendung im häuslichen Heiligabend-Ritual rührt sicher zum einen daher, dass die Blockflöte ein Instrument ist, das relativ viele Kinder zumindest anfangshaft erlernen, die dann wiederum an Weihnachten etwas vorspielen sollen: „Unsere Tochter hat dieses Jahr zum ersten Mal geflötet" (59); „… dieses Jahr wieder, Johannes (9 Jahre) hat das Flöten gelernt" (6). Zum anderen kann man sie – im Gegensatz zum Klavier – immer dabei haben. Das trifft ähnlich auch auf die Gitarre zu, weshalb sie ebenfalls in den Antworten auf die Umfrage häufig auftaucht.

Im übrigen begegnen Instrumente, wo und wie sie vorhanden sind und gespielt werden können.

*… und mit Geigen (Abb. 5).*

*Das letzte Lied heißt: „Der Christbaum ist der schönste Baum", zu dem weiß Lisbeth eine zweite Stimme. Zwölf Strophen hat das Lied, so kommt es den Kindern jedenfalls vor. Bei der zehnten etwa, versucht auch Lene diese sehr einfache, ja geradezu logische zweite Stimme mitzusingen, was Lisbeth zu stärkerem Singen veranlaßt – und während sie das Lied auf diese Weise fast schreien, geht der Vater in das Weihnachtszimmer hinüber und zündet die Kerzen an, wofür er einen langen Apparat aus Messing hat, ein Rohr mit einer Wachsschnur drin, die hochgeschoben wird. Diese Kerze noch und diese Kerze noch und dann, dann endlich läutet er die Weihnachtsklingel, das ist ein Messingzwerg, der eine Glocke huckepack trägt, öffnet die Schiebetüren langsam und feierlich – erst rechts, dann links (den Feststeller auch mal wieder ölen, das ist ja ein ganz verflixtes Ding!) bis sie ganz das Wunderbare freigeben: Oh, dieser Glanz!*

*Da darf man nicht etwa gleich hineinstürzen, da muß erst mal an der Tür stehengeblieben und der bunt glitzernde Baum angeguckt werden, in dessen Spitze ein Glockenspiel in klaren, zarten Tönen läutet.*

Aus großer Zeit

## 2.4. Der Christbaum

Zu den scheinbar unaufgebbaren Elementen des Heiligabend-Rituals in den Familien gehört der Christbaum/Weihnachtsbaum/Lichterbaum. Zwei Umfragen des Allensbacher Institutes für Demoskopie aus den Jahren 1974 und 1978 zeigten, dass von den Befragten 63% bzw. 68% den Weihnachtsbaum nicht missen mochten – er stand auf der Liste unverzichtbarer Weihnachtselemente vor den Kindern, den Weihnachtsliedern und dem Braten an erster Stelle.[1] Weihnachten und Christbaum, das gehört einfach zusammen; der Baum steht für die Weihnacht schlechthin, und das womöglich schon immer … „Man sollte … meinen, es handle sich bei der Lichtertanne um einen so einfachen und glücklichen Gedanken, dass er gar nicht anders als ‚uralt' sein könne. Das ist jedoch ein Irrtum. Die weihnachtliche Zeichensprache hat lange Zeit bis zur Formulierung des Signums ‚Weihnachtsbaum' gebraucht. Ein Rückblick auf seine Entstehungsgeschichte lässt deutlich erkennen, dass er letzten Endes als Symbol der bürgerlichen Kleinfamilie seine Gestalt erhielt. Im Innenraum des Familienlebens wurde er zum Mittelpunkt des Heiligen Abends."[2]

Um im floralen Bild zu bleiben: Eine einzige Wurzel für diesen Lichterbaum zu finden, wird schwer sein.[3] In ihm kommen mehrere Phänomene zusammen: Die Lichter, der Baum bzw. ein Gestell für Lichter, der Schmuck, das Grün. Letzteres reicht als Schmuck zur Zeit des Jahreswechsels bis in die Antike zurück; die Römer pflegten zu den Kalenden ihre Häuser mit Lorbeer zu schmücken. Grüne Zweige hatten (und haben) in der Winterzeit eine lange und lebendige Tradition, auch als „Weihnachtsmaien" (Maien = Busch, Strauß). Bäume wiederum begegnen im 17. Jahrhundert als sogenannte „Lose(n)bäume", um die herum sich das junge Volk an Weihnachten vergnügte. Aber auch das sind noch keine Weihnachtsbäume in unserem Sinn. Dessen Geschichte beginnt wohl erst im 16. Jahrhundert in den Zunftstuben, wo er mit Äpfeln und Oblaten, Nüssen und Brezeln u. a. geschmückt war, den die Kinder an Weihnachten oder auch an Epiphanie „plündern" konnten. Von Kerzen ist in diesem Zusammenhang noch nicht die Rede, auch nicht von der Familie. Wohl erst Ende des 16. Jahrhunderts wird der Baumbrauch aus den Zunftstuben in die Häuser getragen und verbreitet sich dort allmählich. Die Lichter kommen noch später zum Schmuck dieses Baumes hinzu; 1708 nennt Liselotte von der Pfalz aus ihrer Jugend den Brauch, Buchsbäume auf die Tische zu stellen und an den Zweigen Kerzen zu befestigen. So sind es auch im 18. Jahrhundert noch hauptsächlich der Adel und die gehobenen städtischen Schichten, die den Christbaum kennen.

Neben dem mit Lichtern geschmückten Tannenbaum gab es bis in das 19., teilweise sogar bis in das 20. Jahrhundert hinein verschiedene Holzgestelle, die Kerzen trugen, Klausenbäume, Reifenbäume, Pyramiden. Ob hier zumindest Symbolzusammenhänge zu sehen sind, ist fraglich. Eine besondere Form des geschmückten Baumes in dieser Jahreszeit stellt der „Adventsbaum" dar, der eng mit der Entstehung und Ausbreitung der von Johann Hinrich Wichern gegründeten Inneren Mission verbunden ist, und mit dem Adventskranz und dessen Brauch zusammenhängt. Erste Belege für einen solchen „Adventsbaum" gibt es Mitte des 19. Jahrhunderts.[4]

Wenngleich der Christbaum sich zunächst (aus der Oberschicht kommend) im evangelischen Bereich verbreitete, so ist er doch keine lutherische Erfindung, auch wenn dies gern behauptet wurde.

Ein weit verbreiteter Stahlstich von Carl August Schwerdgeburth aus dem Jahr 1843 zeigt „Luther mit seiner Familie am Christabend 1546 zu Wittenberg". Das Bild stellt den Reformator dar mit seiner Frau und seinen fünf Kindern, der Muhme Lene (eine Verwandte seiner Frau), Philipp Melanchthon und dem reformatorischen Kantor Johann Walter. Auf dem Tisch, um den sich die zehn Menschen versammelt haben, steht ein mit brennenden Kerzen geschmückter Tannenbaum. An der Historizität dieser Szene ist nichts dran, gleichwohl hat sie die Vorstellung gefördert, dass bereits Martin Luther einen Weihnachtsbaum kannte und besaß, ja, möglicherweise sogar eingeführt habe.[5] Hintergrund dieser Darstellung ist ein Weihnachtsbüchlein „Adam und Christus", das Karl Reinthaler 1843 für die Weihnachtsfeiern im Martinsstift in Erfurt herausgab. Ein Text darin nimmt Bezug auf einen Brief, den Martin Luther 1530 an seinen vierjährigen Sohn Hans geschrieben hat und in dem er ihm den Paradiesesgarten schildert. Ein Lied dieses Büchleins schildert den Paradiesesbaum. Mit diesem Paradiesesbaum wird im Text der Christbaum verglichen; ihn stellte Schwerdgeburth auf dem Titel dar.[6]

Nach Sauermann sorgten vor allem drei Personengruppen für die Verbreitung des Weihnachtsbaumes: von auswärts Zugezogene (Beamte, Angestellte, Handwerker, Facharbeiter); ortsansässige Honoratioren (Kaufleute, Großbauern, Adel) und – Wirte. Letztere trugen zur Verbreitung insofern bei, als sie nicht selten den Weihnachtsbaum als Werbemittel einsetzten.[7]

Der deutsch-französische Krieg 1870/71 brachte eine erste allgemeinere Verbreitung des Christbaumes als *das* deutsche Weihnachtssymbol mit sich. Auf Wunsch der aristokratischen, den Christbaum gewohnten Offiziere wurde in den Unterständen, in den Lazaretten und Quartieren „Weihnachtsbäume entzündet, in deren Kerzenschein eine Fülle von Emotionen schimmerten. Heimweh und Familiengefühl, Friedenssehnsucht und nationaler Stolz, ja: deutscher Chauvinismus, das alles waberte nun im weihnachtlichen Lichterglanz. Und die heimgekehrten Sieger sorgten dafür, dass bald in jedem deutschen Haus ebenso ein Weihnachtsbaum erstrahlte wie im Schloß des Kaisers."[8] Doch es war wohl mehr noch der Erste Weltkrieg, der Männer aus den verschiedenen deutschen Gegenden mehrere Jahre zusammenführte und mischte, so dass ein recht intensiver Austausch über Gepflogenheiten und Bräuche stattfinden konnte. Sauermann jedenfalls gibt mehrere Belege dafür, dass der Baum erst nach dieser Zeit weite Verbreitung fand, auch wenn er vorher – etwa seit 1870/71 – durchaus bekannt war.

> Einen Weihnachtsbaum gab es nur bei einigen prominenten Einwohnern des Ortes. Bei der Landbevölkerung bald gar keine. Wenn abends dann bei einigen Häusern der Lichterbaum angezündet war und die

glitzernden Kugeln und Kerzen durch die Fenster strahlten, dann war die Dorfjugend auf der Straße und schaute sehnsüchtig den Lichterbaum an.[9]

Ich bin Jahrgang 1937 und erinnere mich noch an die Berichte meiner Großmutter, Jahrgang 1876! [...] Ihrer Erzählung zufolge gab es keinen Christbaum. Am Barbaratag (4. Dezember) wurde von ihrem Vater ein kräftiger Ast eines Kirschbaums abgesägt. Diesen brachte man in die Wohnstube und stellte ihn in eine Blechwanne, gefüllt mit Lehm und Wasser. Am Hl. Abend stand der Ast jeweils in voller Blüte, wurde mit Zuckerkringel behängt, die sich dann die Kinder „als Bescherung" abnehmen durften. (66)

Die Einführung des Christbaumes in den nicht-bürgerlichen Schichten geschah nicht zwangsläufig und bisweilen auch nicht ohne Widerstand. Der soziale Unterschied verhinderte die selbstverständliche Übernahme des vermeintlich oder tatsächlich oberschichtlichen Brauches einer Gegend. Die Frauenrechtlerin Adelheid Popp berichtet in den Erinnerungen, wie ihre Mutter im Jahr 1873 – sie selbst war zu diesem Zeitpunkt vier Jahre alt – mühsam das Geld für einen Weihnachtsbaum für die Kinder zusammensparte; den aber der Vater, der tagsüber einem Fabrikanten Ware zu überbringen hatte, am Abend, als er nach Hause kam, zu Kleinholz hackte. Selbst in den evangelischen Gebieten, wo der Weihnachtsbaum ja schon länger bekannt war, war dieser soziale Abstand eine Sperre.[10]

Auch katholischerseits wurde der Christbaum zunächst außen vor gelassen. Als *das* katholische Weihnachtssymbol in den Familien galt vielfach – zu Unrecht – die Krippe. „Lutherisch-Fremd-Städtisch": So wurde der Christbaum empfunden,[11] die irrige Annahme, Luther sei der „Vater des Weihnachtsbaumes" mag dazu beigetragen haben. Der Protestantismus wurde sogar abfällig als „Tannenbaum-Religion" bezeichnet.[12]

Ich wurde mit der Feststellung groß, dass in katholischen Kirchen zu Weihnachten kein Tannengrün außer zur Gestaltung der Krippe verwendet werde, dass der Lichterbaum um den Altar aber etwas Evangelisches sei.[13]

Bis in das 20. Jahrhundert hinein war der Christbaum in katholischen Gegenden wenig verbreitet und wurde teilweise auch bekämpft.[14] In einer katholischen Zeitschrift von 1911 heißt es: „Von einem jüngeren Pfarrer wird erzählt, dass er es für eine seiner wichtigsten seelsorglichen Pflichten ansah, gegen die Weihnachtsbescherung und gegen den Weihnachtsbaum zu kämpfen. Beides sei unkatholisch, um nicht zu sagen unchristlich. Echt katholisch sei nur die Krippe ohne Baum, und die Bescherung habe nur einen Sinn am Nikolaustage."[15] Ein anderer Autor etwa derselben Zeit wagt einen Kompromiss: „Mag der Baum auch fernerhin in katholischen Familien am heiligen Abend in hellem Lichtermeere erglänzen, zumal wenn die Krippe damit verbunden ist, mag er alte und junge Herzen mit unschuldiger Freude erfüllen und zu frommen Liedern begeistern; in der Kirche wird man ihn wohl kaum dulden, dorthin gehört die Krippe …". Aber im Grunde ist er ein entschiedener Gegner der Christbäume, denn die Menschen, „die über einen Gott in der Krippe spotten und das Kindlein im Stall verachten, die … sind in ihrer Kinderzeit vor einem Christbaum gestanden, aber vor keinem ‚Krippelein'.[16]

Der Christbaum war im 19. Jahrhundert in seiner Funktion noch nicht festgelegt; er konnte als weihnachtlicher Raumschmuck ebenso dienen wie als Zentrum der familiären Feier, dem sich die Aufmerksamkeit aller zuwendet. Erst nach und nach wurde er in die Feiergestalt, „in das bestehende System der festlichen Handlungen" mit eingebunden.[17] Dazu zählte etwa das Tanzen um den Baum, natürlich das mehr oder weniger rituelle Entzünden der Kerzen, das Bestaunen des Baumes (seitens der Kinder!), das Besingen und das (eventuell damit verbundene) Deuten des Weihnachtsbaumes. Aber ein eigenes Ritual ist auch schon das Aufstellen und Schmücken sowie – aber nicht am Heiligen Abend – dessen Abräumen.

### 2.4.1. Tanz um den Baum

Mit dem „Maien-Baum" und den dazugehörigen Brauchformen mag es zusammenhängen, dass auch um den Weihnachtsbaum getanzt wurde und teilweise noch wird.

> Der Baum stand auf einem Tisch mitten in der Küche oder im besten Zimmer, je nach der Größe dieses Raumes. Die Erwachsenen saßen an den Wänden rundherum. Die Kinder fassten einander an den Händen und gingen im Kreis singend um den Baum herum.[18]

In den skandinavischen Ländern und in England hat sich dieser Brauch erhalten. Er soll auch noch bis in das 20. Jahrhundert hinein in Norddeutschland bekannt gewesen sein.[19]

> Sörensen saß mit meiner kleinen dunklen Schwester Hand in Hand
> und betrachtete die Kerzen, wie sie allmählich herunterbrannten …
> In Dänemark stehe der Tannenbaum auf einem Hocker, sagte Sören-
> sen. Und dann fassten sich alle an und tanzten drum herum. Lustig
> sei das und nicht so ernst wie bei uns.[20]

Vielleicht gehört es in diesen Zusammenhang, wenn der Baum sich dreht
und man ihn auf diese Weise von allen Seiten betrachten kann.

> Besonderheit ist ein zweiter (kleiner) Weihnachtsbaum im anderen
> Wohn-/Esszimmer, der auf einer alten Spieluhr als Christbaumständer
> steckt. Sie ist inzwischen über 100 Jahre alt und mehreren der anwe-
> senden Generationen bekannt. Aufgezogen dreht sich der Baum und
> spielt recht flott „Stille Nacht" und „O du fröhliche" im Wechsel. (63)

### 2.4.2. Entzünden der Kerzen

Stellt der Baum mit den brennenden Kerzen vielfach den Mittelpunkt der
Feier dar, so ist das Entzünden selbst verständlicherweise ebenfalls häufig
ein besonderer Akt, der häufig im Verborgenen (im geschlossenen Zimmer) geschieht und nach Abschluss präsentiert wird:

> Inzwischen hat unser Vater auf Zehenspitzen und für uns unhörbar
> das Zimmer verlassen, um die Lichter am Christbaum und an der
> Krippe anzuzünden … Plötzlich klingelt hell ein Glöckchen. Alle er-
> heben sich, und wir tasten uns im Dunkeln singend über die Diele
> zum Esszimmer … Und dann sehen wir unseren Christbaum! So strah-
> lend und hell nach dem Singen in der Dunkelheit! In seinem Licht-
> kreis stehen wir nun alle und singen zusammen das Kinderweih-
> nachtslied „Der Christbaum ist der schönste Baum, den wir auf Er-
> den kennen."[21]

Das Entzünden selbst ist ein Vorrecht, das der Vater, zumindest aber ein
Elternteil, innezuhaben scheint. „Die Brauchhandlung ‚Der Vater zündet
die Kerzen am Weihnachtsbaum an' bedeutet für die Bürgerfamilie konkret
die ‚Überraschung der Kinder' und inhaltlich die ‚patriarchal geordnete,
familiare, von der Außenwelt abgeschirmte Weihnachtsfeier'" (vgl. dazu auch
*Kapitel 5.1.3.*).[22] In einem Hausbuch aus den 60er Jahren des 20. Jahrhunderts wird der Christbaum und das Entzünden der Kerzen in die familiäre
„Liturgie" mit einbezogen. Zu Beginn der „Feierstunde" heißt es in einer
Art Einleitung: „Wenn ich in Eure Augen schaue, dann meine ich, der Heiland sei schon darin [= in den Herzen] eingekehrt. Sie strahlen wie die Ker-

zen. Und damit das sichtbar wird, wollen wir zwei Kerzen am Baum entzünden." Lieder, Texte und Gebete wechseln ab, dazwischen werden weitere Kerzen entzündet.[23] In der häuslichen Feier im „Liturgischen Hausbuch" von 1991 werden die Kerzen am Weihnachtsbaum am Heiligen Abend nach dem eröffnenden „Engel des Herrn" und einem Adventslied entzündet; sie markieren den Übergang vom Vorabend zum eigentlichen Hochfest, das in dieser Feier mit dem nun folgenden Weihnachtsevangelium einsetzt.[24] So wird es auch in anderen Publikationen gesehen: „In unmittelbarem Zusammenhang mit dem Entzünden der Lichter des Christbaumes steht die Verlesung des Weihnachtsevangeliums."[25]

Nach dem Heftchen „Auf dem Weg nach Betlehem" wird das Licht für die Kerzen des Weihnachtsbaumes von den Kerzen des Adventskranzes genommen, in dessen Schein eine längere Einleitung mit Liedern, Gebeten und dem Weihnachtsmartyrologium stattfand;[26] nach einem anderen Vorschlag stammt das Licht von einer Kerze an der Krippe, „damit den Kindern von neuem anschaulich wird, dass die Lichter des Christbaums strahlende Kunde geben sollen vom Licht der Welt, Jesus Christus".[27] Um eine Verbindung zwischen dem Gottesdienst in der Kirche und der häuslichen Feier herzustellen, wird auch empfohlen, in einer (vorher gebastelten) Laterne das Licht von der Krippe in der Kirche für den Christbaum mit nach Hause zu nehmen.[28]

Zur Zahl der Kerzen gibt es keine Angaben; die Zwölfzahl der Kerzen soll möglicherweise die Zahl der Apostel versinnbilden.[29]

Zu einem besonderen Ritual wurde das Entzünden der Kerzen am Weihnachtsbaum nach den Vorstellungen der NS-Propaganda; auch hier konnte es eine quasi-liturgische Gestalt annehmen (Lichtsprüche):[30]

> Nun haben sich alle bei der Hand gefasst, stehen um den Baum und singen das schöne Lied vom Tannenbaum. Vier Kerzen sind am Tannenfuß aufgestellt. Der Vater gibt dem ältesten Jungen eine brennende Kerze in die Hand und sagt:
> „Die Sonne ist durch's Jahr gerollt,
> jetzt ist sie schwach und klein.
> Doch wird sie bald mit ihrem Gold
> groß und voll Licht und Wärme sein.
> So schmücken wir den Weihnachtskranz
> für seinen neuen Lauf
> und stecken ihm mit hellem Glanz
> vier rote Kerzen auf."

Dann zündet der älteste Junge die erste Kerze an und spricht:
„Ich bringe Licht für alle Soldaten,
die tapfer die Pflicht für Deutschland taten.“
So werden auch die anderen Kerzen von den Kindern mit einem Spruch angezündet:
Zweites Kind:
„Mein Licht soll für alle Leute brennen,
die heut' nicht Weihnachten feiern können.“
Drittes Kind:
„Mein Licht sei dem Führer geschenkt,
der immer an uns und Deutschland denkt.“
Viertes Kind:
„Ich bringe das Licht unserer Mutter dar.
Sie sorgt für uns Kinder das ganze Jahr.“[31]

Dieser Brauch der Lichtersprüche fand – wohl unbeabsichtigt – in der DDR eine Wiederaufnahme, wo mehrere Kerzen dem Frieden, der deutschen Einheit, der Heimat, den Müttern, den Kindern und der Zukunft geweiht wurden.[32]

### 2.4.3. Bestaunen des Christbaums

Eng mit dem Präsentieren des ent-
zündeten Baumes hängt dessen Bestaunen zusammen. Zum einen liegt
das an dem herausgeputzten Baum
selbst und dem Effekt des Licht-
glanzes in der dunklen Stube.

> Wir Kinder stürmten in die schö-
> ne Stube, das Kleinste musste der
> Vater auf den Arm nehmen, dass
> es nicht umgerannt wurde. Da
> standen wir alle ganz still vor Stau-
> nen.[33]

> Nach dem Betreten des Weihnachts-
> zimmers und kurzem staunenden
> Verharren vor dem Baum und dem
> Gruß „Fröhliche Weihnachten“
> wird ausgepackt (78)

*Abb. 6: „Auch Affi muß den
Christbaum bewundern.“*

Zum anderen war das sicher auch teilweise ein Ausdruck des erwarteten Dankes, den man den Eltern für die Inszenierung gewissermaßen schulde- te. Das kommt vor allem immer dann zum Ausdruck, wenn deutlich ge- sagt wird, dass man eigentlich nur „pflichtschuldigst" den Baum einige Zeit bestaunt, was dann irgendwann einfach dazugehört.

> Die Familie trat endlich ein, hielt im Angesicht des Lichterbaumes inne und starrte einen gebührenden Augenblick lang darauf.[34]

> Die Tür zum Bescherungszimmer fliegt auf, eine strahlende Hellig- keit begrüßt uns. Geführt von Ede rücken wir im Gänsemarsch ein. Vater, am Flügel sitzend, sieht uns mit einem glücklichen Lächeln entgegen. Nach geheiligtem Gesetz dürfen wir weder rechts noch links schauen, wir haben schnurstracks auf den Baum loszumarschieren und vor ihm Aufstellung zu nehmen, nach dem Satz: erst kommt die Pflicht, dann das Vergnügen.[35]

*Abb. 7: „Leuchtende Kinderaugen"*

Das Anschauen und Bestaunen des Christbaums gehört zu den wichtig- sten Motiven der Photographie an die- sem Abend; vor allem Kinder werden dargestellt, wie sie den Baum betrach- ten („leuchtende Kinderaugen"). Das Entzünden der Kerzen und anschlie- ßende Präsentieren des Baumes ein- schließlich seines Schauens und Be- staunens stellt – der Elevation der Mes- se nicht unähnlich – gewissermaßen den „sakramentalen", zeichenhaften Höhepunkt des Abends dar.

Das Bestaunen des Christbaums be- schränkt sich nicht nur auf den Heili- gen Abend, wiewohl dieser Moment nach dem Betreten des Weihnachtszim- mers seinen eigentlichen Platz hat. Die Tage danach finden Einladungen und Besuche statt, nicht zuletzt, um den Baum jeweils zu bestaunen. Er stellt ja auch ein Prestigeobjekt dar, mit dem die Familie etwas über sich und ihre Stellung aussagt.

Am nächsten Tag werden dann die Gegenbesuche gemacht, und Wilhelm guckt sich mit Kennermiene die Bäume seiner Brüder an und sagt: „… unser Baum ist eigentlich *doch* der schönste!" Das sagt er natürlich erst beim Nachhausegehen zu seiner Frau.[36]

Auf dem Heimweg von der Kirche haben wir mit Papa die erleuchteten Fenster angeschaut und waren immer gewiss, dass unser Baum der am schönsten geschmückte im ganzen Dorf war. (70)

Ein „Baum-Schauen" gab es auch in dem Sinn eines Heischebrauches in der Eifel, bei dem sich Kinder einer Familie zu Weihnachten in den Nachbarhäusern zum Singen am Christbaum einfanden; die kleinen Sänger wurden mit einer Gabe belohnt. Man nannte das „Chrestboooom-kicke-jon". Mit diesem Singen besserte man gelegentlich sein kärgliches Weihnachtsgeschenk auf …[37] In der Schweiz ist es das „Chrischtbaum-Aluege".

In dem Gedicht „Es läuft ein fremdes Kind" von Friedrich Rückert (1788–1866) steht dieses Bestaunen der Christbäume am Heiligabend im Zusammenhang der Sehnsucht nach familiärer Geborgenheit:

„Es läuft ein fremdes Kind
am Abend vor Weihnachten
durch eine Stadt geschwind,
die Lichter zu betrachten,
die angezündet sind.

Es steht vor jedem Haus
und sieht die hellen Räume,
die drinnen schaun heraus,
die lampenvollen Bäume;
weh wird's ihm überaus …"[38]

## 2.4.4. Christbaumschmuck

Das Schmücken des Tannenbaumes ist wie alles Schmücken zunächst Ausdruck des Außergewöhnlichen und Festlichen. Gleichzeitig kann es den Inhalt eines Festes versinnbilden. Hinsichtlich des Christbaumes kann man auch unterscheiden zwischen dem Baumschmuck selbst und dem Vorgang des Schmückens, der einen „zeremoniellen Teil des Festes"[39] darstellen kann.

Die ersten Hinweise auf einen Brauch des Weihnachtsbaumes vom Ende des 16. und Anfang des 17. Jahrhunderts nennen unter anderem Äpfel und Oblaten. Die Äpfel werden gern im Zusammenhang der Deutung des Christbaums als Paradiesesbaum verstanden und sollen auf den inneren Zusammenhang von Sündenfall und Erlösung durch die Geburt Christi hinweisen. Die Glaskugeln wären demnach stilisierte Äpfel, wobei erstmals lothringische Glasbläser mangels Äpfel diese durch Glaskugeln ersetzt haben sollen.[40] „Die Oblaten, die am Baum hingen, sind wohl als Sinnbild der Eucharistie verstanden worden, die wir als Frucht der Erlösung statt des biblischen Apfels essen."[41] Sie machen ihn damit zum „Lebensbaum" (vgl. Offb 22,2f.) Möglicherweise aber stand vor all dieser frommen Deutung der Gedanke, den Baum mit Naschwerk und Obst zu schmücken, das (von den Kindern) beim „Plündern" auch verzehrt werden kann. Dazu zählen neben den Äpfeln und Nüssen auch Feigen, Zwetschgenmännlein, Zuckerwerk, Lebkuchenherzen und natürlich vielfältiges Weihnachtsgebäck („Springerle").[42]

Otto Schlißke hat in seinem vielfach aufgelegten Büchlein über die Advents- und Weihnachtsbräuche versucht, den einzelnen Schmuckelementen eine geistliche Bedeutung zu geben. So versinnbilden für ihn die bunten Kugeln und das flimmernde Glaswerk die Kostbarkeiten, die dem Kind in der Krippe gebühren; Verkündigungsengel und Stern haben ihren Sinn von der biblischen Weihnachtsgeschichte her, das Engelshaar ist ein schwacher Schimmer des himmlischen Reiches. Die Papierketten (Girlanden) sollen davon künden, dass durch das Geschehen der Heiligen Nacht die Ketten der Schuld von uns genommen sind, die Christrosen, mit denen mancherorts auch der Baum geschmückt werden, verweisen auf die Wurzel Jesse, aus der eine Rose blühte.[43]

## 2.4.5. Christbaumschmücken

Die Präsentation des geschmückten Christbaumes setzt dessen Aufstellen und Herrichten im Geheimen voraus, um den Effekt zu vergrößern. Im Rahmen einer Inszenierung fällt daher diese Aufgabe weitgehend den Eltern zu und findet entsprechend vorher und abgeschieden statt. Bisweilen geschieht das Schmücken aber auch in einem gemeinsamen Tun.

> Der Weihnachtsbaum wird in meiner Familie immer am Abend des 23. von allen gemeinsam geschmückt. (54)

> Mein Opa sorgte dafür, dass der Baum fest stand und befestigte auch die rote Baumspitze. Den oberen Teil des Baumes schmückte meine Mutter, da wo ich nicht hinreichte. Das andere schmückte ich mit selbst gebastelten Strohsternen, roten Kugeln, weißen Kugeln, schön verteilt wie in Wellen um den Baum. Die goldfarbenen Kerzenhalter mit roten Kerzen, meist 24, verteilte meine Mutter rund um den Baum und sie setzte Wattetupfer, dass es wie Schnee aussah. Ich hängte schön

gleichmäßig verteilt Lametta an. In die Mitte des Weihnachtsbaumes wurde der bunte Paradiesvogel mit langem Schwanz gesetzt. (64)

Ein Bruder holte die Schachtel mit dem Christbaumschmuck und die Krippe vom Speicher herunter. Inzwischen hatte der älteste Bruder hinter dem Haus den Christbaum in den Ständer gepasst. Der wurde nun in feierlichem Zug in die Stube getragen und an den altgewohnten Platz am Giebelfenster gestellt. Jetzt durften wir den Baum zusammen schmücken mit den schönen bunten Kugeln und dem Engelshaar. Die gläserne Spitze mit dem Glöckchen dran durfte nur immer der Vater anbringen, außerdem den Porzellan-Verkündigungsengel im Geäst aufhängen.[43]

Das Herrichten des Baumes für den Abend erweitert die Feier nach vorne, wird zur Ouverture und verschafft auch entsprechende Vorfreude.

Vormittags stelle ich den Weihnachtsbaum auf und schmücke ihn. Dazu höre ich weihnachtliche Musik aus dem Radio. (61)

Parallel zur Dekoration läuft eine bestimmte Aufnahme (und nur die!) des Bachschen Weihnachtsoratoriums (Dresdner Kreuzchor 1976), zu der vielfältig ungezwungen mitgesungen wird. (63)

*Abb. 8: Baumschmücken am 23.12.*

### 2.4.6. Ausdeuten des Christbaumes

Das Herrichten des Weihnachtsbaumes (mit allen) kann zugleich auch seiner Deutung dienen und damit zu einer Art „Katechese" werden. So zumindest stellt es sich Siegfried Macht in seinem Lied vor:[45]

Nun schmü-cken wir den Weih-nachts-baum und woll'n es uns er-
zäh-len, wa-rum wir ihm fürs grü-ne Kleid noch man-chen Schmuck er-
wäh-len. Eh - re sei Gott in der Hö - he und
Frie - de auf Er - den, Frie - de den Men - schen.

2. Zur Krippe hat der Stern geführt: / Wir setzen ihn zum Lohne
ganz oben, wo ihn jeder sieht, / dem Christbaum in die Krone.

3. Geschenke brachten für das Kind / die weit gereisten Gäste:
Wir hängen dafür Kugeln auf, / ganz bunte, in die Äste.

4. Und da nun wieder offen steht / das Paradies für jeden,
gibt es auch Äpfel in dem Baum, / wie einst im Garten Eden.

5. Mit Jesus kam ein Freudenstrahl, / ein Licht, in dunkle Zeiten.
Drum zünden wir die Kerzen an, / man sieht es schon von weitem.

6. Gott hat sich zum Geschenk gemacht: / Das wolln wir stets bedenken,
wenn wir uns unterm Weihnachtsbaum / wie jedes Jahr beschenken.

*T u M: Siegfried Macht*

Für Reifenberg zählt der Weihnachtsbaum zum Bereich des Optischen dieser Hausliturgie; dieser (und andere sinnenfällige Bereiche) gehört in rechter Weise in die Feier eingebunden, etwa durch einen „Segen' (Berakah im ursprünglichen Sinne!) über den Lichterbaum verbunden mit entsprechender Ausdeutung (etwa: Paradiesesbaum – Lichterbaum)".[46]

An solchen Ausdeutungen vor allem des Schmuckes hat es, wie schon gezeigt, nie gemangelt; nahe liegend ist die Deutung des Weihnachtsbaumes auf den „Paradiesesbaum", wie es ja auch in der oben genannten Schrift Reinthalers geschieht. Passenderweise hatte er in seinem Büchlein ein entsprechendes Lied mitgeliefert.

1. Es wuchs ein Baum im Paradies,
Von Blüthen schön, von Früchten süß,
Versprach der Klugheit Überfluss;
Doch bitter war sein Nachgenuss.

2. Es stand ein Baum auf Golgatha,
Den Jedermann mit Schrecken sah,
Daran der Heiland aller Welt
Sich als den Bürgen dargestellt.

3. Der Baum der Süßigkeit und Pracht
hat Elend und den Tod gebracht;
Der Baum des Todes hat der Welt
Das Leben wieder hergestellt.

4. Was Adam dort in irrem Traum
Verfehlet hat, den Lebensbaum,
Verführt von der Sinnen Reiz,
in solchen wandelt sich das Kreuz.

5. Nun schauet, Gottes Kindlein, hier,
Am Christbaum, seine Lichter Zier:
Er stellt das Licht und Leben dar,
Das dort im Lebensbaume war.

6. Nun schauet an der Früchte Lust:
Sie zeigen, was, uns unbewusst,
In Gottes Paradiese reift,
Wann uns des Todes Arm ergreift.

7. Drum sei dir Preis, Herr Jesu Christ,
Dass du der Pflanzer worden bist!
Willst selber unser Leben sein
Im neuen Paradieses Schein.[47]

Solche Deutungen finden während der Feier selbst – wenn überhaupt – vorwiegend in Form von Liedern statt. Zu diesen zählen nicht nur die beiden zuletzt aufgeführten, auch das immer wieder zitierte „Der Christbaum ist der schönste Baum", das Lied „O Tannenbaum" von Ernst Anschütz, in dem das Grün des Baumes ein Zeichen für Hoffnung und Beständigkeit sind. Weitere Lieder: „Am Weihnachtsbaum die Lichter brennen" („Wollt in mir erkennen getreuer Hoffnung stilles Bild" – 1. Str.).[48]

Während der NS-Zeit wurde der Christbaum als verpöntes Zeichen einer bürgerlichen Familie in Frage gestellt – abgeschafft konnte er nicht werden. So versuchte man ihn umzufunktionieren zur „Jultanne" bzw. zum „Weltenbaum".[49]

Solche Deutungen können aber auch anders als im Lied eingefügt werden; ein Heft mit Vorschlägen zur Gestaltung der gottesdienstlichen Feiern zuhause während der Advents- und Weihnachtsfeiertage führt im einzelnen Deutungen des Lametta, der Kerzen, der Strohsterne und der Kugeln (Zeichen für die Erdkugel; Christus als Herr der ganzen Welt) auf.[50] In einer Pfarrmitteilung findet sich ein kleines „Sprechspiel", das beim Christbaumschmücken – eventuell auch am Heiligen Abend selbst – vorgetragen werden kann und in dem die einzelnen Elemente erklärt werden.[51]

In der Gemeinde wäre es auch eine Möglichkeit für die Katechese/Predigt.[52] Hans Hollerweger führt in seinem Buch über die Gestaltung von Advent und Weihnachten auch das Modell einer Kindermette mit dem Titel „Unser Christbaum" auf: „Bei dieser Feier sollen die Kinder durch die Symbolik des Christbaumes zum Weihnachtsgeheimnis hingeführt werden."[53] Das Schmücken und gleichzeitige Deuten des Schmucks ist zentrales Element dieser Feier.

Auch die Frage, welcher Baum denn am sinnvollsten gewählt werden soll, kann mit dessen Deutung beantwortet werden: nach Kurt Rommel sollen es Tannen oder Fichten sein. „Jedes Zweiglein hat die Form des Kreuzes. Vielen sind solche Assoziationen ein Kreuz. Aber – ohne Kreuz kein Christtag."[54]

### 2.4.7. Probleme mit dem Christbaum

Nicht überall und in allen Häusern ist der Christbaum akzeptiert. Es gibt durchaus eine große Zahl von Menschen, die ihn aus verschiedenen Gründen ablehnen: Neben der Einschätzung als Kitsch ist vor allem ein ökologisches Bewusstsein dafür verantwortlich. So wurde auch von Naturschützern darüber geklagt, dass das Schlagen von Weihnachtsbäumen dem Wald schade; im Gegensatz dazu wurde und wird ins Feld geführt, dass dieses Schlagen vielmehr der Bestandsauslichtung helfe … Herbert Rauchenecker, der das Für und Wider ausführlich darlegt,[55] nennt einige Lösungsansätze im „Glaubenskrieg" um den Weihnachtsbaum. Dazu zählt natürlich auch das Aufstellen eines Baumes mit Wurzel, der wieder eingepflanzt werden kann. Eine besondere Lösung wird in einem Frauenkloster gewählt:

> Der Weihnachtsbaum war anfangs ein Streitthema, weil einige ihn wollten, andere aus ökologischen Gründen abgelehnt haben. Wir sind übereingekommen, eine Fichte draußen im Garten mit einer Lichterkette zu schmücken. Obwohl uns im letzten Jahr ein Christbaum geschenkt wurde, kam eine Schwester auf die Idee, ihn lieber einer bedürftigen Familie zu schenken, als ihn zu behalten. (27)

Als einen Ablehnungsgrund nennt Rauchenecker auch die Schmutzverursachung. Das ist in manchen Fällen durchaus nachzuvollziehen:

> [Ich habe] weder Krippe noch Christbaum (denke noch mit Grausen an die Beseitigung der Nadeln). (12)

In nicht wenigen Häusern hat längst der künstliche Christbaum Einzug gehalten. Es ist die Frage, ob sich damit eine Prophezeiung Wilhelm Heinrich Riehls erfüllt, die er im 19. Jahrhundert – allerdings im Blick auf Papierbäume – machte: „Mit dem Verschwinden dieses wirklichen, natürlichen Tannenbaums wird auch die Familienfeier allmählich aufhören, eine wirkliche und natürliche zu sein."[56]

*Dann wird die bayerische Krippe aufgebaut, die man sich nach und nach hat schicken lassen, jedes Jahr ein Stück dazu, mal einen Hirten und mal ein Schaf, alles systematisch und alles ganz geheim. Die Kenntnisse, die man im Schlachtenpanorama gesammelt hat, werden dabei angewandt. In die Moosplacken hinein wird er gebaut, der zugige Stall, künstlich-kümmerlich mit der sorgend über die Krippe gebeugten Maria – nach Boticelli – und dem bärtigen Joseph im Hintergrund: treu, fest, eisern. Der Esel guckt von draußen in die Hütte hinein und der Ochse liegt breit da, und sogar ein Hund ist vorhanden: mit der Kehrseite zur Krippe wird er aufgebaut, den Schafen zugewandt, die den Kopf heben, als wollten sie singen: Ehre sei Gott in der Höhe.*

*An die untersten Zweige des Tannenbaums werden Wachsengel gehängt, die schweben über der Krippe neben den Sternen und Kringeln aus Schokolade: Himmlische Heerscharen sind das, himmlische Heerscharen aus Wachs. Über eine Kerze darf man sie nicht hängen, dann biegen sich die Beine herunter, verformen sich und tropfen ab. Bei Cordes hat man sie gekauft, am Jungfernstieg, und nach dem Fest werden sie in Watte gepackt und auf den Boden getragen.*

Aus großer Zeit

## 2.5. Die Krippe

Scheint der Christbaum zunächst das protestantische Insignium des Heiligabends zu sein, so gilt die Krippe landläufig als das katholische. Sie spielt ähnlich wie der Baum eine wesentliche Rolle im Heiligabendgeschehen: Nicht nur nimmt sie ebenfalls häufig einen zentralen Ort im Raum ein, an ihr bzw. vor ihr findet auch in vielen Fällen die eigentliche „liturgische" Feier dieses Abends statt, bei der sie auch eingebunden sein kann. Doch Handlungen an der Krippe gibt es auch schon vor der Heiligabend-Feier, bereits das Aufbauen ist ein eigenes Ritual, das teilweise Tage, bisweilen Wochen vor dem Heiligabend beginnt. Wie der Christbaum ist die Krippe ein Element des Heiligen Abends, das erst allmählich und konfessionell unterschiedlich in die private Feier dieses Tages integriert wurde. Und ebenfalls ähnlich dem Christbaum lassen sich die Krippe und verschiedene Rituale an der Krippe nicht auf eine einzige Wurzel zurückführen. Es würde zu weit führen, die Geschichte der Krippe darzustellen; lediglich einige Skizzen seien gegeben:[1]

Die „Krippe" meint als Wort zwar zunächst nur die Futterkrippe, in die das Jesuskind nach seiner Geburt gelegt wurde, in den meisten Fällen wird aber ein ganzes Ensemble, bestehend aus Stall, Ochs und Esel, Engel(n), Maria, Josef, Hirten mit Schafen und sogar noch den heiligen Drei Königen mit ihren Tieren als „Krippe" bezeichnet: „Unter einer Weihnachtskrippe verstehen wir heute Darstellungen der mit der Geburt Christi verbundenen Ereignisse, bei denen im dreidimensionalen Raum Figuren so verteilt sind, dass die Weihnachtsbotschaft dem Betrachter vor Augen geführt wird."[2] Allerdings fasst auch die Krippe als Futterkrippe das ganze Paradoxon der göttlichen Geburt in Armseligkeit zusammen.

Anfänge einer Verehrung der Krippe, die bereits von Origenes im 3. Jahrhundert genannt wird, sind in Betlehem selbst zu finden. Hieronymus (4. Jahrhundert) berichtet von einer silbernen Krippe, die einen bis dahin wohl mit Lehm ausgeformten Felsentrog ersetzte. Eng mit dem Entstehen der Mitternachtsmesse an Weihnachten in Rom verbunden ist eine Grottennachbildung in der Krypta von S. Maria Maggiore, die wiederum durch die Liturgiefeiern in Betlehem beeinflusst war; die dort (seit dem 12. Jahrhundert nachweisbar) verehrten hölzernen Krippenreliquien sind allerdings unecht.

Neben diesen örtlichen Vorbildern spielen auch bildliche Darstellungen der Geburt Jesu eine Rolle für die Entstehung der Krippe, wobei es gegenüber dem gängigen Schema des Krippenaufbaus unserer Zeit markante Unterschiede in früheren Darstellungen gibt (grübelnder Josef, liegende Maria, Prophet Jesaja wird als „Interpret" der Ereignisse mit dargestellt u. a.).

Der Typus der plastischen Weihnachtskrippe ist bei Franz von Assisi und dessen Krippenfeier im Wald von Greccio (1223) greifbar, bei der er in einer Höhle oder Grotte eine leere Krippe aufbaute und lebende Tiere danebenstellte. Schon er verband den „Aufbau" dieser Krippe mit einer Deutung des weihnachtlichen Geschehens. Allerdings ist diese Krippe durchaus in der Tradition mittelalterlicher Spielhandlungen zu sehen.

Bereits aus der Zeit zwischen dem 9. und 11. Jahrhundert nämlich sind – ähnlich den Osterspielen, die sich aus Texten der Liturgie entwickelten – lateinische Weihnachtsspiele überliefert, die wohl in der Kirche (im Gottesdienst) aufgeführt wurden. Im Spätmittelalter entstanden zahlreiche solcher Weihnachtsspiele, die im Barock eine Hoch-Zeit hatten, während der Aufklärungszeit fast verschwanden, um erst danach bis heute wieder zu einem beliebten Brauch der Advents- und Weihnachtszeit zu werden.

Figürliche Nachbildungen der Krippe sind (neben der Kastenkrippe) ab dem 15./16. Jahrhundert greifbar. Vor allem ist es der junge Jesuitenorden, der sich dieses Brauchs annimmt und ihn über die katholischen Länder Europas und in die Missionsgebiete hinein verbreitet. Auch diese Krippendarstellungen waren in der Zeit der Aufkärung verfemt und traten erst später wieder stärker in Erscheinung. Auch andere Orden, Franziskaner, Kapuziner, Augustiner, förderten die Krippenfrömmigkeit.

Aus dem Bereich der Kirche kam die Krippe erst nach 1600 in den Bereich der Familie, wobei sie – ähnlich dem Christbaum – von den höheren Schichten an die niederen weitergegeben wurde. Mit dem Einzug in die Häuser wurden die Figuren auch kleiner, das wiederum förderte ihre Verbreitung und den Versand. Ganze Dörfer in Bayern, Tirol und dem Erzgebirge lebten von der Herstellung der Krippenfiguren, die gegen Ende des 18. Jahrhunderts schon in vielen katholischen Gegenden zunehmend zum familiären Festbrauch gehörten. Ein „Massenartikel" wurde sie aber erst im 19. Jahrhundert nicht zuletzt durch den Vertrieb papierner Krippenbögen zum Ausschneiden.

### 2.5.1. Die „katholische" Krippe

„An diesem heiligen Abend pflegt man in Kirchen und christlichen Wohnungen eine so genannte Weihnachtskrippe aufzustellen mit einem Weihnachtsbaum und beschert groß und klein mit Gaben, wie sie die Liebe erfindet. [...] Die vom heiligen Franziskus von Assisi (1233) aufgebrachte kindliche Sitte der Krippendarstellung trägt dem katholischen Empfinden mehr Rechnung als der symbolisch ärmere Weihnachtsbaum, der wohl in heidnischen Volksgebräuchen seinen Ursprung hat und germanischen Charakter trägt."[3] Obgleich die Krippe auch in evangelischen Gegenden schon um 1800 durchaus bekannt ist, gilt sie doch teilweise bis heute als katholisches Insignium des weihnachtlichen Geschehens. Von daher setzte sie sich in den evangelischen Familien nur allmählich durch, die Kirchenkrippen sind eine Erscheinung seit Mitte des 20. Jahrhunderts.[4] Manchen evangelischen Christen bleibt sie bis heute fremd.

> Gegen Ende des vorigen Jahrhunderts (19. Jh.) gab es in Mettingen in den Familien weder Krippe noch Weihnachtsbaum. Eine Krippe mit Stall und Figuren war nur in der katholischen Kirche, wohingegen in der evanglischen Kirche ein geschmückter großer Weihnachtsbaum auf dem Chore aufgestellt war.[5]

> Meine Freundin bringt eine Krippe mit, es gibt immer einen Christbaum, der ist sehr wichtig, weil er eine wunderbare Atmosphäre und Stimmung bringt. Die Elemente der Krippe habe ich nicht im Gedächtnis, sie hat für mich als Evangelische keine besondere Bedeutung. (34)

Die Krippe bildet nach Ansicht vieler Autoren das eigentliche Zentrum des Heiligabends, weil sie den Inhalt der Feier wiedergibt im Gegensatz zum Christbaum, der bei aller Symbolik seines Schmucks eben doch nur Schmuck ist. So wird denn auch immer wieder auf die Wertigkeit hingewiesen: „Der Christbaum mit schlichtem Schmuck, auch christlichen Symbolen, darf die Krippe nicht verdrängen!"[6] – „Die Krippe ist mehr als der Christbaum Zentrum unseres Feierns. Eine besondere Beziehung bekommen die Kinder zu ihr, wenn sie – aus Holz, Ton Stroh oder Stoff usw. – selbst hergestellt wurde. Wer eine künstlerisch wertvolle Krippe anschaffen will, kann dies nach Sammlerart tun: Jahr für Jahr wächst die Krippe um ein Stück. Das ist nicht nur finanziell erschwinglich, sondern hat auch für die Kinder wieder den Reiz der Neuheit."[7]

### 2.5.2. Krippe selbst gebaut oder gekauft?

Was in den letzten Worten anklang, galt durchaus als ein Ideal: die selbst hergestellte Krippe. Nicht nur war daraus – ähnlich den selbst gefertigten Geschenken – die „wahre" Liebe (gegenüber dem Heiland) zu spüren, es wird auch als rechte Vorbereitung auf das Geheimnis des Weihnachtsfestes gewertet, wie Klara Wirtz noch Mitte des 20. Jahrhunderts schreibt: „Es sollte kein Heim geben, in dem nicht wenigstens der Stall zur Krippe selbst gebaut ist. Wo Kinder sind, kann die ganze Krippe aus frohem Schaffen erstehen. Solange die Kinder noch kleiner sind, können sie einen Krippenbogen ausschneiden. Die größeren schnitzen die Figuren als Laubsägearbeit oder kneten Kopf und Glieder aus Ton, Plastilin oder aus aufgeweichter und mit Leim durchsetzter Papiermasse und stellen durch Verbinden der Teile mit Draht bewegliche Figuren her, die angekleidet werden."[8]

> Wir haben als Kinder eine Krippe aus Modelliermasse gebastelt, die, obwohl die Figuren nicht so gelungen sind, alljährlich wieder aufgestellt wird. (40)

> Eine Krippe steht jedes Jahr am Weihnachtsbaum, die wir (meine Mutter und wir Kinder) über Jahre hinweg gebastelt und immer mehr vervollständigt haben. Dort ist auch der Ort, an dem Weihnachtslieder gesungen werden. (51)

Mit der Zeit des Wirtschaftswunders in den 60er Jahren mochte die selbst gebastelte Krippe hinter den gekauften zurückstehen. Doch auch diese haben durchaus ihren Wert, wenn man man richtig kauft: „Wer eine Krippe kauft, wähle Krippenfiguren, die in Form und Ausdruck gut sind […] Mancher bevorzugt die handgeschnitzte Krippe eines Krippenkünstlers. Will man eine hochwertige Krippe besitzen, so muss man mit einem größeren Betrag rechnen. Daher verteilt man zweckmäßig die Kosten auf einige Jahre und erwirbt die Krippenfiguren nach und nach. Solch eine wachsende Krippe wächst einem besonders an Herz."[9]

> Im Jahre 1950 – wir hatten 1945 durch Bombeneinwirkungen alles verloren, und meine Eltern waren dabei, Hausrat, Möbel usw. wieder neu zu beschaffen – stand zu unserer großen Freude unter dem Christbaum eine Krippe, aber nur Maria, Josef, das Jesuskind und ein Schäfchen. Jedes Jahr kamen ein oder zwei weitere Figuren hinzu. Bis die Krippe allerdings vollständig war, vergingen vier Jahre, wobei die Heiligen Drei Könige einige Jahre nur leihweise in unserer Krippe standen, denn sie waren damals sehr teuer (eine Figur kostete zu der Zeit DM 8,95). Deshalb wurden die Heiligen Drei Könige also nach Weihnachten nicht mit den anderen Figuren eingepackt, sondern kamen wieder in das Geschäft zurück. Der Geschäftsinhaber war allerdings ein Freund meines Vaters. Später hat er ihm die Heiligen Drei Könige zum 50. Geburtstag geschenkt. (90)

Die auf Kinder abgestimmte Herstellung einer Krippe kann zu der Meinung verführen, dass sie vor allem für Kinder gedacht ist, die dann auch das Aufstellen besorgen („Der Jüngste darf die Krippe aufbauen"). (74) Dass die bildliche Darstellung der Christgeburt „in der Dimension der Puppen geschah, musste die Krippe in besonderer Weise für Kinder zugänglich machen".[10] Allerdings kann man hier beobachten, dass die Kinder – im Gegensatz zum Schmücken des Baumes – viel stärker in den Aufbau mit einbezogen sind.

> Eine Krippe wird immer noch aufgebaut, obwohl die Kinder inzwischen schon erwachsen sind. Sie besteht aus einer Wurzel, die wir vor vielen Jahren, als die Kinder noch klein waren, gefunden haben. Diese dient als „Stall". Dazu haben wir die hl. Familie, zwei Hirten und Ochs und Esel. (29)

Auch kann dies dazu führen, dass die Krippe zum „Spielzeug" wird, das Aufstellen zum Kinderspiel. In einer Zeitschriften-Anzeige wird dies auch direkt so ausgedrückt: „So richtig zum ‚Anfassen' und Spielen ist sie konzipiert, die Weihnachtskrippe von Ostheimer …"[11]

So richtig zum »Anfassen« und Spielen ist sie konzipiert, die Weihnachtskrippe von Ostheimer. Sie ist als Sortiment und auch in einzelnen Figuren im guten Fachandel erhältlich. In vielen tausend Familien sind unsere Figuren ein nicht mehr wegzudenkender Begleiter der Weihnachtszeit geworden.

*Abb. 9: Krippe als Spielzeug*

### 2.5.3. Aufbauen der Krippe

Zu den Ritualen des Heiligen Abends zählt vielerorts das Aufbauen der Krippe, das, je nachdem, ob die Kinder von ihr überrascht werden sollen oder nicht, im Geheimen geschieht oder aber gemeinsam verrichtet wird. Auch mit dem Aufbauen der Krippe kann sich – ähnlich dem Weihnachtsbaum – eine Deutung der einzelnen Figuren verbinden, wie von manchen Autoren gewünscht wird. Wo eine Krippe bereits vorhanden ist, wird möglicherweise besonderer Augenmerk auf die Gestaltung der „Landschaft" gelegt. „Auch wenn wir die Krippe aus der ‚Weihnachtskiste' hervorholen können, bleibt der Bau und die Gestaltung des Krippenberges von Jahr zu Jahr eine reizvolle Aufgabe, die uns schon bei den herbstlichen Wanderungen zum Sammeln anregt: Moose und seltene Steine, knorrige Wurzeln, Zweige und Rinden, die dann an den vorweihnachtlichen Abenden zu einem prachtvollen Krippenberg zusammengebaut werden."[12]

### 2.5.4. Adventskrippe

Es gehört leider nicht erst seit unserer Zeit zu den negativen Phänomen von Weihnachten, dass die Zeichen des Festes schon weit vor dem eigentlich Termin zu sehen sind; „Weihnachtsbäume" leuchten in den Vorgärten und öffentlichen Gebäuden bereits ab Ende November, und auf den Weihnachtsmärkten ist selbstverständlich auch eine Krippe aufgebaut. Zum „Krippengang" wird etwa in der Stadt Bamberg bereits in der Adventszeit eingeladen. Auch in manchen Häusern gehört die Krippe zum vorweihnachtlichen Accessoire.

> Wir haben eine Krippe und einen Weihnachtsbaum, die Krippe steht schon die ganze Adventszeit über im Wohnzimmer. (78)

Wie es manchmal üblich ist, dass schon am Heiligen Abend bzw. an Weihnachten die Könige zu sehen sind und dann Tag für Tag ein Stück näher kommen, so wird bisweilen die Krippe bereits im Advent aufgebaut und jeden Tag auf Weihnachten hin ergänzt. Teilweise wird dies auch so vorgeschlagen.[13] Es handelt sich um einen Verheißungs-/Vorbereitungsbrauch ähnlich dem Adventsbaum, dem Adventskranz, der Adventspforte, der Adventsuhr, die vor allem im evangelischen Bereich bis in das 20. Jahrhundert hinein weite Verbreitung gefunden hatten.[14]

> Natürlich gibt es eine Krippe. Es ist eine „Herrnhuter" genannte Krippe aus der letzten Jahrhundertwende mit Figuren aus Pappmaché. Die Figuren (natürlich nur Maria und Josef) werden den Advent über jedes Jahr von den Kindern auf einem langen Fensterbrett neu inszenierten Krippenweg entlang geführt, ehe sie dann Heiligabend im Stall unter dem Weihnachtsbaum anzutreffen sind (jetzt natürlich mit Kind in der Krippe). (63)

Kirchhoff plädiert für eine „Adventskrippe" im Sinn einer Hauskrippe mit Weggestalten aus dem Alten Testament (Abraham, Mose, David, Jeremia, Jesaja, Ruth, Johannes der Täufer) und Sucher aus anderen antiken Religionen und Regionen (Jason, Orpheus, Odysseus, Vergil). Aufgezeigt werden soll damit, dass sich mit Weihnachten die Träume und Sehnsüchte der Menschheit überhaupt erfüllten.[15]

Ein anderes Moment der Krippenvorbereitung schon in der Adventszeit war früher das Sammeln von Strohhalmen; jeder Verzicht auf Süßigkeiten (Advent als alte Fastenzeit), ein Gebet o. ä. war ein Strohhalm für die Krippe Jesu, der solchermaßen nicht auf Stroh gebettet war, sondern auf guten Werken und frommem Gebet …

> Schon vom 1. Adventssonntag an wurde für jedes Vaterunser, das wir gebetet haben, ein Strohhalm aufbewahrt. Wir Kinder waren eifrig dabei zu beten. Von den Strohhalmen hat unsere Mutter eine Krippe gemacht und das Christkindlein hineingelegt.[16]

> Die Krippe selbst stand noch bis zum letzten Tag in der Wohnküche. Und wir Kinder bemühten uns, recht viel Strohalme hineinlegen zu dürfen … Trauer und Reue waren groß, wenn etwa ein Halm oder mehrere wieder herausgenommen werden mussten.[17]

### 2.5.5 Im Zentrum der Feier

Je nach Bedeutung erhält die Krippe auch einen entsprechenden Standort, wird an ihr oder vor ihr die „Liturgie", die Feier des Heiligabends vollzogen. „Die Krippe sollte eigentlich der Mittelpunkt unserer Familienfeier sein, wichtiger als der Christbaum, weil sie zeigt, was Weihnachten letztlich beinhaltet: die Geburt unseres Erlösers als ein Kind in seiner ganzen ‚Armseligkeit'."[18]

> Obwohl wir nicht um die Krippe herumsitzen, steht sie für mich im Mittelpunkt der „Konzentration" des Raumes. Es ist die Krippe meiner Kindheit, deshalb wohl. (8)

*Abb. 10: Im Zentrum der Feier: Krippe unter dem Baum.*

„Unter den Christbaum gehört die Weihnachtskrippe" bescheidet Otto Schlißke kurz und knapp.[19] Tatsächlich findet es sich häufig, dass die Krippe unter dem Weihnachsbaum ihren Platz hat, wobei sich der Baum und die rustikalen Krippenlandschaften mit Tannenholz, Baumwurzeln und Moos zu einer Kulisse gut verbinden. Baum und Krippe – die beiden großen Symbole des Heiligabends scheinen auf diese Weise geradezu ideal kombiniert: „Unter dem Weihnachtsbaum stehen aus hellem Holz geschnitzte Krippenfiguren: Maria mit dem Kinde auf dem Arm, Josef, ein Hirte mit seinem Schaf, ein Weiser. Schlicht, aber eindrücklich!"[20] Auf die Art und Weise kommt dann doch zusammen, was sich einmal gegenüber stand: „Es gab eine Zeit, und sie liegt noch nicht allzu weit zurück, da war die Krippe vom Christbaum in den Hintergrund gedrängt. Doch heute hat sie unter dem Baum, oder in seiner Nähe den Ehrenplatz, und wir können uns einen Christbaum im Heim ohne Krippe gar nicht mehr denken."[21]

Insofern sich die „Liturgie" des Abends an der Krippe abspielen kann, wird sie auch „Krippenfeier" genannt. Dabei kann die Krippe aber auch auf besondere Weise in das Geschehen mit einbezogen werden; die verschiedenen Hilfen älterer und neuer Zeit machen dazu unterschiedliche

Vorschläge: z. B. Kerzen entzünden an der Krippe, verbunden jeweils mit einem besonderen Wunsch um Freude, Hoffnung, Frieden, Liebe;[22] das Licht für die Christbaumkerzen wird von der Krippe genommen (vgl. *Kapitel 2.4.2.*); während der Feier können die einzelnen Krippenfiguren aufgestellt werden (verbunden mit entsprechenden Gesängen);[23] passende Lieder („Ich steh an deiner Krippe hier"), ein besonderes Gebet an der Krippe, eventuell auch eine stille Anbetung.[24] Ein solcher Vorschlag für ein Gebet an der Krippe etwa lautet:

> Jesus, wir haben uns auf den Weg gemacht. Nun finden wir dich in einem Stall, in einer Krippe, weil nirgends Platz für dich war. Es liegt an uns, dir einen Platz zu bereiten: in uns selbst, in unserem Leben, in unserer Welt. Jesus, seit deiner Geburt im Stall ist Gott für uns begreifbar geworden. Als Kind hast du deinen Vater als menschenfreundlich gezeigt, als Prediger hast du in das Reich Gottes eingeladen, als Sterbender hast du die Schuld der Menschen deinem Vater übergeben, als Auferweckter hast du deinen Vater als Gott des Lebens bezeugt. Wir danken dir für Krippe und Kreuz, wir danken dir für dein Leben. Gelobt sei Jesus Christus.[25]

# 3. Weitere Feierelemente

*Vor der Bescherung werden die 10 Strophen von „Der Christbaum ist der schönste Baum" gesungen.*

*Als dann endlich die Glocke erklingt (das ist ein Zwerg, der die Glocke huckepack trägt) und die Tür zum Weihnachtszimmer geöffnet wird und mit dem Feststeller, der mal wieder tüchtig geölt werden müßte, ordnungsgemäß festgestellt, rutscht Robert vom Sofa und läuft auf Wilhelms zauberhaft erleuchtete Krippe zu, die das Zimmer terassenartig anfüllt.*                                          Schöne Aussicht

## 3.1. Weihnachtszimmer, verschlossene Tür und Glöckchen

Immer wieder kann man davon hören oder lesen, dass die familiäre Feier des Heiligen Abends, zumindest aber die Bescherung, in einem besonderen Raum stattfindet – sofern ein solcher vorhanden ist. Verschiedene Gründe mögen zusammengenommen zu diesem besonderen Weihnachtszimmer führen: Die Erleichterung der Vorbereitung des Abends mit dem Herrichten des Christbaums, der Krippe und der Geschenke; die damit verbundene Möglichkeit der Überraschung und Inszenierung; aber auch Gründe der Dramatisierung des Weihnachtsgeschehens. In letzterem Zusammenhang spielen die verschlossenen Türen eine wichtige Rolle.

### 3.1.1. Das Weihnachtszimmer

Die Möglichkeit, ein eigenes, besonderes Zimmer für die Feier des Heiligabends zu reservieren, hängt natürlich mit der Größe der Wohnung und der Zahl der vorhandenen Zimmer zusammen; es ist zu vermuten, dass sich diese Form der Gestaltung des Heiligen Abends über das gehobene Bürgertum entwickelt hat, wo es solche eigenen Repräsentationsräume gab, Räume, die ansonsten nur besonderen Anlässen dienten (Wohnzimmer); auch in größeren Bauernhöfen gab es die durchaus.[1]

Soweit ich noch erinnern kann, wurde Weihnachten stets mit einem Weihnachtsbaum in der „besten Stube" – eine solche „kalte Pracht" gab es um 1900 herum in allen Bauernhäusern – gefeiert. Wir durften nicht zusehen, wie er hergerichtet und in das Weihnachtszimmer gebracht wurde, er stand halt am Weihnachtsmorgen, buchstäblich vom Himmel gezaubert, da.[2]

Das Weihnachtszimmer war […] das so genannte Besuchszimmer, wo das Jahr über am Sonntagmorgen Gäste empfangen wurden. So war dies für uns ein ganz besonderer Raum, und dies erhöhte die Spannung.[3]

Mein Opa hatte früher einen Bauernhof und dort war es so üblich, dass wir nur zu besonderen Anlässen, Taufe, Geburt oder Weihnachten, in die „gute Stube" durften – sonst wurde das Zimmer nicht benutzt. (71)

Mancherorts fand die Feier des Heiligabends in der Küche statt.[4] Einen abgeschlossenen Raum zu finden, ist bei großen, ineinandergehenden Räumen oder kleinen Wohnungen nicht so einfach:

Früher war das Wohnzimmer vor Weihnachten einige Tage abgeschlossen und wurde erst vom Christkind mit dem Glöckchen wieder geöffnet. Heute findet alles im Wohn-Ess-Bereich statt. (17)

Leider habe ich nur eine 2-Zimmer-Wohnung. In meiner Kindheit gab es eine gute Stube. Die durfte vorher nicht betreten werden.

Wilhelm Heinrich Riehl wiederum hob in seiner Darstellung der Familie die deutsche gegenüber der englischen und französischen Sitte ab und stellte in Blick auf Frankreich fest, dass man dort den grünen Tannenbaum in den Salon aufstellt, „wir aber pflanzen ihn in das Kinderzimmer, in das innerste Familienheiligtum des Hauses".[5] Überhaupt ziehe sich das deutsche Haus in sich selbst zurück, während sich das englische Haus am Weihnachtstage erweitere.

In gewisser Weise entspricht das besonders gestaltete Zimmer dem kirchlichen Festraum, ist dessen Abbild im bürgerlichen Haus bzw. in der Wohnung, wie die Feier des Heiligabends ein Abbild und Ersatz der liturgischen Feier darstellt. „Am Heiligen Abend öffnet sich die Tür zu Gottes Weihnachtsstube. Sie wird abgespiegelt durch alle irdischen Weihnachtsstuben auf dem Erdenrund. Und sei es die engste und ärmlichste Kammer: sie ist hineingenommen in den himmlischen Glanz, der Herzen glücklich macht."[6]

Es ist … eine wunderbare Stimmung, wenn man gerade vom Christkind aus der Kirche zum „Christkind" in die beste Stube gehen kann.[7]

Wo dieses besondere Zimmer nicht vorhanden ist, kann vielleicht wenigstens eine Tür, ein Vorhang oder ähnliches für eine Abtrennung sorgen.

> So ein richtiges Weihnachtszimmer hatten wir nicht zu bieten. Dafür hatten wir aber die Schiebetür.[8]

### 3.1.2. Die verschlossene Tür

Zum besonderen „Weihnachtszimmer" wird dieser Raum nicht nur durch seine entsprechende Ausstattung, sondern auch durch die Abgeschlossenheit. Deshalb spielt die Tür eine wichtige Rolle. Eine ganz eigene Bedeutung hat die verschlossene Tür des Weihnachtszimmers in der familiären Feier, wie sie in folgendem Bericht anklingt:

> Nach dem Abendessen versammeln wir uns alle im großen Foyer. Die Weihnachtsstube ist noch verschlossen. Das hat seine Bewandtnis. Im christlichen Namenskalender stehen heute am Heiligabend ausnahmsweise zwei Namen: Adam und Eva. Die Väter der frühen Kirche haben diese beiden bewusst auf den Vorabend des Weihnachtstages platziert. Sie wollten daran erinnern: Durch den ersten Menschen – Adam – ist die Sünde in die Welt gekommen, weil er vom Baum des Paradieses aß und damit Gottes Gebot übertrat. Was aber Adam für sich und seine Nachkommen verloren hat, das brachte der zweite Adam – Christus – wieder. […] Darum gehören Adam und Eva am Heiligabend dazu!
>
> So stehen wir nun alle vor der verschlossenen Weihnachtsstube. Ich lese die Geschichte vom Sündenfall, aber auch, was der Apostel Paulus in Galater 4 geschrieben hat: „Als die Zeit erfüllt war, sandte Gott seinen Sohn…" Jesus hat mit seinem Kommen den Zugang zum Vater wieder geöffnet. Mit großer Freude vernehmen wir diese Botschaft. Und dann ertönt es froh und kräftig durch die Eingangshalle: „Heut schließt er wieder auf die Tür zum schönen Paradeis; der Cherub steht nicht mehr dafür: Gott sei Lob, Ehr und Preis." –
>
> Jetzt darf sich die Tür zum Weihnachtszimmer öffnen. Von innen ertönt das helle Weihnachtsglöcklein. Wir sind eingeladen zum Kommen.[9]

Es handelt sich also um ein dramatisierendes Umsetzen der Botschaft, dass wir wieder Zugang zum „Paradies", zu Gott haben. – Hintergrund dieser früher durchaus verbreiteten Feierform sind letztlich die mittelalterlichen Paradiesspiele, welche die Vertreibung Adam und Evas aus dem Paradies zum Inhalt hatten, und mit denen wiederum manche weihnachtliche Symbolik (Baum, Apfel) zusammenhängt. – Der Heiligabend hieß wohl auch teilweise „Adam und Eva".[10]

Ähnliche Tür-Riten gab und gibt es auch in der Liturgie, vor allem an Palmsonntag, Ostern und bei der Feier der Kirchweihe.[11]

> Vor dem Einzug in die Weihnachtsstube wird … mit einem Glöckchen dreimal geklingelt, ehe die Familie feierlich einzieht. Dazu wird die sechste Strophe des Lutherchorals „Vom Himmel hoch" gesungen: „Des lasst uns alle fröhlich sein / und mit den Hirten gehen hinein / zu sehn, was Gott uns hat beschert, / mit seinem lieben Sohn verehrt." (63)

### 3.1.3. Das Glöckchen

Zu den Requisiten, die bis heute zum Heiligabend-Ritual zählen, gehört das Glöckchen, mit dem vor dem Öffnen der Türen des Weihnachtszimmers geklingelt wird. Auch Paul Löcher schreibt: „Wenn man in unseren Erinnerungen liest, ist man geradezu versucht, dem Glöckchen neben dem Christbaum und der Krippe den Rang eines dritten markanten Weihnachtssymbols zuzuerkennen. Immer und immer wieder klingelt es durch die Berichte."[12] Es ist zunächst ein akustisches Signal, das eine vielleicht ursprünglich mündliche Mitteilung über die Bereitung des Weihnachtszimmers ersetzt und auch anders gegeben werden kann.

> In der Spinnstube wurde die Spannung immer größer, bis dann endlich Vater oder Mutter die Nachricht brachten, ES sei dagewesen! Nun stürmte alles in die gute Stube.[13]

> Nun blies ich mit dem Munde trompetenartig den Dessauer Marsch, alle bliesen mit, und wir marschierten im Paradeschritt bis zum Weihnachtszimmer.[14]

> Mein Vater legte eine alte Weihnachtsplatte mit Kirchengeläut auf und wir durften kommen. (67)

> Zu Hause wärmten wir uns zunächst in der Küche auf und warteten, bis das Glockenläuten auf der Grammophonplatte einsetzte, dann gingen Mutter und ich in die Stube … (85)

Dieses Signal oder eben auch das Glöckchen markiert den Übergang von der Feier zum Bescheren bzw. auch schon zur weihnachtlichen Feier, mit seinem Klang öffnet sich der Weihnachts-Raum. Das Warten auf die Bescherung bzw. den Eintritt ins Weihnachtszimmer ist in diesem Warten auf das Glöckchen beinhaltet. Immer wieder wird auch sein „silberheller" Klang beschrieben. Dieser Klang ist irgendwie himmlisch und wird von daher auch gern mit dem Engel oder dem Christkind assoziiert, die gerade durchs Zimmer gehen und die Geschenke hinterlegen. Keinem anderen weihnachtlichen Geräusch wird daher so entgegengefiebert …

> Inzwischen hat unser Vater auf Zehenspitzen und für uns unhörbar das Zimmer verlassen, um die Lichter am Christbaum und an der Krippe anzuzünden und noch einmal einen Blick auf Mamas Weihnachtstisch zu werfen. Plötzlich klingelt sehr hell ein Glöckchen. Wir Kleinen wissen, das tut das Christkind, das ja auch unsere Wunschzettel vom Fensterbrett holte und überhaupt alles schenkt, selbst den Christbaum.[15]

> Nun musste es doch bald läuten! Und es läutete! Lange – und ein zweites und drittes Mal! So läutete es nur einmal im Jahr! Wir stürzten ins Vorzimmer – da sahen wir durch die Glastür im Speisezimmer den Kerzenschein aus dem Weihnachtszimmer. Dieser Moment war der schönste des ganzen Abends.[16]

> Endlich, endlich ertönte die Klingel, die Tür ging auf und – ah! – da stand der Tannenbaum mitten in der Stube auf dem runden Tisch …[17]

„Das wichtigste Heiligabend-Utensil" wird das Glöckchen im Artikel einer Familienzeitschrift genannt; die Autorin hat es nämlich eines Heiligen Abends vermisst: „Sollte alles umsonst gewesen sein? Herausgeputzte Kinder, ungeduldige Großeltern, der Gänsebraten im Ofen, die Geschenkberge unter dem Tannenbaum?"[18] – Alles nichts, wenn die Inszenierung nicht klappt.

*Abb. 11: Bis in die Karikatur hinein klingelt das Glöckchen.*

»Doch nicht alle zugleich!!!«

*Auf den 6 Beisetztischen lagen die Geschenke.*
*„Kuckt erst mal den Baum an, ist er nicht wunderschön?"*

Tadellöser & Wolff

## 3.2. Geschenke

Den Kern des Heiligen Abends bildet heute vielfach die Bescherung der Gaben: Weihnachten ist das „Geschenkfest" schlechthin. Die Geschenke rangieren in der Wertigkeit weit vor anderen Elementen des Heiligen Abends.[1] Doch es ist nicht richtig, die Ursachen für das Schenken an diesem Tag allein im Weihnachtsfest zu suchen. Es kommen vielmehr Schenkbräuche verschiedener Herkunft zusammen, die heute an Weihnachten zusammenfallen.

Es handelt sich beim Schenken um einen kommunikativen Akt, eine zwischenmenschliche Handlung des Gebens und Nehmens. Sprachgeschichtlich hängt „schenken" mit „einschenken" im Sinne von „schief halten" zusammen und zeigt, dass es sich gewissermaßen bei diesem Akt zunächst um ein Tun von „oben" nach „unten", also ohne Gegenseitigkeit handelt. Zugleich aber werden mit diesem Akt auch Beziehungen eingegangen, die diese Gegenseitigkeit in den Blick nehmen: Der Gebende ist sich seiner Pflichten gegenüber dem zu Beschenkenden bewusst, wobei aus dem Geben auch wiederum Rechte entstehen; der Nehmende weiß um seine Pflichten, die aus dem Empfang entstehen, zugleich hat er aus diesen auch Rechte (vgl. die Begriffe „Angebinde" / „binden").[2]

Schon in der christlichen Antike wurde aufgefordert, an Weihnachten den weniger Begüterten zu geben, damit auch sie an der Festfreude Anteil haben können. Diese Form des caritativen Schenkens gibt es bis heute in unterschiedlicher Form – häufig institutionalisiert – in der Advents- und Weihnachtszeit (vgl. *Kapitel 3.3.*).

Noch älter ist der Brauch, gegen Jahresende bzw. zu Neujahr als Dank und Anerkennung für geleistete Dienste kleine Geschenke zu überreichen; er ist uns schon aus vorchristlicher, römischer Zeit überliefert. Diese Neujahrsgaben „leben fort in den Geldspenden an Brief- und Zeitungsträger, an Müllleute, Hausmeister und Schornsteinfeger zum 1. Januar"[3] – oder eben auch schon zu Weihnachten.

In einer Familienchronik aus der zweiten Hälfte des 16. Jahrhunderts kann man nachlesen, wie der Chronist, Herrmann von Weinsberg, am Heiligen Abend „offergelt" verteilt, meist eine Geldspende, verbunden mit einem Segenswunsch für das neue Jahr. Das hängt mit der Gewohnheit zusammen, dass in Köln, wo die Familie ansässig ist, im Mittelalter das neue Jahr mit Weihnachten beginnt. Zwar wurde hier schon 1550 Neujahr offiziell am 1. Januar begangen, doch in den Familien hielt sich die ältere Gewohnheit länger.[4]

Einen eigenen Beitrag zur Schenkkultur an Weihnachten leisteten auch die Weihnachtsmärkte. Sie hatten seit dem ausgehenden 18. Jahrhundert ihren ursprünglichen Platz nahe einer großen Kirche, „um die Kauflust der Stadt- und Landleute vor und nach dem obligaten weihnachtlichen Kirchenbesuch anzureizen."[5] Dabei machte die Feststimmung durchaus auch den Geldbeutel locker, so dass nicht nur Gegenstände für den täglichen (eigenen) Bedarf eingekauft wurden, sondern auch darüber hinaus manches an Nichtalltäglichem und zum Verschenken seinen Abnehmer fand.

Vor allem aber ist der Bescherbrauch am 24./25. Dezember vom Nikolaustag am 6. Dezember beeinflusst.

Dort wiederum geht er zurück auf Legenden, die sich um den Bischof von Myra entfaltet haben. Vor allem die so genannte Schülerlegende, nach der Nikolaus drei ermordete und eingepökelte Schüler zum Leben erweckte, bekam hohen Stellenwert in den Schulen, bei den Schülern und Kindern. Im Zusammenhang mit der Einführung eines „Kinderbischofs" (vom Tag der Unschuldigen Kinder am 28.12. herrührend und möglicherweise von den römischen Saturnalien mit beeinflusst), werden zu Ausgang des Mittelalters Spiele veranstaltet, bei denen der verkleidete Bischof Nikolaus die Kinder (Schüler) examiniert, bestraft oder mit Gaben belohnt. – Eine andere Herleitung des Gaben bringenden Nikolaus' ist die so genannte Jungfrauenlegende; nach dieser habe der Bischof drei Jungfrauen vor der Prostitution gerettet, indem er an drei Abenden jeweils einen Beutel mit Gold durch das Fenster in das Haus des verarmten Vaters geworfen habe. Mit dieser Legende stützten schon die Historiker der Reformationszeit den etwa seit 1500 belegten Brauch, dass der Nikolaus am Vorabend seines Gedenktages (5.12.) Gaben in die Schuhe der Kinder stecke.[6]

Die Verlagerung des Geschenkbrauches vom Nikolaustag auf Weihnachten geschah während der Reformationszeit; noch 1535 bescherte bei Martin Luther der hl. Nikolaus, später tat dies der „Heilige Christ". Luthers Frage an seine Tochter: „Lenichen, was mag dir der Heilige Christ bescheren?" mag noch in einem geistlichen Sinn gemeint gewesen sein („… zu sehn, was Gott uns hat beschert" [Vom Himmel hoch]), wie auch das

Weihnachtslied „Lobt Gott, ihr Christen alle gleich" des lutherischen Dichters Nikolaus Hermann von der Geburt Jesu als Geschenk Gottes spricht: „Der heut schließt auf sein Himmelreich und schenkt uns seinen Sohn" (GL 134/EGB 27). So spielte diese Bedeutung des Weihnachtsfestes sicher auch in den Bescherbrauch als Ausdrucksform mit hinein. Die Bezeichnung „Christbeschertag" für Heiligabend weist noch darauf hin (vgl. S. 20).

Mit der Zeit wird die Bescherung allerdings immer vordergründiger, materieller. Zum häuslichen Geschenkfest wird Weihnachten aber erst in nachreformatorischer Zeit und in höheren Schichten. Nach Ingeborg Weber-Kellermann ist es vor allem die Zeit des Biedermeier, in der das bürgerliche Familienleben der Schenkkultur einen neuen Boden bereitete. „Im Schoß der Bürgerfamilie wuchs der Eigenbereich des Kindes, entfaltete sich ein innig ausgestalteter Lebensbereich um die Mutter als Zentrum bürgerlicher Häuslichkeit. Spielzimmer und Spielmöglichkeit, aber auch Spielverständnis seitens der Eltern verwandelten die Jahresfeiern zu Familienfesten mit dem vornehmlichen Sinn, den Kindern Spielzeug zu schenken. So kam es, dass der Bedarf an Spielzeug und sein Formbestand gerade mit dem aufblühenden 19. Jahrhundert einen großen Zuwachs erhielt, der zu einer lang anhaltenden Konjunktur für den Spielzeughandel führte."[7]

Wie sehr die Geschenke und das Schenken bis heute überhand genommen haben, zeigt der Vorwurf des „Konsumterrors", der mit dem Weihnachtsfest in Zusammenhang gebracht wird. Mag dieser Vorwurf auch in manchem unberechtigt sein (man kann sich diesem „Terror" durchaus entziehen, man muss auch bedenken, dass ein sehr großes Potenzial an „Gutes tun" damit verbunden ist), er zeigt doch ein Gespür dafür, dass in der Vordergründigkeit der Geschenke eine Ungleichgewichtigkeit der Elemente des Weihnachtsfestes zum Ausdruck kommt und dass Weihnachten mehr oder zumindest noch etwas anderes meint.

So stellen die Geschenke einen wesentlichen Ausdruck des weihnachtlichen Geschehens und zugleich dessen Bedrohung dar, ist das „sacrum commercium" als „heiliger Tausch" zwischen Gott- und Menschennatur Inhalt des Festes und zugleich dessen Veräußerlichung.

### 3.2.1. Vorrang des Gottesdienstes bzw. der Feier

Dass es lange durchaus ein Bewusstsein für diese Zusammenhänge gab, zeigt sich darin, dass die Geschenke – teilweise bis in unser Jahrhundert hinein – als eine Randerscheinung gewertet wurden gegenüber dem eigentlichen Zentrum des Weihnachtsfestes, dem Gottesdienst in der Kirchen bzw. der häuslichen Andacht oder Feier. Das lag natürlich auch mit daran, dass die Bescherung noch nicht die Ausmaße angenommen hatte, die sie heute hat.

> Kein Gang zur Kirche wurde während des ganzen Jahres in so freudiger und gehobener heiliger Stimmung angetreten, als der an diesem Tage früh um 5 Uhr, wo der Mettengottesdienst begann. Daraufhin war alles Denken und Sinnen gerichtet, viel, viel mehr als auf die Christbescherung, welche alsbald nach dem Aufstehen ziemlich kurz abgehalten war. Wir Kinder setzten uns an den Tisch … Gewöhnlich war der Tisch mit irgend etwas zugedeckt. Die Decke wurde entfernt, und nun sah jedes Kind seine Geschenke vor sich liegen. [8]

Der Vorrang des Gottesdienstes kam vor allem dadurch zum Ausdruck, dass vielfach noch bis in das 20. Jahrhundert hinein erst *nach* dem Gottesdienst – sei es nach der mitternächtlichen Mette, sei es am frühen Morgen, sei es noch später – beschert wurde. „Es wird deutlich, dass die Kinderbescherung sich an den Weihnachtsgottesdienst, der hier noch im Mittelpunkt steht, anlagerte."[9]

> Im Sauerland kannte man keine Bescherung am Hl. Abend. Diese findet im Anschluss an die Christmette statt.[10]

> Heute findet die Bescherung am Christtagabend statt. Früher war am ersten Weihnachtstag morgens 10 Uhr Gottesdienst mit Abendmahlfeier. Nachmittags fand in der Kirche eine Weihnachtsfeier statt, danach war die Bescherung in den Familien.[11]

Dass der Gottesdienst dem Bescheren vorausgehen sollte, ist keine Ansicht früherer „seliger" Zeiten. Auch heute ist man sich durchaus der Zusammenhänge zwischen dem Geschenk Gottes an uns, das wir im Gottesdienst feiern, und der Geschenke, die wir untereinander verteilen, bewusst:

> Der Herr Pfarrer verweist uns übrigens jedes Jahr auch auf die Möglichkeit, die Bescherung erst nach der „Christmette" durchzuführen gemäß der Logik des 1. Johannesbriefes (1Joh 4,9–11): Die Liebe Gottes wurde dadurch offenbart, dass Gott seinen einzigen Sohn in die Welt gesandt hat, damit auch wir durch ihn leben. […] Wenn Gott uns so geliebt hat, müssen auch wir einander lieben! (1)

### 3.2.2. Verborgene Geschenke

Nicht nur die zeitliche Reihung Gottesdienst – Bescherung zeigt das Bewusstsein für den Vorrang der liturgischen Feier. Im häuslichen Bereich
gab es eine andere Art der Unterscheidung: In vielen Berichten aus früherer Zeit klingt an, dass die Geschenke nicht nur verpackt, sondern – oft
unter einer Decke liegend – zunächst verborgen waren. „Das geschah bestimmt nicht in erster Linie, um am Ende beim Auspacken einen Über-
raschungseffekt zu erzielen, soviel Spaß man tatsächlich immer wieder dabei
hatte. Der Ablauf der Feier in jenen Familien, die diesen Brauch pflegten,
deutet darauf hin, dass es den Eltern vor allem darauf ankam, jede Gelegenheit zur Ablenkung während der Gebete auszuschalten."[12] Diese Vorstellung begegnet vereinzelt auch in neuerer Zeit noch. So heißt es etwa in
einem Heftchen zur Gestaltung der adventlichen Tage und des Heiligen
Abends: „Das Schielen nach den Geschenken soll nicht die Sammlung
stören. Sofern die religiöse Feier und die Bescherung nicht in getrennten
Räumen stattfinden, können die Geschenke bis zur Verteilung mit einem
Tuch verdeckt werden."[13] Und Maria Luise Thurmair rät in ihrem Büchlein über die Feier von Weihnachten: „Es muss hier noch vermerkt werden, dass es ratsam ist, während der Krippenfeier die Geschenke noch
verdeckt oder in einem anderen Raum zu verwahren; denn es bedeutet
eine Überforderung der Kinder, wenn sie angesichts der heiß ersehnten
Eisenbahn noch andächtig zuhören, beten und singen sollen."[14]

> Der Gabentisch in Wohn- und Weihnachtszimmer war mit einer
> Tischdecke zugedeckt. Wer auch immer in dem Zimmer etwa zu tun
> oder zu richten hatte – keinem wäre es eingefallen, einen Blick unter
> die Decke zu werfen.[15]

> Nun gilt ein Lied dem brennenden Baum und seiner Pracht, bis end-
> lich die Mutter die Hülle von den Festtagsgaben entfernt und helle
> Kinderfreude sich ihnen zuwenden darf.[16]

> Unsere Kinder mussten erst die hl. Geschichte und Gedichte, die Mut-
> ter heimlich mit ihnen einübte, aufsagen, dann folgten mit Klavier
> und Geige begleitet Lieder, und erst dann wurde die Decke gelüftet
> und die Geschenke (wurden) frei.[17]

Das zeigt auch, dass das Auspacken der Geschenke eigentlich nicht zum
inneren Kern der weihnachtlichen Feier zählt und erst nach der „religiösen

Pflicht" seinen Platz hatte. Es gab daher eine eindeutige Rangordnung der Elemente des Heiligen Abends; so hatte – was in den Erinnerungen und Berichten oft wie eine geheiligte Ordnung erscheint – die Aufmerksamkeit sich zuerst dem Baum zuzuwenden, der vielerorts den Mittelpunkt der Feier bildet. Erst danach war es erlaubt, sich den Geschenken zu widmen.

Dem Christbaum gelten die ersten Ausrufe der Bewunderung; solange er die Blicke fesselt, ist's noch eine weihevolle Stimmung, ein Staunen und Widerstrahlen; dann wenden sich die Augen der Bescherung zu ...[18]

Beim Beginn des „Stille Nacht" öffnete Vater die Flügeltüren zum hinteren Zimmer. Da strahlte der Baum, und ich wagte nicht, solange wir noch sangen, nach meinen Geschenken zu schauen. Irgendwie war es auch nicht schicklich, sich darauf zu stürzen, bevor wir nicht den Eltern unsere kleinen Kunstwerke übergeben hatten."[19]

*Abb. 12: „Ein Staunen und Widerstrahlen ... "*

Der Christabend in diesem letzten Jahr war gottlob heiterer als der vorhergehende. Der Baum, so musterhaft gewachsen und fein geschmückt er war, fand zunächst wenig Beachtung bei den Kindern im Verhältnis zu dem greifbaren Eigenthum wie Pferd, Schlitten oder Puppen. Erst als er später wieder angesteckt wurde, kam die „Schönheit an sich" zu ihrem Recht. So geht's her in der Welt ...[20]

Dass tatsächlich die Geschenke ursprünglich nicht zum eigentlichen weihnachtlichen Ritual zählten (vgl. aber die Andacht bei Walter Lotz, S. 55), wird aus einem von Löcher referierten Bericht deutlich, nach dem die ganze Familie vor dem Christbaum zuerst Weihnachtslieder gesungen hat; kniend auf dem Fußboden wurde dann der Rosenkranz und eine Weihnachtslitanei gebetet und der Verstorbenen gedacht. Als diese „Andacht" beendet war, wurden die Kerzen am Christbaum gelöscht. Erst danach erhielten die Kinder ihre Geschenke.[21]

… ich finde, dass im Gegensatz zu manch anderen Familien in meiner die Weihnachtsgeschenke relativ bescheiden ausfallen, also man kann sich der Geste des Schenkens nicht entziehen, aber es steht nicht im Mittelpunkt – wie bei einem Geburtstag, wo meines Erachtens doch recht dick aufgetischt wird. (50)

### 3.2.3. Deuten der Geschenke

In einem Mainzer Gesangbuch aus der Mitte des 19. Jahrhunderts liest man folgenden geistlichen Ratschlag: „Die Weihnachtsbescherung ist ein löblicher Brauch, wenn sie mit Frömmigkeit geschieht, und man den Kindern dabei Dankbarkeit und Liebe gegen das göttliche Jesuskind einflößt, von dem alle Gute kommt. Weltliche Eitelkeit und Lustbarkeit an dem heiligen Weihnachtsabend ist unchristlicher Missbrauch."[22] Die Geschenke am Heiligabend werden vielfach als Ausdruck des Geschenks Gottes an uns gedeutet. „Die Geschenke, die zum Weihnachtsfest gehören, erinnern uns an das größte Geschenk, das Gott uns machen konnte: sein Kommen, seine Menschlichkeit, seine Nähe."[23] – „Der Wunsch, uns gegenseitig zu beschenken, hängt mit der Freude über Jesus zusammen. Wir wissen, dass wir angenommen sind, und wollen einander spüren lassen, dass wir Gutes empfangen haben. Deshalb machen wir einander mit Geschenken Freude."[24] Gelegentlich wird geraten, diese Deutung vor dem Auspacken auch auszusprechen; sie kann dabei sehr unterschiedlich ausfallen. „Vielleicht sagen die Eltern, warum zu Weihnachten die Menschen sich gegenseitig beschenken: Damit Gottes Liebe deutlich erfahren wird. Denn Gott braucht auch unsere Hände und unsere Phantasie. Er braucht unseren guten Willen. Darum weisen alle unsere Geschenke auf Gott hin."[25]

> Anschließend wird den kleinen Familienmitgliedern erklärt, dass aus Freude über die Geburt Jesu als Gottes Sohn die Menschen sich jedes Jahr gegenseitig Geschenke machen. (63)

Damit soll die Bedeutung der Geschenke, für die Kinder sicherlich das Wichtigste an diesem Abend, relativiert werden: „Die Deutung der Geschenke als Zeichen gegenseitiger Liebe und Fürsorge in Verbindung mit dem Gedanken, dass Gott uns stets – an Weihnachten mit seinem Sohn – beschenkt, wird ebenfalls zu echter Sinnerfüllung und positiver Überwindung des Geschenkerummels beitragen."[26] Wenn man schließlich noch den Hinweis auf das Christkind oder den Weihnachtsmann, welche die Geschenke bringen, vermeidet, entgeht man der Unaufrichtigkeit, „die das Vertrauen der Kinder in diesem zarten Alter für später schädigen könnte".[27]

Auf diese Art und Weise kann das Auspacken der Geschenke geradezu in die liturgische Feier mit einbezogen werden. Im seinem „Christlichen Hausbuch" schlägt Lotz vor, dass der Hausvater im Anschluss an das von ihm gelesene Evangelium spricht: „Gott der Herr hat mit dem Christuskind uns reich beschenkt und hoch erfreut. Nun wollen wir sehen, was uns sonst noch alles beschert ist.' Die Mutter nimmt dann das Tuch von den Gaben und die Kinder bringen ihre Geschenke herzu."[28]

Diese Deutung auf Gott kann auch nonverbal geschehen: „Die Gaben legen wir am besten auf einen Tisch, auf dem ein Bild der Gottesmutter mit dem Jesuskind oder eine Statue mit dem Jesusknaben thront: dadurch wollen wir bezeugen, dass eigentlich alle Gaben von ihm stammen."[29] Ob dies allerdings auch alles so geschieht, wie es in frommen Büchern beschrieben ist und Hilfen vorgeschlagen wird,[30] scheint doch eher fraglich.

### 3.2.4. Geschenke selbst gemacht

In dem Büchlein „Gotteslob in der Familie" wird eine ausführliche Weihnachtsfeier aufgeführt. Im Anschluss daran heißt es: „Dann werden die Weihnachtsgaben als Zeichen der Liebe und des Friedens verteilt."[31] – Der eigentliche und alte Sinn des Schenkens beruht auf der Übereinstimmung von Person und Sache: „Der wahren gabe soll immer noch ein eigener bezug auf die absicht und die neigung des gebenden und empfangenden einwohnen", schreibt schon Jacob Grimm.[32] Wie schwierig es ist, das Wesen des zu Beschenkenden im Geschenk zu treffen, haben die meisten schon erfahren, wenn sie rätseln, was man denn demjenigen oder derjenigen schenken könne; nicht selten ein Indiz, wie wenig man voneinander weiß. Zugleich soll das Geschenk ja auch etwas über einen selbst verraten und die Beziehung zum anderen. Geldzuweisungen („Zettelkreuzer" im Schwäbischen genannt) werden daher zu Recht von vielen Menschen als einfallslos erachtet. Eine Umfrage des Instituts für Demoskopie Allensbach aus dem Jahr 1992 zeigt aber, dass immerhin ein Viertel der Befragten diese „Lösung des Weihnachtsgeschenkproblems" gut findet. Nur 37% lehnen sie ausdrücklich ab.[33]

In diesem Sinn sind gerade die selbst gemachten Geschenke von hoher Aussagekraft, sie drücken wahre „Liebe" aus. Ein Geschenk erfreut nur dann, „wenn in ihm die Brücke zwischen dem Schenkenden und dem Beschenkten geschagen wird, wenn ein Stück des Herzens mitgeschenkt wird. Darum erfreuen selbst gefertigte Geschenke oft so viel mehr als kostbare, gekaufte Gaben."[34] Nicht nur, um dem oben genannten „Konsumterror" zu entgehen, wird angeraten, selbst Gemachtes zu verschenken. „Die Frauen und Mädchen aber sollen ihre Hände regen in fleißiger Handarbeit. Das Weihnachtsfest naht als das Fest der Gaben, als das Fest der Gottes- und Nächstenliebe. Dabei hat das selbst Gefertigte, weil mit Liebe gearbeitet, immer den Vorzug vor dem fertig Gekauften. Liebesgaben also für Kinder und Eltern. Nützliche Gaben. Nicht eitlen Tand und frevle Verschwendung."[35] Nach Ansicht Wolfgang Brückners werden solche Gedanken über das evangelische Pfarrhaus vermittelt.[36] „Noch heute heißt Schenken in gut protestantischen Kreisen, etwas selbst Gemachtes überreichen. Basteln und Weihnachtsbasare als Folge davon sind dort erfunden und gepriesen worden."[37]

### 3.2.5. Auspacken

Nicht nur das (gemeinsame) Einpacken der Geschenke kann zum Ritual werden (81), mehr noch ist dies natürlich beim Auspacken der Fall. Vielleicht hängt das damit zusammen, dass dieser Teil des Abends als eigentlicher Höhepunkt erfahren wird und entsprechend lange ausgekostet werden will. Es steckt sicher auch der Wunsch dahinter, dass man durch das gemeinsame Betrachten (und Kommentieren) der ausgepackten Geschenke diese in ihrem Wert auch wahrnimmt. Auch die Kinder haben hier oftmals eine besondere Rolle: „Wir schlagen vor, Kinder die Geschenke austeilen zu lassen, sie unter Anteilnahme aller einzelnen auspacken zu lassen und die Freude deutlich zu zeigen. Kinder ahmen nach und übernehmen diese Haltung. Das scheint uns wichtig, denn im allgemeinen Getümmel geht oft die Freude und der Dank des Einzelnen unter."[38]

> Dann werden die Geschenke ausgeteilt. Ein Kind (ausgelost) darf sie einzeln hervorholen und weitergeben. (73)

> Reihum packt ein Familienmitglied eines seiner Geschenke aus, während die anderen kommentierend zuschauen. Dann geht es so weiter. (32)

In der dritten Adventswoche wird bei uns in der Stube ein leerer Jute-
sack gelegt, wo nach und nach jeder seine eingewickelten Geschenke
hineinlegen kann, bis er am Heiligabend voll ist und mit einem gol-
denen Band zugebunden wird. Am Heiligabend wird der Sack dann
geöffnet und meist der Zweitjüngste verteilt die Geschenke an alle,
deren Namen auf den Paketchen steht. (68)

Das jüngste Mitglied beginnt mit dem Auspacken, das von allen ver-
folgt wird, dann folgt das nächstjüngste Mitglied etc. (63)

Alle Geschenke stehen in einem großen Korb bereit. Der erste entnimmt
ein (nicht für ihn bestimmtes) Geschenk und übergibt es demjenigen,
für den es bestimmt ist. Dieser packt es aus und entnimmt danach das
nächste Geschenk und übergibt es dem Empfänger usw. (58)

Ein besonderes Ritual der Schenkens gibt in Skandinavien und Norddeutschland, den so genannten Julklapp. Es handelt sich um eine Schenk-
überraschung, genauer das „Hineinwerfen der Pakete in die Weihnachtsstube, wie es Fritz Reuter (‚Ut mine Stromtid‘, Teil I, Kap. 7) und Theodor Fontane (‚Effi Briest‘) beschrieben haben".[39]

Gestört wurde die Gemütlichkeit durch meine Schwester. Plötzlich
schrie sie „Julklapp!" und warf ein Paket durchs Zimmer. […] Der
Julklapp war an meine Mutter adressiert. In dem riesigen Paket fand
sich ein kleiner Zettel, sie solle mal in den Keller gehen, dort, auf
dem Fliegenschrank, da läge was Feines für sie.
    Auf dem Fliegenschrank lag ein zweiter Zettel: „Ätsch!" Auf dem
Dachboden da gäb es was zu staunen. Mein Vater zog inzwischen die
Luft scharf durch die Nase. Ein solches Gemuschel war nicht nach
seinem Geschmack. Schließlich fand sich im Büffet ein Päckchen mit
eisernen Klammern für das Zusammenhalten von Kohlrouladen. Gerade die habe sie sich gewünscht, sagte meine Mutter, „wonnig!" „Na,
dann können wir uns ja alle wieder hinsetzen", meinte mein Vater.[40]

*Nun müssen noch die „Klockenlüders" abgewartet werden, mit ihrer Laterne und der Hellebarde, die ihre halbe Mark empfangen wollen, und jetzt stapft da draußen schon der alte Ahlers durch den Schnee, eben geht er durch das gelbe Laternenlicht. Dann kann man also gleich anfangen mit der Bescherung.* Aus großer Zeit

## 3.3. Das Gedenken und Beschenken der Armen

Neben den Geschenken für die eigenen Angehörigen und Lieben spielt auch das materielle Bedenken und geistliche Gedenken der Armen und Not Leidenden eine wichtige Rolle. Es trägt archaische Züge und weist auf Zusammenhänge, die über das Weihnachtsfest hinausreichen. Allerdings kommt hierin auch wiederum etwas sehr typisch Weihnachtliches zum Ausdruck, so dass das „Gute tun" vom Geschehen rund um dieses Fest nicht mehr wegzudenken ist und auch schon institutionalisiert wurde.

Der Gedanke, bei großen Feiern auch diejenigen nicht auszuschließen, denen es nicht gut geht, ist alt und schon biblisch belegt. Auch im alttestamentlichen Bundesmahl spielt die Spende an Arme eine wesentliche Rolle, wie es etwa aus der Beschreibung in Neh 8,9–12 erkennbar ist. Die Armen, die hier erwähnt werden, nehmen im Alten Testament in der Regel fünf verschiedene Gestalten an: Witwen, Waisen, Leviten, Sklaven, Fremde. Sie haben keinen Besitz und sind deshalb bei Festen auf einen Anteil an den Gaben anderer angewiesen (vgl. Dtn 16,9–12). Zugleich stellen sie gewissermaßen ein Abbild der Israeliten dar, die in Ägypten Sklaven gewesen waren.[1] Es sind zunächst also tief-menschliche Verhaltensweisen, die zum Teilen der Freude mit Bedürftigen an großen (Bundes-)Festen drängen: Eingedenk der eigenen Erfahrung, von Gott beschenkt worden zu sein, gibt man diese Freude als Anteil am Fest weiter, wie es auch die Tobit-Erzählung zum Ausdruck bringt (Tob 2,1–3). Der Volksmund bringt es auf die Formel: Geteilte Freude ist doppelte Freude.

Die Erinnerung an diese Zusammenhänge von Fest(mahl) und Bedenken der Armen blieb über die Antike und das Mittelalter hinaus bis in unsere Zeit gewahrt: Bei verschiedenen Mahlformen besonderer Gruppen, aber auch von Familien und einzelnen, wird der Gedanke an die Armen zum Ausdruck gebracht und auch die konkrete Zuwendung praktiziert.[2]

Besonders an Weihnachten hat sich bei uns etwas von diesen alten Zusammenhängen bewahrt. Das bei Nehemia (Neh 8,9–12) geschilderte
Bundesmahl hat auffällige Ähnlichkeiten mit dem Weihnachtsfest, wie auch
schon Bo Reicke feststellte: „In der Tat haben sich die Juden in Jerusalem
bei dieser Gelegenheit ungefähr so benommen, wie man heute im familiären Kreis Weihnachten feiert."[3] Ohne Abhängigkeiten konstruieren zu
wollen, nennt er übereinstimmende Züge: die reichlichen Speisen, die gehobene Stimmung, die freundlichen Gaben und vor allem das spezifische
Interesse daran, dass niemand an diesem feierlichen und fast überall als
heilig gehaltenen Tag hungrig bleiben soll.[4] Die Zusammenhänge sind
auch hier ähnlich: Aus dem Bewusstsein, beschenkt zu sein, sollte man
von diesem Geschenk weitergeben. „Kein Weihnachtsfest, ohne dass wir
durch eine Gabe an die Armen uns für das Geschenk Gottes in der heiligen Nacht dankbar erweisen."[5]

Bischof Caesarius von Arles spricht im 6. Jahrhundert dieses Werk der
Barmherzigkeit in einer Predigt an, in der er auf eine angemessene Vorbereitung auf das Weihnachtsfest eingeht: „Frommt es auch, jederzeit Almosen zu geben, so sollen wir doch vornehmlich an den heiligen Festen nach
Kräften reichlicher austeilen. Vor allen Dingen sollen wir die Armen häufiger zu Tisch laden. Denn es wäre nicht recht, dass an einem heiligen Fest
im christlichen Volk, das einem Herrn angehört, die einen sich berauschen, die anderen von Hungersnot gequält werden. […] Warum sollte
der Arme nicht mit dir speisen, der mit dir die Herrschaft empfangen
wird? […] Warum sollte er unwürdig sein, wenigstens die Überreste von
deinem Essen zu bekommen, der mit dir zum Gastmahl der Engel gelangen wird?"[6]

### 3.3.1. Heischegänge

Die „Überreste des Essens", wie es Caesarius nennt, wurden an besonderen Festtagen nicht selten von den Kindern und Armen erbettelt, besser
gesagt – geheischt: Gegen das Singen eines Liedes an den Türen der Häuser wurde den Bittenden etwas vom guten Essen (später auch andere Ga

ben) mitgegeben. Besonders am Martinstag[7] hat sich dieser Brauch bis in die Neuzeit hinein erhalten und lebt sogar bis heute unter veränderten Vorzeichen fort. Doch auch an Weihnachten gab es den Brauch des Singens und Heischens.

> Nachdem wir gespeist hatten, begaben wir uns eiligst hinaus auf die Dorfstraße, um – einer alten Tradition folgend – Nachbarn und Bewohner im näheren Umkreis durch Singen von Weihnachtsliedern aufzuheitern. […] Alles in allem bedeutete das Singen am Heiligen Abend für uns Schlingel neben dem Besuch der Christmette stets eines der schönsten und eindrucksvollsten Festerlebnisse. Wir bekamen Früchte, marmeladegefüllte Kuchen und Krapfen, Schokolade, Süßigkeiten und eigens fürs Fest bereitete Gebäckstücklein als Belohnung für unsere gesanglichen Darbietungen geschenkt.[8]

> Manchmal waren wir noch nicht mit dem Essen fertig, als vor dem Fenster Stimmen laut wurden: Die Ärmsten des Dorfes gingen von Haus zu Haus und sangen, um vom Gebackenen auch etwas abzubekommen.[9]

> Vom frühen Morgen an kommen Scharen von Kindern, die von Haus zu Haus ziehen und im Flur ihre hellen Kinderstimmen ertönen lassen: „Vom Himmel hoch da komm' ich her". Ein großer Korb mit Wasserkringeln steht schon bereit, mit denen die kleinen Sänger belohnt werden.[10]

Die Winterzeit mit ihren Schlachtterminen bot früher auch den weniger Vermögenden die Möglichkeit, an den Genüssen der Wohlhabenden teilzuhaben. Diese Zusammenhänge verlieren sich in den vergangenen zwei Jahrhunderten immer stärker, weshalb auch dieser Brauch in seinen Grundzügen kaum noch vorhanden bzw. erkennbar ist. – Im Zusammenhang des Weihnachtsfestes gibt es verschiedene Formen des Heischens. Abgesehen vom Dreikönigssingen darf man an das „Quempas–Singen" denken, einen überwiegend evangelischen Brauch, vor den Häusern das „Quem pastores laudavere" oder andere Lieder („Grates nunc omnes") zu singen.[11] Ebenfalls mit dem Weihnachtsfest zusammen hängt das so genannte Telkornsingen, ein Herumziehen von Sängern in der Weihnachtszeit, die Gaben erwarten; die Bedeutung dieses Wortes ist nicht bekannt. Vorhandene Belege dieses Brauches beziehen sich auf Österreich und Bayern.[12] In Westfalen war es üblich, am Stephanstag (26.12.) Würste zu heischen, die gemeinsam verzehrt wurden.[13]

Auch in anderen Ländern hat sich dieser Brauch entwickelt bzw. erhalten, wie ein heutiger Bericht aus Griechenland zeigt:

> Am 24. machen die Kinder Heischegänge, mit einer Triangel bewaffnet ziehen sie in kleinen Gruppen von Haus zu Haus und singen Weihnachtslieder („Kalanda"), die die Geburt Christi und alle guten Wün-

sche zum Thema haben. Sie bekommen typisch griechisches Weihnachtsgebäck (Melomakarona) und Geld. Diese Heischegänge gibt es dann
nochmals am 31.12. mit den Wünschen zum neuen Jahr. (9)

### 3.3.2. Bescherung der Armen

An Weihnachten war und ist es üblich, die bedürftigen (und alten) Menschen insofern an der Freude teilnehmen zu lassen, als man sie von sich
aus beschenkte. Das kann auch die Form annehmen, dass dieser Personen-
kreis zu einer besonderen gemeindlichen Feier eingeladen wird, die z. B.
aus Gottesdienst und anschließender Kaffeetafel besteht, bei der die Alten
und Armen beschenkt werden.[14] Sitte war und ist es teilweise auch noch,
„vor der Feier zuhause im Dorf jemand Armen [zu] beschenken (mit einem Geschenkkorb) ohne Namen – als Nächstenliebe – teilen". (73)

> Den ganzen Mittag trugen wir bis abends Weihnachtsgeschenke aus.
> Eine Rentnerfamilie bekam z. B. für den Vater ein Paar Socken und
> ein Oberhemd, die Mutter eine Schürze und einen Schal und die
> Tochter ein paar Meter Kleiderstoff; eine Bierflasche Rotwein und
> Weihnachtsgebäck waren auch dabei. Eine kinderreiche Familie wur-
> de mit Spielzeug und notwendigen Kleidungsstücken beschenkt. Mit
> roten Nasenspitzen und etwas durchgefroren kamen wir glückselig
> nach Hause in die warme Stube.[15]

> Am Heiligen Abend packte mir Mutter einen Korb voll guter Sachen
> zusammen, den ich zu einer armen Familie bringen durfte. Ein ande-
> res Mal gingen wir – zwei Mädchen und zwei Schwestern – in das
> benachbarte Altersheim, um den alten Leuten Weihnachten feierlich
> zu gestalten. Wir sagten unser Gedicht auf, es wurde gesungen, die
> alten Leutchen bekamen ihre Geschenke und freuten sich, indem sie
> uns streicheln durften. Ihre eigenen Kinder waren ihnen schon längst
> verloren gegangen. Nach Kaffee und Kuchen ging es heimwärts im
> hohen Schnee bei Mondenschein.[16]

> Bevor der Aufbau [= des Weihnachtsbaumes] bei uns begann, hatte
> die Mutter die Schwestern zu Armen begleitet oder sie zu ihnen füh-
> ren lassen, um ihnen in großen Körben allerlei nützliche und den
> Kindern erfreuliche Dinge zu überbringen. Auch uns Knaben hielt
> sie an, von dem Unsern mitzuteilen, und die vielen Almosen, die sie
> spendete, ließ sie gern durch uns den Bedürftigen geben.[17]

Es war vor allem ein Anliegen Wicherns und der Inneren Mission, die
Armen zu versorgen – materiell wie geistlich. Die Transformierung des

allgemeinen Liebesbegriffes in die konkrete Hilfe, Mitmenschlichkeit und Solidarität gehörte zum Programm der Inneren Mission.[18]

Dies galt besonders für die Weihnachtszeit. Entweder wurden arme Kinder in die Häuser eingeladen und beschert, oder aber man besuchte die Armen und bescherte sie in deren Häusern.

> Der Berichterstatter … hat von 15 solchen verschiedenen Stellen, die unserem Vereine angehören, erzählen hören, wo an diesem letzten Weihnachtsfeste zusammen 320 Kindern und 144 Familien in verschiedener Weise eine Weihnachtsfreude bereitet worden ist. Wie manches Kind und wie manche Arme und Betrübte hat da zugleich Trost und Frieden empfangen und so aufs neue lebendig erfahren, dass er als ein Glied in der noch lebendigen Gemeinde Christi geachtet und geliebt wird! Und wie selig hat das manchen gemacht! Als in jenem Hause am Weihnachtsabend die Kinder des Hauses die Weihnachtsbäume für eine Reihe armer Familien und Kinder aufgeziert hatten und mit den in den Familienkreis herübergenommenen Armen das Festtagsevangelium gelesen und ein Christlied gesungen wurde, erhob sich unter den Armen in tiefer Bewegung des Herzens ein 80jähriger Greis, streckte in seliger Freude segnend die Hände aus und erflehte in rührender Einfalt über das Haus den Segen und die Gnade des Herrn Jesu Christi. Möge er ein Bild des Segens sein, den bei diesen Christfeiern zu Ehren Christi viele der Beschenkenden und Beschenkten empfangen haben.[19]

In seiner Erzählung „August Hobelmann" gibt Wichern einen Eindruck solcher Feiern:

> Darauf kam am ersten Weihnachtstage alles auf der großen Landdiele des Schulhauses zusammen, die Dorfkinder, die Eltern und auch die Gutsherrschaft, soviel das Haus nur fassen konnte. Der Kronleuchter prangte mit seinen Adventslichtern, unter demselben waren Bänke für die Armen aufgestellt. Einige Dorfbewohner holten dieselben regelmäßig auf ihren Wagen herbei, und wenn sie dann endlich angelangt waren und die Armen abgestiegen und eintraten, fing das ganze Haus mit Singen an. Vor allem hörte man wieder das schöne Lied: „O du fröhliche, o du selige".
>
> Da kam manchem Dorfbewohner eine Träne in die Augen, und mancher konnte oft gar nicht mitsingen, so bewegte ihn das. Die Armen wussten sich in dem Augenblicke so reich, die Reichen aber wurden wie die Armen, die Väter und Mütter wurden wie die Kinder. Das war Weihnachten, wo alle merkten, dass Gottes Sohn ist geworden wie unsereins und hat uns dadurch selig und wahrhaftig zu Gottes Kindern und Brüdern untereinander gemacht. Wenn nun al-

les wieder ruhig geworden und die Armen sich bequem gesetzt hatten, dann stellte sich der Prediger, der aus der Stadt mitgekommen war, mitten unter sie. Zuerst las er aus dem Evangelium Lukas, Kap. 1 u. 2, worin so herrliche Weihnachtsgeschichten stehen, und danach sprach er mit den Armen, als wenn er selbst ein Armer wäre. […] Nach diesem Weihnachtsgespräch fing das ganze Haus wieder mit Singen an, und währenddessen brachten der Schullehrer und seine Frau die glücklichen Dorfkinder herzu, die für jeden Armen auf einem Weihnachtstisch mit einem Weihnachtsbaum einfache Geschenke aufschmückten, Brot, Kleidungsstücke, kleine Bücher, Bilder und so etwas. Wenn sie dann fertig waren, gingen die meisten weg, aber der Herr von Adlerhorst samt seiner Frau blieb mit einigen Dorfbewohnern und dem Prediger beim Schulmeister, und die Armen blieben auch. Ein Tisch wurde gedeckt, und alle setzten sich um denselben und aßen und tranken und waren fröhlich. Was sie da aßen, das schickte die gütige Frau vom Schloss; den Rest packte man dann auf die Wagen und schaffte ihn in die Stadt mit den Armen, damit dieselben davon ihren Angehörigen mitteilen könnten.

August Hobelmann hat das Weihnachten dort nur zweimal mitgefeiert, aber er feiert jetzt noch jedesmal, sooft der Heiligabend kommt, im Geiste wieder und hat in späteren Jahren es an keinem Weihnachtstage unterlassen, wenigstens ein armes Kind zu erfreuen …[20]

Auch Vereine, z. B. der Vinzenz- oder der Elisabeth-Verein, baten in den Wochen vor Weihnachten u. a. mittels Anzeigen in den Zeitungen um Spenden und Gaben für die Armen zu Weihnachten.[21] Diese Idee, Arme, Kranke und Waisenkinder zu beschenken, lebt in gewisser Weise fort im Adveniatopfer, in „Brot für die Welt" und caritativen adventlichen („weihnachtlichen") Aktionen, die von verschiedensten Institutionen, auch von Popstars[22] bzw. ihren Plattenfirmen und Medien, veranstaltet werden,[23] aber auch in Formen, für Nicht-Sesshafte und Alleinstehende den Heiligen Abend zu gestalten.[24] Eine Bescherung der Armen kann und konnte aber auch im Haus selbst stattfinden.

Vor dem ersten Weltkrieg hat unsere Mutter auch immer bei uns zu Hause noch eine Weihnachtsbescherung für besonders arme und in Not befindliche Menschen gehalten. Die Löhne waren damals meistens noch sehr niedrig und Geschenke oft wirklich notwendig. Wir Kinder machten bei dieser Bescherung Krippenspiele und stellten lebende Bilder. Die älteren von uns sagten die Weihnachtsgeschichte auf. Die Freude, die wir damit bereiteten, machte uns fröhlich und ausgelassen. Meine Mutter aber traf immer den richtigen Ton, wenn sie sich mit allen, die zur Feier gekommen waren, ausführlich unterhielt.[25]

Geradezu eine Art von Institutionalisierung im Bürgertum beschreibt Thomas Mann in seinen „Buddenbrooks", wo die „Hausarmen" an Heiligabend gewissermaßen zum weihnachtlichen Inventar gehören; sie belegen „die Gültigkeit der christlichen Weltordnung, nach der Wohltätigkeit die Tugend der Reichen ist".[26]

> … den Heiligen Abend hielt die Konsulin fest im Besitz, und zwar für die ganze Familie […] In der Tat, das weihevolle Programm, das der verstorbene Konsul für die Feierlichkeit festgesetzt hatte, musste aufrechterhalten werden, und das Gefühl ihrer Verantwortung für den würdigen Ablauf des Abends, der von der Stimmung einer tiefen, ernsten und inbrünstigen Fröhlichkeit erfüllt sein musste, trieb sie rastlos hin und her – von der Säulenhalle, wo schon die Marien-Chorknaben sich versammelten, in den Esssaal […] hinaus auf den Korridor, wo scheu und verlegen einige alte Leutchen umherstanden, Hausarme, die ebenfalls an der Bescherung teilnehmen sollten…"[27]

Der Zusammenhang zwischen Weihnachten und Armenspende tritt besonders deutlich zutage in dem ersten Motiv einer „Weihnachtskarte" aus dem Jahr 1843: Es zeigt eine fröhliche Familie, die dem Beschauer zuprostet. In zwei Nebenmotiven war die Speisung eines Armen und die Bekleidung eines Frierenden dargestellt.[28]

Selbst in einer Zusendung zur Umfrage, aus der eine durchgängige Ablehnung aller weihnachtlichen Bräuche spricht, blieb zumindest das Element des Armengedächtnisses noch bestehen: „Geschenke abgeschafft, auch per Post. An Bedürftige aus dem Bekanntenkreis werden vorher Geldbeträge zugeschickt." Und zum Essen heißt es: „Ente nach bestimmtem Rezept für eine sehr alte Dame, gehbehindert, der ich die Taxifahrt zu mir bezahle." (12) Das Einladen eines Armen zum Mahl ist ebenfalls eine typische Form dieses weihnachtlichen Tuns; es wird in *Kapitel 3.4.4.* besonders behandelt.

### 3.3.3. Gedenken und Fürbitten

Neben das materielle Beschenken der Armen tritt auch das geistliche Gedenken im Gebet; es wird damit Bestandteil nicht nur des Weihnachtsrituals sondern auch der häuslichen „Liturgie" am Heiligen Abend. In den Fürbitten an diesem Abend, wie sie von manchen Hilfen angeboten werden, tauchen nicht nur die verschiedenen „Bedürftigen" auf, auch der „Benachteiligten", die an diesem Abend Dienst tun müssen, wird gedacht:

- Wir denken an die Menschen, die heute traurig sind. Mach ihr Herz froh durch den Glanz dieser Heiligen Nacht.
- Wir denken an alle, die einsam, krank, hungrig, heimatlos, verzweifelt sind: Lass sie Menschen finden, die ihnen helfen.
- Wir denken an alle, die in dieser festlichen Nacht arbeiten müssen, damit andere leben und feiern können. Lass sie in den Menschen, die ihnen begegnen, Christus erkennen.
- Wir denken an Angehörige und Freunde, die heute nicht bei uns sind und die wir vermissen. Schließ uns alle ein in deine Liebe und Menschenfreundlichkeit.[29]

> Das Lukas-Evangelium … wird gelesen … und der Alten und Kranken wird gedacht,. Wobei dem Vater die Tränen kommen, die Familientränen, so daß die Andacht einen Aufschub erfährt, was nicht zu ändern ist.[30]

Herbert Rauchenecker hat auf den wichtigen Einfluss der in Amerika so genannten „Carol Philosophy" hingewiesen: „Seit der berühmten Weihnachtsgeschichte von Charles Dickens (1843) ‚A Christmas Carol', in der ein schlimmer Vorgesetzter an Weihnachten sein gutes Herz wiederfindet, wurden noch mehr Geschichten dieser Art geschrieben. Weihnachten wird zum Tag gegen Selbstsucht und für Mitmenschlichkeit […] Die Amerikaner haben Weihnachten um einige Elemente ‚bereichert', so mit dem ‚ugly duckling'-Thema, die Sache mit dem hässlichen Entlein. Weihnachten wird also auch zu dem Tag, wo Benachteiligte und Verspottete wichtig sein dürfen." Ein typisches Beispiel dafür sei die 1939 entstandene Geschichte um Rudolph, das verspottete rotnasige Rentier.[31]

### 3.3.4. Beschenken der Tiere und Pflanzen

Auf einer ähnlichen Linie – wenngleich auch andere, abergläubische Motive mit hineinspielen dürften[32] – liegt das Beschenken der Tiere am Heiligen Abend (als einer der drei Rauhnächte, an denen dem Vieh eine „Maulgabe" gegeben wurde[33]), wovon immer wieder berichtet wird:

> Vater ging in den Stall, fütterte jedes einzelne Tier mit einem Mohnklößchen und gab jedem auch einen Arm voll Heu. Die Tiere sollten auch teilhaben am Fest des Herrn.[34]

> Es musste am Heiligen Abend so viel Essen aufgetragen werden, dass jeder satt wurde und ein Rest blieb. Diesen Rest vom Tisch brachte die Mutter am anderen Morgen dem Federvieh. Sie streute ihn in einem großen geschlossenen Kreis und ließ Enten, Hühner und Gänse

davon fressen. Der Kreis sollte aussagen: Wir gehören zu einer Gemeinschaft.[35]

Mein Großvater stammte vom Bauernhof in Mecklenburg und hatte hier in Hamburg noch einige verschiedene Haus- und Schlachttiere. So ging er auch bis 1965 spät Heiligabend durchs Haus und in die Stallung, um den Tieren alles Gute zu wünschen und gab ihnen ein paar Kekse aus seiner Hosentasche. Ich habe zwar kein Vieh mehr, pflege aber trotzdem diesen Brauch weiter und lege am späten Heiligabend bei meiner Runde durchs Haus den Vögeln im Garten ein paar Kekse hin. (68)

Den Tieren, die auf gewisse Weise – wenn auch auf unterster Stufe – mit zur Familie gezählt wurden, gab man so Anteil am Fest.[36]

„Auch das Kätzchen, mit einer Schleife geschmückt, nahm an unserer Freude teil. Es erhielt ein Wiener Würstchen und fraß es unterm Tannenbaume auf."[37]

Dieser Brauch, Tieren durch das Fressen Anteil an der weihnachtlichen Freude zu geben, lebt in gewisser Weise fort in den Fest-Angeboten der Katzennahrung („Sheba-Weihnachten mit Gans"). – Auch das Bescheren der Kuscheltiere (u. U. sogar mit eigenem Baum) spielt hier mit hinein.[38]

Sogar auf die pflanzliche Welt erstreckt sich die Einbeziehung in die weihnachtliche Gemeinschaft am Heiligen Abend. In einer Erinnerung aus dem Sudetenland wird geschildert, wie man Äpfel und Nussschalen um die Bäume gelegt und ein Sprüchlein gesagt habe: „Habt ihr was von unsrer Speise, nächstes Jahr tut eure Weise."[39]

*An der Küche roch es trotz Heiligabend tatsächlich wieder nach Sauerkraut. Naja, der Vierundzwanzigste, das war ja auch kein Feiertag, da hatte es zu Hause ja auch bloß Suppe gegeben.* Aber am Fünfund-*zwanzigsten, da würde sich der Russe vermutlich nicht lumpen lassen. Vielleicht Salzkartoffeln, schön mehlig und weißlich zerfallen?*

*„Es würde ja schon genügen, wenn sie 'ne Handvoll Graupen in die Suppe täten. Damit wär man ja schon zufrieden."*

*Sie brächen sich keinen ab, wenn sie's täten. Ob sie's wohl täten?*

Ein Kapitel für sich

## 3.4. Essen und Trinken

Wie kaum ein anderes Feierelement ist das Essen an diesem Tag bestimmt von den beiden Polen Festvorbereitung und Festfeier. Einerseits war der 24. Dezember Jahrhunderte lang durch Fasten und Abstinenz geprägt, andererseits kam an ihm – vor allem am (späteren) Abend – das Festliche auch im Essen und Trinken zum Ausdruck. Diese strenge Scheidung gibt es heute nicht mehr, gleichwohl hat sich in den Brauchformen manches davon bewahrt. So kann über das Essen und das Mahlhalten auch etwas vom Inhalt des Tages vermittelt werden.

### 3.4.1. Das Fasten am 24. Dezember

Der 24. Dezember war seit dem Hochmittelalter wie andere Vigiltage auch ein Fasten- und Abstinenztag; dies bedeutete neben der nur einmaligen Sättigung auch ein Verbot der Fleischspeisen.[1]

> Früher kannte man hier keinen Heiligen Abend, nur eine Heilige Nacht. Der arbeitsreiche Tag vor dem Fest war ja mit Vorbereitungen ausgefüllt. Besondere Speise oder gar ein Festmahl gab es nicht; denn es war ja ein fleischloser Vigiltag.[2]

> Das Mittagsmahl am Heiligen Abend wurde nicht in der Stube eingenommen, sondern in der Küche, wo man das Nudelbrett als Tisch eignete und sich um dasselbe setzte und das einfache Fastengericht still, aber mit gehobener Stimmung verzehrte.[3]

Die Regelung galt bis in die Mitte des 20. Jahrhunderts hinein und wurde auch so praktiziert: „Nach alter Gewohnheit wollen wir an diesem Tage das Fastengebot halten. Vom Mittag verlegen wir die Hauptmahlzeit auf den Heiligen Abend. Untertags essen wir nichts."[4] Teilweise wurde das Fasten gehalten bis nach der Mette, dann erst kamen die guten Speisen auf den Tisch. Noch 1938 wurde der Antrag auf Aufhebung der Abstinenz und des Fastens in der Weihnachtsvigil von Mittag an (nach dem Vorbild des Karsamstag) zurückgewiesen mit der Begründung, dass das strenge Fastengebot des Can. 1252 § 2 zu dem Zwecke gegeben worden sei, „damit die Gläubigen sich richtig für eine fromme und heilige Feier des Menschwerdungsgeheimnisses vorbereiten". Da die Weihnachtsfeier aber erst mit Beendigung dieser Vigil bzw. um Mitternacht beginne (hingegen das Fest der Auferstehung damals bereits am Karsamstagmorgen gefeiert werde), sei der Brauch, das Fasten schon um Mittag aufzuheben, ein Missbrauch.[5] 1959 gestattete Papst Johannes XXIII. auf Bitten zahlreicher Bischöfe aus vielen Nationen, dass die Verpflichtung zum Enthalts- und Abbruchsfasten (Fasten nur bis 11 Uhr vormittags) für alle Gläubigen des katholischen Erdkreises vom 24. auf den 23.12. vorverlegt werden kann (bzw. auf den 22., wenn der 23. ein Sonntag war). Nicht alle Bischofskonferenzen nahmen jedoch diese Möglichkeit wahr.[6]

> Bei uns gab es eine Leberknödelsuppe, Bratl, Krautsalat, nachher Tee, Mohnstrudel und Gugelhupf. Alles schmeckte sehr gut. Diese köstlichen Sachen gab es nur viermal im Jahr: zu Ostern, Pfingsten, Weihnachten und Neujahr. Außerdem war die Mutter eine vorzügliche Köchin. Der Heilige Abend war bis Mitternacht ein Fasttag.[7]

In den Beschreibungen des Heiligen Abends aus der Zeit vom Ende des 19. und Beginn des 20. Jahrhunderts (Sauermann; Löcher) klingt die Härte dieser Fastenpraxis durchaus noch an. Diese war um so mehr zu spüren, als der 24. Dezember in der Regel ein voller Arbeitstag war. Allerdings war das Fasten eine durchaus gebräuchliche und geübte Form der Frömmigkeit (regelmäßig an den Freitagen und in der Fastenzeit), die von daher nicht hinterfragt wurde, auch wenn sie schwer fiel. Selbst die Kinder hatten sich, vor allem, wenn sie schon älter waren, teilweise diesen Gepflogenheiten in den Familien zu unterwerfen.

> In meiner Kindheit haben die Kinder Ausschau nach der ersten Stern gehalten – dann „durfte" man mit dem Essen anfangen. (84)

Auf der anderen Seite stellte das Fasten und die Abstinenz eine Form der Vorbereitung auf das eigentliche Fest dar, das dieses noch größer und schöner erscheinen ließ. Das klingt auch noch in einem heutigen Bericht vom Erleben des Weihnachtsfestes in Griechenland an:

> Am 24. wird gefastet. Am … nächsten Tag … in möglichst großer Runde Mittagessen mit allen Registern. Die Stimmung ist eigentlich wie bei einem großen Geburtstag, man ist mit Freunden zusammen, isst und trinkt und freut sich, dass die Fastenzeit endlich vorbei ist. Ich glaube, das ist das psychologisch Intensivste, die Fastenzeit ist vorbei, es gab eine prächtige lange Liturgie und man isst gemeinsam und ausgedehnt. (9)

Allerdings muss man auch einräumen, dass das Fasten am 24.12. und die Vorfreude auf das reichliche Essen im Anschluss an den nächtlichen Gottesdienst auch das Geistige dieses Tag beträchtlich beeinflussen kann.

Vergnüglich beschrieben hat dies Alphonse Daudet in der Geschichte „Die drei stillen Messen" seines Buches „Briefe aus meiner Mühle": So lebendig stehen dem Schlosskaplan die Bilder von gebratenen Puten, Goldkarpfen, Forellen und dergleichen weiterer Köstlichkeiten schon vor Augen, dass er seine drei Weihnachtsmessen hintereinander in zunehmender Hast herunterhaspelt, angetrieben vom Glöckchen seines Ministranten (hinter dem sich in Wahrheit der Teufel verbirgt), „das sich zu Füßen des Altars mit höllischer Hast rührt und immerfort zu sagen scheint: ‚Schneller, schneller! … Je eher wir fertig sind, desto eher sind wir bei Tisch.'" – Beim anschließenden Festschmaus isst der Kaplan dann so viel, dass er noch in derselben Nacht einem Schlaganfall erliegt …

Mit der Apostolischen Konstitution „Paenitemini" von 1966 ordnete Papst Paul VI. die Buß- und Fastenordnung neu; damit entfiel endgültig das Fasten- und Abstinenzgebot für den 24. Dezember als Vigiltag von Weihnachten. Die Erinnerung an diese prägenden Eindrücke blieb jedoch auch nach der Änderung im Anschluss an das II. Vatikanische Konzil erhalten; hie und da wurde und wird noch freiwillig – „traditionell" – gefastet. Auch weisen manche Speisen und Mahlbräuche bis heute darauf hin.

> Ich komme aus dem katholischen Münsterland, daher essen wir am 24. sehr frugal. Erst am Abend zur Bescherung bekommt jeder einen bunten Teller mit Süßigkeiten. (17)

Das Essen fällt eher schlicht aus, einfaches Essen, belegte Brote. Vielleicht auch Erinnerung an früher, als es noch nicht so viele Delikatessen gab. (51)

So rührt möglicherweise der Fisch, den es in unterschiedlichster Form am Abend dieses Tages in vielen Häusern gibt, noch von daher.[8] Auch die Zusammenstellung „Karpfen und ein Bockbier" (43) weist auf alte Fastenzeit-Bräuche. Der Fisch hat eine doppelte Bedeutung: Er ist traditionelle Speise an Vigiltagen, gleichzeitig aber auch eine Auszeichnung des Tages.

In ihren Untersuchungen zu den Nahrungsgewohnheiten des Magdalenenhospitals zu Münster im 16./17. Jahrhundert beschreibt Barbara Krug-Richter auch die Vigiltage: „Der Fisch, wenngleich beschränkt auf die üblicherweise auch freitags verzehrten Sorten, bildete auch die festliche Speise eines Fasttages …". – „Charakteristisch für die Speisenfolge eines Hochfestes waren zum einen die üppigeren Fastenspeisen an den Vigilien, zu denen grundsätzlich Fisch, am Weihnachtsabend sogar zwei Fische, in der Mittagsmahlzeit, zählten."[9]

### 3.4.2. „Ohne Würstchen ist kein richtiges Weihnachten"

Das Festhalten an Bräuchen, obwohl sich der ihnen zu Grunde liegende Sinn verschoben hat, ist ein interessantes Phänomen. Bei seiner Untersuchung von Mahlgebräuchen am Weihnachtsfest konnte Richard Wolfram feststellen: „Bei brauchtümlich besonders wichtigen Mahlzeiten pflegen sich Gerichte aus dem ganz alten Speisezettel zu erhalten."[10]

So sind auch die berühmten „Würstchen mit Kartoffelsalat" ein Essen, das in seiner Einfachheit den alten Vorbereitungstag widerspiegelt, obgleich der 24.12. heute fast

*Abb. 13: Gehören für viele zum Heiligabend wie der Christbaum: Würstchen mit Kartoffelsalat …*

schon zum Hauptfeiertag geworden ist. Möglicherweise haben sie ihren
Ursprung in der „Mettensau", der früheren Fleischspeise nach dem Besuch
der Mette. In den Berichten über die heutigen Feiern des Heiligen Abends
tauchen immer wieder diese Würstchen in unterschiedlichen Variationen
auf „Wienerle, Feldsalat und Brot" (4); „Würstchen (Weißwurst) mit Kartoffelsalat resp. Pommes frites" (6); „Wienerle (Frankfurter Würstchen) und
‚Flüchtlingssalat' (Kartoffelsalat mit den verschiedensten Zutaten wie z. B.
Kartoffel, Speck, Fisch, Kapern, Gurken usw. mit der Argumentation, da die
Hl. Familie auf der Flucht war, habe man alle Lebensmittel, die noch da
waren, zu einem Salat verarbeitet)" (21). Fast möchte man meinen, Würstchen zählen zu den wesentlichen Requisiten dieses Tages.[11]

> Als mein Mann und ich vor der Entscheidung standen, unser erstes
> gemeinsames Weihnachtsfest zu feiern, da kamen wir auf's Essen zu
> sprechen. Wie aus einem Munde sagten wir damals, ohne Bratwürste
> und Kraut ist es kein richtiges Weihnachten. Nachdem wir festgestellt
> hatten, dass es bei unseren beiden Familien das gleiche Essen gab, war
> es kein Problem mehr für uns, gemeinsam Weihnachten zu feiern. (19)

So konnte auch Utz Jeggle bitterböse zur typischen deutschen Weihnacht
schreiben, dass sie „mit Blockflöte und Saitenwürsten" gefeiert wird…[12] Aber
auch andere einfache Gerichte werden angeboten: Fondue, kalte Platte, Auf-
lauf, Toast u. a. Begründet wird das nicht selten damit, es soll nicht zu viel
Arbeit in der Vorbereitung machen. Außerdem schimmert vielleicht noch
immer das Bewusstsein durch, dass erst der 25. der eigentliche Festtag ist.

> Es gibt meist etwas Leckeres, das entweder fertiggekauft werden kann
> (z. B. eine Fischplatte zur Vorspeise) oder aber gut vorzubereiten ist
> (etwa ein Auflauf), damit ich nicht den Heiligen Abend in der Küche
> verbringen muss. (16)

> Unser Essen ist bewusst einfach, z. B. Toast Hawai oder Pizza, was
> nicht soviel Arbeit macht. Unser Akzent liegt auf dem 1. Weihnachts-
> feiertag und nicht auf dem Heilig-Abend-Essen. (27)

Aber auch andere Gründe spielen eine Rolle:

> Als Speisen [gibt es] oft etwas mit kommunikativem Charakter (Fon-
> due, Raclette) und wenig direkter Vorbereitung. Zuhause war [es]
> vor der Fondue-Mode üblich, Kartoffelsalat und panierte Schnitzel
> [zu servieren]. Irgendwann wurde das als zu profan empfunden und
> musste aufgedonnert werden. (8)

Ein solches „Essen aus einer Schüssel" ist interessanterweise ein gerade für hohe Feste lang belegter Brauch, hinter dem weniger der Gedanke der Konsumation als vielmehr der Kommunikation zum Ausdruck kam. Im Fondue oder auch Raclette erlebte dieser Brauch seit den 60er Jahren des 20. Jahrhunderts gewissermaßen eine Wiedergeburt.[13] Es sind zudem Gerichte, die die Möglichkeit bieten, „gleichzeitig zu essen und die Geschenke auszupacken". (13) Außerdem ist „die Zeit knapp" (54) und man womöglich noch vom Weihnachtskaffee und -gebäck satt … (31).

> Wir Eltern waren immer für Würstchen mit Kartoffelsalat. Unsere Töchter wollen Raclette essen. […] Wenn sie aus dem Haus sein sollten, [gibt es] wieder Würstchen und Kartoffelsalat." (91)

### 3.4.3. Zwischen einfach und festlich

Die Prägung des 24. Dezember durch die einfachen Speisen einerseits und durch die Situation des beginnenden Festes andererseits prägt auch die Mahlgestaltung. Symptomatisch für diese zwiespältige Einschätzung sind folgende Antworten auf die Art des Essens: „Einfach, aber mit Kerzen auf dem Tisch (eigentlich auch so wie jeden Sonntag)". (42) „einfach aber festlich gedeckt". (82) „Es gibt immer Salm oder Lachs mit Toast, besonderen Wein, der Tisch ist außergewöhnlich gedeckt." (40) Ein Festessen am 24.12. stellt gegenüber früher eine gravierende Änderung dar.

> Essen festlich, bei Kerzenlicht, Vorspeise: Ragout fin, Hauptgericht: Scampi mit Cocktailsoße und Salat, Nachspeise: Variationen vom Eis, Früchten und Mousse (diese Speisen werden von allen Familienmitgliedern hoch geschätzt und stellen auch wieder einen Bruch mit der großelterlichen Gepflogenheit dar. Dort gab es Bratwurst mit Sauerkraut bzw. Karpfen, also von den Kindern besonders verabscheute Gerichte).

Vielfach beginnt der „eigentliche" Heilige Abend nach dem Ritual um Baum und Geschenke. Damit hat das Fest begonnen, was sich dann eben auch im Essen niederschlägt.

> Bei uns und vielen Coburgern gibt es am Heiligen Abend zu Mittag ein einfaches Essen, traditionell ist Linseneintopf … Am Heiligen Abend selber gibt es ein festliches Abendessen mit mehreren Gängen. Fisch wäre hier zu Lande zwar auch traditionelles Abendessen, aber es gibt in einigen Familien keinen Konsens in Bezug auf Fisch. Bei uns

gibt es halt dann auch ein Festessen mit Fleischgerichten. Vor dem
Abendessen findet die Bescherung statt. (62)

### 3.4.4. Tischgestaltung

Auch die Gestaltung des Tischschmucks kann etwas über die Einschätzung dieses Tages verraten. Wo der 24. als Fasttag gehalten wurde oder der
Einstimmung auf das eigentliche Weihnachtsfest diente, gab es wohl kein
besonderes Herrichten des Raumes und Tisches.

> In meinem Elternhaus (ev. Pfarrhaus) gab es wegen der starken Inan-
> spruchnahme meines Vaters meist den klassischen Kartoffelsalat mit
> Würstchen. Traditionell wurde der im Amtszimmer gegessen, was mei-
> nen Vater zu allen sonstigen Verpflichtungen auch noch nötige, we-
> nigstens etwas die Papierstapel beiseite zu räumen, dass ein Essen mög-
> lich wurde: Es hatte immer etwas improvisiert Abenteuerliches! (63)

Ein guter Grund für eine festliche Tischgestaltung wird in einem Hausbuch genannt: „Dass wir nicht nur essen wie sonst, sondern ein Festmahl
halten wie an einem Geburtstag, zeigt der besonders schön gedeckte
Tisch."[14] Ganz im Geiste der Liturgischen Bewegung vom Anfang des 20.
Jahrhunderts beschreibt eine Autorin die „liturgische" Gestaltung des
Hauses im Jahr 1930: „Hell und rein erstrahlt unser Heim, denn Christus
will Einzug halten. Schon am Nachmittag des 24. Dezember richten wir
alles für den Heiligen Abend her. Unser weißes Tischtuch besticken wir
mit Tannengrün. Über unserem Tisch hängt der Adventskranz; während
dicke Wachskerzen, Tannenreis, Stanniolsternchen und Goldbänder unseren Tisch zieren. Zu Weihnachten nehmen wir unsere beste Tischwäsche
und unser bestes Essgeschirr."[15] Richtig ist, dass die Art und Weise des
Herrichtens eines Raumes oder des Tisches und des Essens selbst ein Spiegel der Bedeutung des Tages sein können: „A und O einer befriedigenden
und beglückenden Gestaltung des festlichen Tisches ist es, dass der Sinn
und die Würde des Tages sich auch hier offenbaren."[16]

Dazu zählt auch der vor allem in Polen und ehemaligen ostdeutschen Gebieten
geübte Brauch, auf den Tisch unter die Decke eine dünne Schicht Heu zu legen,
was das Heu der Krippe symbolisieren sollte.[17]

> Das Decken des Tisches war schon beinahe eine kleine Zeremonie.
> Mutter hatte ein weißes Tafeltuch in die Aussteuer gebracht, das nur
> zu Weihnachten und zur Kollende aufgelegt wurde. Es waren rings-

um Bilder aus der Biblischen Geschichte eingewebt. Das beste Ge-
schirr gehörte auch dazu, und es war Brauch, einen Platz mehr zu
decken, als Personen da waren; das war der Platz für ‚unseren Herrn
Christ‘ hieß es, denn Christus soll immer einen Platz in unserer Familie haben‘. Salz, Brot und eine Kerze mussten auf dem Tisch sein.
Wir setzten uns mit unseren besten Kleidern um den Tisch. Vater
betete ein längeres Gebet vor für Lebende und Verstorbene, und dann
wurde das Essen aufgetragen.[18]

Der freie Platz, der in diesem Bericht angesprochen wird, hat – außerhalb
des Weihnachtsmahls – eine alte Tradition; schon in der Antike gab es
beim Totenmahl dieses Sinnbild einer Gemeinschaft über den Tod hinaus.
Sie hat sich vor allem im christlichen Mönchtum bis auf den heutigen Tag
erhalten.[19] Darüber hinaus kann ein frei gehaltener Platz auch eine erwartete, zukünftige Gemeinschaft ausdrücken. Im Judentum gibt es den
Brauch, beim Pesachmahl auch für den Propheten Elija zu decken, dessen
Wiederkunft für diesen Abend erwartet wird (Mal 3,23; vgl. S. 167).

Im christlichen Bereich wird dieser Brauch überliefert für den Weihnachtsabend.[20] Der Grund dafür mag ebenso ein theologischer wie praktischer (gewesen) sein: Die Worte des Johannesevangeliums „Er kam in
sein Eigentum, doch die Seinen nahmen ihn nicht auf. Allen aber, die ihn
aufnahmen, gab er Macht, Kinder Gottes zu werden" (Joh 1,11f.), die am
Weihnachtstag gelesen werden, wie auch die des Lukasevangeliums aus
der Nacht „Sie wickelte ihn in Windeln und legte ihn in eine Krippe, weil
in der Herberge kein Platz für sie war" (Lk 2,7) mögen dazu geführt haben, die Bereitschaft zur Aufnahme des Herrn, in welcher Gestalt auch
immer (vgl. Mt 25,31–46), gerade an diesem Tag hoch zu halten.

Richard Wolfram beschrieb den alpenländischen Bauernbrauch des „Weihnachts-
gastes", der sich ebenfalls lange Zeit erhalten hat. Es ist eine Form der Wohltätigkeit: Der Arme, auch der Fremde (z. B. Walzbruder), wird zum Weihnachtsmahl
eingeladen. Er wird betrachtet als „Bote Gottes", der sogar Glück bringen kann;
kein Wunder, dass man sich teilweise um die Armen stritt. Andererseits kann der
„Weihnachtsgast" auch Unglück verheissen, vor allem, wenn er unvermutet während des „Heiligen Mahls" kommt [21] – Literarisch geworden ist dieser Brauch
u. a. in Nikolaj Leskovs Erzählung „Der Gast beim Bauern". – Eine parallele Erscheinung gab es auch beim familiären „Heldengedenken" während des II. Welt-
krieges: Hierbei wurde dem Bild des Abwesenden (Gefallenen) ein „Ehrenplatz"
unter dem Weihnachtsbaum eingeräumt; er nimmt dort gleicham an der Feier
teil.[22] Dahinter stecken freilich tiefmenschliche Verhaltensweisen, die auch heute
zu ähnlichem, nicht von einer Ideologie geformten Tun führen können.

Wichtig ist auch noch, dass von allen Speisen ein kleiner Rest übrig bleibt. In das Tischtuch eingeschlagen werden sie bis zum nächsten Tag weggestellt – es könnte ja noch ein hungriger Fremder oder armer Verwandter vorbeikommen … (65)

Die ebenfalls häufiger erwähnte besondere Kerze auf dem Tisch spielt in vielen Regionen eine besondere Rolle als „Mettenkerze" im Alpengebiet,[23] als „Heiligabendlicht" im Erzgebirge.[24]

### 3.4.5. Symbolik der Speisen

Das Essen selbst kann außer auf die Klassifizierung des Tages auch einen Hinweis auf den Festinhalt liefern.[25] Dazu zählt der schon angesprochene Fisch, der nicht nur als alte Fastenspeise gilt: „Die Abendmahlzeit gestalte sich in der Familie zu einem wahren liturgischen Mahl. Wo es Sitte ist, am Heiligen Abend in der Familie Fisch zu essen, möge diese wegen ihrer Sinnbildlichkeit mit Christus beibehalten und gefördert werden" heißt es in dem schon zitierten Artikel aus den 30er Jahren des 20. Jahrhunderts.[26] „Es gab vor allem bei den Deutschen in den Ostgebieten ganz bestimmte Rituale des Heilig-Abend-Essens. Sie ‚feierten' geradezu diese Mahlzeit, stellten sie in unmittelbaren Bezug zu den bevorstehenden Ereignissen der Heiligen Nacht, gestalteten sie als Auftakt zu den kommenden Feierlichkeiten."[27] Wie das ausgesehen haben mag, wird aus einem Bericht aus Lettland deutlich, der 1935/36 entstand:

Zuerst wurde Fisch serviert, der Christum bedeutet, in dessen Liebe wir verbunden sind, – dann Hafermus, – grau und bitter. Es versinnbildet das Alte Testament, auf dem der Sündenfluch ruht, – hierauf rosafarbenes Gelée aus Schneebeeren zum Zeichen, dass wir durch Christi Blut erlöst sind und durch dasselbe alle Bitterkeit versüßt wurde. Dabei wurde ein Herbergsuchelied gesungen: „Josef, geh langsam, meine Stunde naht …" Dann folgte gequollener Weizen mit Honigwasser übergossen zur Erinnerung daran, dass Adam und Eva sich von Feldfrüchten ernährt haben, – aber auch als Hinweis auf die Eucharistie, das Brot, das Süßigkeit in sich enthält. Dann folgte zerstoßener Mohn in Honig gekocht, ein Symbol des echten Christen, der auch in Leiden zermalmt werden muss, um in Christus umgestaltet zu werden, – doch die Speise schmeckt süß, wie auch das Leiden um Christi willen leicht ist. Kleingebäck, ein Zeichen der Erlösungsgnaden, schließt das Mahl.[28]

Zu solchen besonderen Mahlriten und -deutungen, die heute noch vor allem in Polen verbreitet sind, zählt auch das Brechen der Weihnachtsoblate, „das schon fast liturgischen Mahlcharakter hat".[29] Die folgende Ideal-Beschreibung dieses polnischen Rituals greift verschiedene Elemente des Mahls am Heiligen Abend auf, die bereits genannt wurden:

> Dieses Festmahl wird umrahmt von polnischen Weihnachtsliedern, heimatlichen und schauspielerischen Dichtungen. Der erste Stern am Himmel gibt am Heiligen Abend das Signal zur festlichen Mahlzeit. Nach strenger Abstinenz setzt sich die ganze Familie an den festlich gedeckten Tisch. *Ein* Platz am Weihnachtstisch bleibt immer frei, um ihn einem verspäteten Gast, einem der auf Reisen ist, oder einem Armen anbieten zu können. Auf dem Tisch brennen Kerzen, und auf einem Teller liegen die gebackenen Oblaten in rechteckiger Form mit aufgeprägten weihnachtlich-religiösen Motiven, die schon während der Adventszeit von einem Küster oder von einer Ordensschwester an die Familien verteilt wurden. Manchmal handelt es sich hier um eine Art ‚Eulogion‘, ein vom Priester gesegnetes Brot, das – wie es noch heute in der Ostkirche geschieht – nach dem Gottesdienst mit nach Hause genommen wurde. Die Oblaten weisen symbolisch auf das Abendmahl hin. Nach dem gemeinsamen Gebet nehmen die Mitglieder der Familie die Oblaten in die Hände und teilen sie untereinander. Zugleich sprechen sie sich gegenseitig die Weihnachtswünsche aus. In dieser Weise werden die Oblaten – wie jedes Brot – zum Zeichen der Einheit, der Gemeinschaft, der gegenseitigen Freundlichkeit und Liebe. Gebrochen in der Nacht, in welcher in der Brotstadt Betlehem (= Haus des Brotes) Christus geboren wurde, erinnern die Oblaten an das Brot des Lebens, das für die Christen lebensnotwendig ist. […] Das traditionelle Festmahl am Abend umfasst zwölf Gerichte aus Fischen, Pilzen, Kraut, Kartoffeln, Gemüse, Nudeln mit Mohn, Kuchen. Nüssen und eingemachtem Obst. Nach dem Abendessen versammelt sich die Familie beim Tannenbaum zum Singen der Weihnachtslieder.[30]

Dieses Festessen – ähnlich wie das weiter oben aus Lettland beschriebene – weist wie auch das im Erzgebirge und Vogtland übliche „Neunerlei" in seiner Symbolik und Reichhaltigkeit (oft auch zwölf Gänge) auf ein Essen, das im Hinblick auf den Jahreswechsel, der früher teilweise mit dem 25. Dezember verbunden war, eingenommen wurde. „Immer wieder geht es in den Tischbräuchen dieses Abends um die Zukunft, die so ungewiss vor einem liegt, die man durch Speisenproben erkunden und mit allerlei Gesten und Beschwören zum Guten lenken möchte."[31] Dazu gehören vor allem quellende Speisen, die ein Symbol für Fruchtbarkeit und Wohlstand sind, aber eben auch die Vielzahl der Gerichte.

Was in einem älteren Bericht über das Heiligabend-Essen (mit Brechen der Oblate) als gereiftes Resümee anklingt, kann auch als Abschluss dieses Abschnittes dienen:

> Für mich war das Essen am Heiligen Abend kein gewöhnliches Nachtessen. Es war eine ehrfurchtsvolle, feierliche Handlung. So erfuhren wir bereits als Kinder etwas von der Erhabenheit und Hoheit des Festes![32]

*Ich erzählte, wie es bei uns gewesen war, zu Weihnachten, daß wir einen halb angesengten Wachsengel gehabt hätten und das teleskopartige Gerät zum Auspusten der Kerzen und Mecklenburger Pfeffernüsse, einen ganzen Waschkorb voll, „Rollgriff", klare Sache und damit hopp. […]*

*Und er erzählte, wie's bei ihnen gewesen war, in Königsberg. „Königsberg, unser Paradies!" hatte seine Mutter immer gesagt. Ein Haus voller Bilder in erstklassiger Gegend.*

*Und all die alten Geschichten.*          Uns geht's ja noch gold

## 3.5. Erzählen, Vorlesen, Spielen

Mit der Geschenkübergabe bzw. dem Essen ist der Heilige Abend noch nicht abgeschlossen. Wenn die familiäre Feier schon am (späten) Nachmittag stattfindet, ist nun genügend Zeit für anderes – sofern nicht einfach der Fernseher angemacht wird. Die meisten Anregungen zur Gestaltung des Heiligen Abends zuhause raten zum Erzählen und Spielen: „Nach dem Essen bleibt Zeit zum Spielen, Reden, Vorlesen, Geschichten erzählen, Musik hören usw. Die Großeltern erzählen, wie sie früher Weihnachten gefeiert haben. Großeltern, Eltern, Verwandte und Freunde zeigen alte Fotos der Familie und rufen die Geschichte der Familie in Erinnerung."[1]

Dies hat nicht nur eine Bedeutung im Rahmen familiären Zusammenseins, vielmehr liegt das Erzählen und Spielen auch im Wesen der Feier selbst begründet. Erzählungen und Geschichten tragen zudem zur Identität des Festes wie auch der Familie bei.

### 3.5.1. Geschichten erzählen

Das Weihnachtsfest ist nicht nur Thema des Erzählens und unzähliger Geschichten, umgekehrt kann das Erzählen und können die Geschichten auch Teil des Festes sein. „Am Ende des Abends zu Hause erzählen wir uns etwas, lesen Geschichten vor und singen und musizieren."[2] Das Gespräch untereinander, das Erzählen („auch schon von früher") (81) wird nicht nur in vielen Erinnerungen an den Heiligen Abend angesprochen, es wird auch

immer wieder in den Hilfen und Modellheftchen angeregt:[3] „Besonders ein-
drucksvoll ist es … für die Kinder, wenn Eltern oder Großeltern erzählen,
wie sie Weihnachten früher erlebt und gefeiert haben. Da kann man vor
knisternder Spannung mitunter eine Stecknadel fallen hören – und die Zeit
vergeht wie im Flug."[4]

  Auch Eckhard Bieger meint in seinem Buch über das Kirchenjahr: „Die
Weihnachtszeit bietet Raum, Geschichten zu erzählen, bedingt auch durch
das frühe Dunkelwerden. Zu keinem anderen Fest gibt es so viele Ge-
schichtenbücher."[5] Obwohl Rundfunk und andere Medien, Illustrierte und
vor allem das Fernsehen dem traditionellen Erzählen und den überkommenen Erzählsituationen in den Familien eigentlich den Boden entzogen
zu haben scheinen und die zwischenmenschlichen Beziehungen erheblich
stören, ist die Lust an erzählten Geschichten anscheinend ungebrochen,
„bleibt das Bedürfnis, Geschichten zu erzählen und zu hören, in einem
gewissen Grade doch bestehen und wird in ähnlichem, wenn auch etwas
verändertem Rahmen befriedigt".[6] Das ist durchaus erstaunlich. So wird
denn auch mitunter bewusst auf die künstliche Unterhaltung verzichtet
(„Fernsehen ist tabu"). (73)

> Im Weihnachtszimmer steht in einer Ecke die große aufgebaute und
> beleuchtete Krippe, wovor wir alle Weihnachtslieder singen. Dann
> setzten wir uns vor den Weihnachtsbaum und mein Mann erzählt
> eine Geschichte. (60)

Welche Funktion haben die Geschichten und das Erzählen im Rahmen dieses Festes? Zum einen ist es natürlich wie das gemeinsame Singen und Musizieren ein Ausdruck der Gemeinschaft; allein erzählt man nichts, liest keine Geschichte vor.[7] Es ist Bestandteil einer Unterhaltung, die aus einer Zeit
stammt, in der es noch keine Unterhaltungsgeräte gab. Auch das könnte auf
das „Baumstarksche Gesetz" verweisen, das besagt, dass sich an hohen Tage
alte Formen zu bewahren pflegen (vgl. dazu *Kapitel 5.2.*). Erzählgemein-
schaften sind ferner für die Weitergabe der Überlieferung wichtig, dienen
der Anamnese des Festes[8] wie auch der Geschichte der Feiernden. Dies kommt,
wie schon dargestellt (vgl. *Kapitel 1.2.2.*), im Erzählen von früheren Weih-
nachts-Geschichten zum Ausdruck („Wisst ihr noch … ?"), die die Familientradition (oder wie Walter Kempowski sagen würde: Familien-Mythen) begründen. „Weihnachtsgeschichten verdichten Familien-Geschichte."[9]

> Am 1. Weihnachtsfeiertag, wenn die große Familie zusammen ist, werden Geschichten etc. vorgetragen. (51)

> Spätestens während des Essens werden Erinnerungen wach an unsere Großeltern und die Weihnachtsfeiern gemeinsam mit ihnen. Und dann sind alle froh und dankbar, dass es meiner Mutter wieder einmal gelungen ist, dieses Essen (fast) so hinzubekommen wie ihre Mutter. (54)

> Nach dem Essen setzen wir uns zusammen, trinken einen Wein, wünschen uns „Frohe Weihnachten" und erzählen uns Neuigkeiten, vom letzten Urlaub, von Plänen für das nächste Jahr usw. (94)

Für den Heiligabend sind vor allem die „Geschehnisberichte" zu nennen, die zum Teil auf dem eigenen Erleben der Erzähler bzw. ihrer Bekannten oder Verwandten basieren, es sind Erlebnisberichte, aber auch Vorelterngeschichten. Solche Alltagserzählungen lassen sich von ihrem Gehalt her unterteilen etwa in Berichte von glücklichen Ereignissen, aber auch von unerhörten Vorfällen, Geschichten also, in denen meist ein tragisches Moment eine Rolle spielt. Eine dritte Gruppe sind heitere Begebenheiten.[10]

> Vor Jahren, als der Heilige Abend mal auf einen Sonntag fiel, wurde erst beim Aufbau des Weihnachtsbaumes festgestellt, dass der Ständer im Vorjahr kaputt entsorgt worden war. Ersatzbeschaffung war versäumt worden. So musste die einzige im Keller lagernde (gefüllte) Bierkiste herhalten: Kunstvoll drapiert tat sie gute Dienste und die Geschichte muss bei jedem Baumschmücken erneut erzählt werden …" (63)

Zu den klassischen Erzählgelegenheiten gehören nach Linda Dégh – nicht nur für den Bereich der Familie – auch Winterabende und festliche Anlässe. „Als natürlicher Rahmen des unterhaltenden Geschichtenerzählens werden übereinstimmend Dämmerung, Zwielicht, die Abendstunden, die Nacht und der dunkle Raum bezeichnet …"[11]

Bewusst gefördert wird das weihnachtliche Erzählen vom Norddeutschen Rundfunk. Seit Jahren bittet er seine Hörer zu Beginn der Adventszeit, selbst erlebte oder erdachte Weihnachtsgeschichten aufzuschreiben und einzusenden. Im Programm der Vorweihnachts- und Weihnachtstage wird jeweils eine Auswahl dieser Geschichten von bekannten Schauspielern vorgelesen, von einem Verlag werden sie auch veröffentlicht. Auch er bittet seine Leser: „Wenn Sie sich in der Weihnachtszeit im Familie- oder Freundeskreis zusammenfinden, um bei dampfenden Bratäpfeln aus dem Kachelofen, bei einem Glas Glühwein oder Grog und dem flackernden Licht einer Kerze zu erzählen, zu träumen, Erinnerungen auszutauschen, dann schreiben Sie Ihre Geschichte doch auf …"[12] Ganz im Sinn der oben genannten Szenerie heißen die Büchlein „Weihnachtsgeschichten am Kamin".

Auch zum Essen kann das Gespräch als ein Ausdruck der Mahlgemeinschaft mit dazu gehören.[13] Als eine wichtige Form der Verkündigung der christlichen Botschaft im Laufe der Geschichte lässt sich auch das geistliche Gespräch während des Essens nennen;[14] das kann auch für das Essen am Heiligen Abend zutreffen: „Das festliche Mahl schließt die Feier ab. Wir sollten es in Frieden und Freude einnehmen und auch in den Gesprächen das vorausgegangene religiöse Erlebnis nicht verleugnen.“[15] Man wird allerdings kaum fehl gehen in der Annahme, dass es weitgehend bei der Wunschvorstellung bleibt.

> Das Weihnachtsevangelium wird nicht gelesen, „jedoch wird ausführlich über die Predigt diskutiert". (48)

### 3.5.2. Vorlesen

In den Zusammenhang des Erzählens gehört auch das Vorlesen, nicht nur am Heiligen Abend selbst, sondern in der ganzen winterlichen Zeit, wie ein Hausbuch aus der Mitte des 20. Jahrhunderts befindet: „Weihnachtszeit ist die richtige Zeit zum Vorlesen, im Advent, in den Festtagen, in der stillen Spanne zwischen den Jahren hält sich gut Einkehr in die Welt der Dichter. Solche Stunden nähren unser Inneres unvergleichlich besser als jede ‚Zerstreuung‘. Wie schön ist es, wenn der Vater der Familie selber das Amt des Vorlesers übernimmt, während sich die Hausgenossen … um ihn versammeln, wenn im Ofen Bratäpfel zischen und Mutter ein paar Pfefferkuchen bringt.“[16] Die verschiedenen Hilfen, Haus- und Werkbücher zur Gestaltung der weihnachtlichen Tage bieten in der Regel auch Erzählungen an, zahlreiche Bücher enthalten auch nur weihnachtliche Geschichten.

Wann haben sie im Ablauf des Heiligen Abends ihren Platz? „Am Ende des Abends zu Hause erzählen wir uns etwas, lesen Geschichten vor und singen und musizieren.“[17]

### 3.5.3. Spielen

Neben den Gesprächen und Erzählungen gibt es dort, wo nicht der Fernsehapparat die Feier diktiert, als Form der Unterhaltung auch Spiele unterschiedlichster Art: „Gespräche und Spiele füllen die Zeit". (62) Dies wird in den neueren Hausbüchern als Element des Heiligen Abends empfohlen: „Ein für unsere Kinder wichtiger Teil des Heiligen Abends und der folgenden Feiertage ist das gemeinsame Spielen. Es geht darum, Zeit für die Kinder zu haben. Sie ist wertvoller als alle Geschenke. Ein Heiliger Abend ohne gemeinsames Spiel ist für Kinder kein richtiges Fest."[18]

> Besonders wichtig ist den Kindern das Spielen unter dem Weihnachtsbaum (mit den neuen Geschenken) und das gemeinsame Spiel am Abend, wo wir Trivial Pursuit, Tabu oder ähnliches spielen. (74)

Natürlich sind diese Art Spiele ein wichtiger Ausdruck von Gemeinschaftlichkeit und somit auch der Feier – sie gehören aber ursprünglich nicht zum Festgeschehen dazu und zeigen wiederum sehr deutlich, wie die Gestaltung von Weihnachten und speziell des Heiligen Abends inzwischen in Hinblick auf die Kinder gesehen wird.

Andererseits berührt das Spiel eine wichtige Ebene der religiösen Aussage. „Wir haben die Einsicht neu oder wieder neu zu entdecken, dass Spielen ein Urbild, eine Grundfigur menschlichen Lebens ist, ja noch mehr, dass das Geheimnis des Spiels in einem tiefen Zusammenhang mit den Geheimnissen christlichen Glaubens steht. […] Das Geheimnis von Weihnachten, die Hoffnung unseres Lebens, das Eigentliche des Menschseins lassen sich vom Spiel her tiefer verstehen. Was uns erwartet, ist gleichsam ein göttliches Kinderspiel; der in Christus wieder Kind gewordene Mensch feiert zusammen mit der spielenden göttlichen Weisheit das Fest seines Lebens."[19]

### 3.5.4. Krippenspiel

In einem weihnachtlichen Hausbuch aus den 50er Jahren des 20. Jahrhunderts wird ein Kapitel auch den „Spielen" gewidmet. Allerdings sind damit nicht Gesellschaftsspiele oder ähnliches gemeint, sondern weihnachtliche Krippenspiele. „In den Mittelpunkt allen Spielens gehört die Weihnachtsgeschichte, und was als Beiwerk sich im Laufe von Jahrhunderten herumgerankt hat, kann so weit nur Geltung beanspruchen, als es … auf die Weihnachtsgeschichte hinweist, nicht aber von ihr ablenkt."[20]

Letztlich ist das Krippenspiel eine Umsetzung des Evangeliums, wie es heute auch vielfach in Kindergottesdiensten geschieht. So heißt es denn auch in diesem Hausbuch: Eine „Weihnachtsfeier ist immer Verkündigung. Am eindringlichsten und fassbarsten kommt das durch das Spiel zum Ausdruck …".[21]

# 4. Vorbereitung und Ausklang der Feier

*„Die Vorbereitungen", sagte meine Mutter, „das ist noch das Aller-schönste. Die Vorfreude. Wenn dann so ein Tag nach dem andern ver-geht, und nächsten Sonntag wieder ein Licht mehr."*
*Früher, ihr Vater, oh, sie wüßt es noch. Das Aufschmücken des Weih-nachtsbaumes, das habe er immer selbst gemacht. Richtig eine Wis-senschaft. Wachsengel bei Kordes gekauft, jeder einzeln in einer klei-nen Kiste. In Watte gepackt.* Tadellöser & Wolff

## 4.1. Vorbereitungen und Beginn des Heiligen Abends

Auf ein so großes Fest wie Weihnachten bereitet man sich gewöhnlich vor. In zweierlei Hinsicht ist diese Vorbereitung zu verstehen: einmal als ein äußeres Tun im Herrichten der Wohnung, Vorbereiten des Essens und Gestaltung der Feier des Heiligen Abends etc. Zum andern ist die Vorbe-reitung natürlich auch ein inneres Tun dort, wo Weihnachten als ein geist-liches Geschehen und Fest gefeiert wird. In beiden Fällen kann die Vorbe-reitung mit helfen, das Fest erst richtig zu erleben.

### 4.1.1. Äußere Vorbereitungen: am 24.12. selbst

„Der Heilige Abend fängt, genaugenommen, schon am Morgen an. Die Schwerpunkte des Tages bestehen aus den unmittelbaren Festvorbe-reitungen und der festlichen Gestaltung des Abends."[1] Das äußere Her-richten der Wohnung etc. ist zunächst ein typisches Tun für den Vortag eines Festes. Der dem jüdischen Sabbat als dem Fest in der Woche voraus-gehende Tag heißt im dem Sinne sogar „Rüsttag", griechisch *parascevē* '(vgl. Joh 19,31). Und so wie der Sonnabend in Hinblick auf den Sonntag ist auch der Heilige Abend urspünglich zunächst ein Tag der Einstim-mung auf den folgenden Festtag.

> Der Heilige Abend war ein Tag erhöhter Hausarbeit wie jeder Sams-
> tag. Es wurde geschrubbt fast bis zum Abend, dann gab es das Abend-
> essen …[2]

In vielen Gegenden wurde bis in das 20. Jahrhundert hinein am Heiligen
Abend lange gearbeitet, auch konnte bis spät am Abend eingekauft werden, die Gaststätten hatten geöffnet.[3] Für viele Menschen ist dieser Tag
bis heute mit den letzten Vorbereitungen für den Abend belegt, sofern sie
nicht bereits am 23. oder den Tagen zuvor erledigt wurden. Dazu zählen
neben dem Besorgen und Verpacken der letzten Geschenke, dem Putzen
und Dekorieren der Räume auch das (gemeinsame oder auch geheim gehaltene) Schmücken des Christbaums und das Aufstellen der Krippe, das
Kochen, das Baden oder Duschen und Sich-anziehen. Letzteres läutet den
eigentlichen Feiertag ein und geschieht entsprechend kurz vorher.

> Die typischen Vorbereitungen sind: letztes Einkaufen. Kochen und
> Vorbereiten für das große Essen am 25. füllen den Tag bis etwa 16:00
> Uhr. Dann Baum schmücken. Schließlich duschen, nett anziehen und
> sich unter dem Baum treffen. (17)

> Häufig kaufe ich noch am Heiligabend Geschenke, was ich mag, weil
> die Stadt da einigermaßen leer ist. Sich baden und schön anziehn, das
> gehört auch dazu, das Aufrichten des Baumes und speziell auch das
> Schmücken ist schon ein besonderer Akt. Putzen gehört nicht zu mei-
> nen Ritualen. Manchmal rufe ich auch meine Mutter an, um ihr ei-
> nen schönen Heiligen Abend zu wünschen. (34)

> Aufräumen gehört auch zu den Vorbereitungen und findet spätestens
> einen Tag vorher statt. Am Tag selber wird gebadet und sich festlich
> gekleidet. (26)

„‚So, jetzt zieht ihr euch mal um‘ – man wurde in seine Sonntagskleider
eingewiesen, die schließlich noch auf ordentlichen Sitz und Fusselfreiheit
überprüft wurden."[4] – Zur Vorbereitung gehört auch das Umziehen. Die
Wahl der Kleidung weist auf die geänderte Bedeutung des Tages hin –
„Wir kleiden uns sonntäglich" (93); „Alle sind festlich gekleidet." (18) –,
„Zur Feier tragen alle Festtagskleidung" (58) – und das nicht nur im Bereich der Familie, sondern auch im Kloster:

> Dass es ein besonderer Abend für uns alle ist, zeigt sich darin, dass
> (fast) alle den Habit trugen – für uns ganz und gar nicht selbstver-
> ständlich. (52)

Die Besonderheit des Tages kann sich freilich – ganz ähnlich wie am Wochende/Sonntag – auch darin ausdrücken, dass man legere Kleidung anlegt – „leichtes ‚Up-Dressing' (keine ‚Abendgarderobe', sondern die schönsten Lieblingsklamotten") (22) – und sich von der üblichen Kleidung unter der Woche befreit. In den Zusammenhang gehört schließlich auch das Baden, ein typische Vorbereitung des bevorstehenden Festtages (vgl. das von Wilhelm Busch skizzierte berühmte „Bad am Samstagabend"). Während auf den Bildern in den diversen Weihnachtsbüchern die Kinder meist in Festkleidung erscheinen, wird zugleich angeraten, ihnen bequeme Sachen anzuziehen – des Spielens wegen: „Notwendig ist auch, die Festgarderobe der ganzen Familie zu überprüfen. Was muss gereinigt oder genäht werden? Aus was ist wer rausgewachsen? Wer muss also mit was neu versorgt werden? Geht es um Kinderkleider, so kaufen Sie lieber praktische als feine Kleider. Kinder wollen gerade Weihnachten ungestört und ausgiebig spielen können."[5]

### 4.1.2. Äußere Vorbereitungen: am 23.12. und früher

Der 24. Dezember ist aber nicht nur Vorbereitungstag ähnlich dem Sonnabend/Samstag. Er ist für viele auch schon Auftakt des Festes bzw. sogar dessen Höhepunkt. Von daher hat er einen doppelten Charakter, auf dessen Berücksichtigung zu Recht verwiesen wird: „Der Vortag von Weihnachten verdient einerseits als Rüsttag, anderseits als Auftakt betonte Aufmerksamkeit. Wichtig erscheint es, die letzten Vorbereitungen für die Familien- und die Gemeindefeier rechtzeitig zu treffen, damit Hast usw. vermieden werden."[6] Nicht nur um der Vermeidung von Stress und Hektik willen finden – sofern dies bei Berufstätigen möglich ist – vielfach die Vorbereitungen inzwischen schon am 23. oder an den Tagen zuvor statt, um sich am 24. selbst den eigentlichen Feiern in Ruhe hingeben zu können. Auch wird daraus deutlich, dass der 24. zunehmend als Feiertag verstanden und begangen wird und nicht mehr als „Rüsttag".

> Am 23.12. trafen wir uns zum großen Hausputz. Währenddessen schmückte mein Vater den Weihnachtsbaum. Am 24.12. gab es zunächst ein ausgiebiges, spätes Frühstück. (67)

> Zu den erforderlichen Vorbereitungen gehört das Einkaufen, was jedoch 2–3 Tage vorher abgeschlossen ist. Dann wird aufgeräumt und geputzt. Am 23.12. abends schmücken wir das Weihnachtszimmer inc. -baum. Am 24.12. wird nur noch der Tisch gedeckt und die Familie putzt sich. (60)

> Der Morgen gehört den Vorbereitungen, wobei mein Mann vorbestellte Speisen (Fischplatte, Brot etc.) abholt und ich koche und das Haus aufräume, damit am Nachmittag alles festlich ist. (16)

Möglicherweise liegt ein Grund für das Misslingen des Heiligabends in manchen Familien auch darin, dass zwei gegensätzliche Prinzipien an diesem Tag aufeinander prallen und sich stören: Fest und Nicht-Fest.

### 4.1.3. Innere Vorbereitung

„Endlich ist es soweit! Heute ist Heiligabend. Schon seit Wochen wurden Vorbereitungen getroffen, damit die Weihnachtstage zu einem Fest werden können. […] Doch es geht nicht nur um die äußerlichen Vorbereitungen. Wir selbst möchten bereit sein, den Heiland der Welt zu empfangen, ihm Raum in unserem Haus und in unseren Herzen zu schaffen. ‚Komm, o mein Heiland, Jesus Christ, mein's Herzens Tür dir offen ist …'"[7] Zu dieser Art innerer Bereitung, wie sie ein einem Büchlein für die Feier von Weihnachten in der Familie beschrieben wird, zählt(e) katholischerseits auch die Beichte.

> Die Gaststube wurde erst am Spätnachmittag geschlossen, kurz vor dem Abendessen; man war aber nicht erfreut, wenn noch am späten Nachmittag Gäste kamen. Es ihnen zu verwehren, war nicht möglich. Denn an diesem Heiligen Abend erfolgte ein besonders starker Andrang zum Beichten, zu dem die Bauern fuhren und also die Wagen abstellen und die Pferde unterstellen und die Decken ins Haus bringen mussten.[8]

> Eine weitere Vorbereitung zum Fest bestand im Hausputz, im Beichtgang und im Besorgen eines Christbaumes.[9]

Das Sakrament der Buße liegt seit geraumer Zeit darnieder. Trotzdem wird noch die Anregung gegeben, an den Tagen vor Weihnachten in „eine Bußfeier oder zur Beichte" zu gehen.[10] Auch in der neuen Umfrage wird auf die Frage nach der Vorbereitung das Beichten und „die Bußandacht als religiöse Vorbereitung" genannt. Bußgesinnung in der Vorbereitung auf Weihnachten

kam früher auch zum Ausdruck im Sammeln der Strohhalme durch die
Kinder, die für kleine Opfer standen (Verzicht auf Süßigkeit o. ä.). Tatsächlich war ja der ganze Advent bis in das 20. Jahrhundert hinein eine zweite
Fastenzeit. In diesem Sinne ist die Vorbereitung auf das Fest nicht mit dem
24. oder 23.12. getan; sie erstreckt sich über einen längeren Zeitraum und
beginnt eigentlich, wie aus einer Zusendung deutlich wird, viel früher:

> Schon im Advent, wenn wir uns durch Frühandachten, Meditatio-
> nen, Bußgottesdienste, Komplet und Gebete dem Geheimnis öffnen
> … Die innere Vorbereitung ist das Wichtigste. Sie beginnt bereits
> den ganzen Advent, wenn nicht das ganze Leben hindurch. (42)

Zu den Vorbereitungen zählen auch noch Tätigkeiten, die an anderer Stelle beschrieben werden, etwa das Überbringen von Geschenken (an Bedürftige), aber etwa auch der Besuch der Gräber verstorbener Angehöri-
ger. „Ein Friedhofsbesuch ist vielen vor der häuslichen Feier selbstverständlich. Auch unsere Toten gehören zur Familie."[11]

> Dann fuhren wir immer zum Friedhof (ohne meine Mutter, die Es-
> sen vorbereitete, aber mit meiner Großmutter). Dort gingen wir zum
> Grab und stellten dort Kerzen auf. (67)

> Nach dem Mittagessen gehe ich zum Friedhof, ans Grab meiner Mut-
> ter. Ich schmücke das kleine, naturgewachsene Fichtenbäumchen. […]
> Ich treffe viele liebe Bekannte. Weihnachtswünsche werden leise über
> die Gräber hinweg ausgetauscht. (57)

Für den Brauch, an Weihnachten kleine Christbäume oder sonstigen
Weihnachtsschmuck und Kerzen auf den Gräbern aufzustellen, gibt es erste
Zeugnisse aus dem Ende des 19. Jahrhunderts. Er hat sich gegen den teil-
weisen Widerstand der (evangelischen) Geistlichkeit durchgesetzt, die ihn
als „katholisch" oder sogar „heidnisch" ablehnte.[12]

### 4.1.4. Wann beginnt der eigentliche Heilige Abend?

Das ist keine Frage des Datums, eher der Uhrzeit. Innerhalb eines Vorbereitung und Fest gleichermaßen umfassenden Tages ist es wichtig, einen
Punkt zu haben, von dem man sagen kann: Ab jetzt ist Fest. – „Diese
Phase [der Vorbereitung] wurde abgeschlossen durch den Kaffee, der gleichzeitig den Beginn der eigentlichen Festlichkeiten markierte. Diese war für

uns Kinder jedoch nicht mit Behaglichkeit und Entspannung verbunden, sondern hatte etwas Geschäftiges und Aufregendes."[13]

Man kann auch danach fragen, welchen Zeitraum und -rahmen der eigentliche „Heilige Abend" in Anspruch nimmt. Interessant sind in diesem Zusammenhang auch die Öffnungszeiten der Restaurants, Gaststätten und Kneipen, die nicht selten im Zeitrahmen zwischen etwa 16 und 22 Uhr geschlossen haben.[14] – Liturgisch kann man diesen Beginn des Heiligen Abends auch mit dem Besuch der Kinderchristmette bzw. einer Krippenfeier oder Christvesper oder der Rückkehr davon gleichsetzen, wie auch in den Hilfen gesagt wird (siehe weiter unten). „Beginn nachmittags mit dem Kirchbesuch." (63) Interessant ist, dass oft eine Uhrzeit am (Spät-)Nachmittag (zwischen 15 und 18 Uhr) angegeben wird, um die herum ja auch die genannten Gottesdienste stattfinden.

Auch scheint es wichtig zu sein, dass es schon dunkel ist – ohne Dunkelheit ist ja kein „Abend": „Ob man die Christmette oder den Weihnachtsgottesdienst besucht, spielt in Bezug auf den Zeitpunkt der Bescherung keine Rolle. In evangelischen Kirchen finden die Gottesdienste am Nachmittag statt, in katholischen kurz vor Mitternacht – in jedem Fall kann man die Bescherung in die Zeit der klassischen Abenddämmerung legen."[15]

> Der Heilige Abend fängt so gegen 18:00 Uhr an. Jedenfalls natürlich nach Einbruch der Dunkelheit. (17)

> Eher spätnachmittags, abends. Da wird es dunkel und man kann gemütlich mit Kerzen den Abend „einläuten". (25)

Mitunter wird dieser Übergang bzw. Beginn des „eigentlichen" Heiligen Abends geradezu rituell begangen:

> Für mich fängt er am Nachmittag mit dem feierlichen Anschnitt[16] des ersten Christstollens an. (36)

> Zuhause [nach der Rückkehr vom Friedhof am Nachmittag] schneide ich den Weihnachtsstollen an. Dieses weihnachtliche Kaffeetrinken am Heilig Abend nannten wir früher „die blaue Stunde". (57)[17]

> Zu Hause wird dann zum künstlich ausgedehnten Kaffeetrinken geschritten: „Kinder, ihr glüht ja!" Die Weihnachtsdecke liegt auf dem ovalen Tisch, der mit dem guten Geschirr gedeckt ist, das man sich aus Thüringen hat kommen lassen, mit Pfeffernüssen dekoriert und bunten Kringeln und brennenden, von kleinen flachen Holzengeln in die Höhe gehaltenen Kerzen, einigen wenigen brennenden Ker-

zen, denn so ist es ja nicht, dass hier schon alles vorweggenommen wird, die ganze Freude und das helle Licht. Die volle Freude wird dort hinter der Schiebetür ausbrechen, und zwar still und innerlich. […] „Ihr glüht ja!" wird zu den Kindern gesagt, und beschwichtigt müssen sie werden, herabgestimmt aufs innige Erleben, dass sie die Traulichkeit des Abends auch umfängt.[18]

Die große Bandbreite hinsichtlich der Einschätzung des Heiligen Abends als Vorbereitungstag auf Weihnachten einerseits und als Festtag schon von morgens an andererseits wird auch aus Antworten deutlich, die den eigentlichen Beginn dieses Tages am Vorabend oder frühmorgens ansetzen („am Morgen mit einem gemütlichen Frühstück, wobei dann der Adventskranz … abgeschmückt wird"). (74) Und aus Antworten, die ihn erst nach dem Besuch der Christmette am späten Abend beginnen lassen (damit aber eigentlich das Weihnachtsfest am Heiligabend meinen): „Abends, wenn der letzte Gottesdienst vorbei ist." (56) – „nach der Christmette (0.30 Uhr)." (4) Vielfach sind dies diejenigen, die arbeiten müssen, während die anderen feiern – nicht zuletzt die Pfarrer, Kirchenmusiker, Küster und all jene, die die Gottesdienste vorbereiten und gestalten.

*Um fünf Uhr kommen die Kinder heim, die mittlerweile zehn-, zwölf-,
fünfzehn- und siebzehnjährigen Kinder. Die Droschke, die man sich
ausnahmsweise genehmigt hat, hält vor der Tür, man steigt ein und
fährt zur Kirche, wo Pastor Kregel auf der Kanzel steht und von Auf-
lösungserscheinungen spricht, die sich das Kind in der Krippe nicht hat
träumen lassen. […] Nachdem man ausgiebig gesungen hat, all die
bekannten Lieder, sehr laut und sehr schleppend, geht man unter Orgel-
klang hinaus, an Pastor Kregel vorbei, der jedem zunickt und diesem
oder jenem sogar die Hand reicht …*

*Die Orgelmusik fällt mit dem Weihnachtslicht der Kirche hinaus auf
den Schnee. Dort hinten steht ja die Droschke mit dem Kutscher vorne drauf, dem der Nasenpfropfen gefroren ist. Herrlich, man steigt ein
und verstaut sich, daß sie sich nach hierhin und nach dorthin biegt,
und dann geht's ab.*

*Zu Hause wird dann zum künstlich ausgedehnten Kaffeetrinken ge-
schritten: „Kinder, ihr glüht ja!"*                    Aus großer Zeit

## 4.2. Der Kirchgang am Heiligen Abend

Für viele Menschen gehört der Besuch des Gottesdienstes zur Feier des
Heiligen Abends dazu. Er kann dabei den Auftakt oder aber auch den
Abschluss der häuslichen Feier bilden. Der Gottesdienst am späten Nachmittag war, wie dargestellt, ursprünglich im evangelischen Bereich verbreitet. („Wir zünden die Kerzen des Christbaumes zum ersten Male nach
der Rückkehr aus der Christvesper zur Bescherung an …".[1]) Erst seit den
60er/70er Jahren des 20. Jahrhunderts zogen auch die Katholiken nach,
wurden auch katholischerseits Gottesdienste (Messen, so genannte Kinderchristmetten) auf den Nachmittag bzw. frühen Abend gelegt (allerdings
gab es auch schon vorher den Brauch von Krippenspielen in der Kirche).
Inzwischen werden auch in evangelischen Gemeinden nächtliche Gottesdienste gehalten, auch die katholische Christmette hat sich – wenngleich
oft etwas früher als um Mitternacht angesetzt – bewahrt.

## 4.2.1. Kirchlicher Gottesdienst als Auftakt

„Das eigentliche Geburtstagsfest Jesu beginnt mit dem Besuch der Kinderchristmette oder des Krippenspiels in Ihrer Kirchengemeinde. Nachdem alle Kerzen am Christbaum und auf den Tischen entzündet sind, wird die Feier zu Hause fortgesetzt."[2] Ist der häusliche Gottesdienst am Heiligabend ursprünglich aus dem gemeindlichen herausgewachsen, so wird heute geradezu umgekehrt argumentiert: „Es ist an sich sinnvoll, den Heiligen Abend in den Familien mit einem Hausgottesdienst zu eröffnen. Da aber viele dazu nicht in der Lage sein werden, liegt als Angebot ein gemeinsamer Beginn in der Kirche nahe. Die Feier sollte sich zu Hause fortsetzen lassen bzw. das Geschehen sollte dort präsent bleiben können."[3] Ein solcher Gottesdienst wird, sofern er besucht wird, ebenfalls als Auftakt des „eigentlichen" Heiligabends verstanden: „Beginn nachmittags mit dem Kirchbesuch." (63) – „Mit der Krippenfeier für Kinder, also nachmittags." (31)

> Nach diesem Gottesdienst eröffnet die Begegnung mit den Teilnehmenden „meinen Heiligabend", ein erstes „Sich-frohe-Weihnachtenwünschen" und sich freuen gehört einfach dazu. Im Anschluss daran beginnt bei meiner Familie zu Hause der Abend damit, dass so gegen 17.30 Uhr alle wieder zusammentreffen. Seit wir in den letzten Jahren in verschiedenen Gemeinden engagiert sind, haben wir bei uns etwas Neues eingeführt. Bei Kakao und Keksen sitzen wir in der Essdiele und erzählen uns gegenseitig, was wir in den Kindergottesdiensten, im Altenheim (oder meine Großtante im Fernsehen) erlebt haben. (54)

Reifenberg sieht den Vorteil des nachmittäglichen Gottesdienstes nicht nur im „wertvollen Auftakt" für die häusliche Feier, sondern auch in den positiven Nebeneffekten für die Vorbereitung: „Ein zeitgerecht angesetzter Gottesdienst dient der Einstimmung und wird gerade von Familien begrüßt. Auf diese Weise können sich die Familienmitglieder (Kleinkinder!) auf verschiedene Gottesdienste verteilen bzw. die häusliche Feier besser einplanen. Man bedenke die zahlreichen Vorbereitungen und ‚Zwischenfälle', die im Alltag vorkommen."[4]

## 4.2.2. Gottesdienst als Abschluss

Lange Zeit war der weihnachtliche Gottesdienst in der Nacht, die Christmette, in der katholischen Kirche der Abschluss des Heiligen Abends, da
er nicht vor Mitternacht gefeiert werden konnte. Vielerorts fand er ohnehin erst am nächsten Morgen statt. Insofern war die häusliche Feier des
Heiligen Abends der Auftakt der kirchlichen Feier und nicht umgekehrt,
wie es heute überwiegend der Fall ist. „Die Heilige Nacht schenkt uns das
verheißene Erlebnis des Ganges zur Christmette; in dieser nächtlichen
Opferfeier wird Wirklichkeit, was die häusliche Feier des Abends vorbereitet hat. Mitten zur Nacht, wie die Engel auf Betlehems Fluren, können die
Eltern mit einem Lied ihre Kinder wecken: ‚Auf, auf, ihr Buben, steht alle
geschwind auf!‘, um dann in der Mitternachtsmesse das große Geheimnis
zu erleben."[5] Diese Reihung wird aber durchaus auch heute noch gelegentlich angestrebt; im Pfarrbrief einer katholischen Gemeinde in Unterfranken wurde der Vorschlag für eine Weihnachtsfeier in der Familie abgedruckt; diese beginnt mit dem Anzünden der Kerzen des Adventskranzes
und endet mit dem „Höhepunkt: Mitfeier der Christmette um 23 Uhr".[6]

> Höhepunkt des Heiligen Abends bzw. des 1. Weihnachtsfeiertages
> sind die entsprechenden Messfeiern, die ich als Kirchenchorsängerin
> bereits seit vielen Jahren mitgestalte. Diese Mitgestaltung gehört bei
> mir grundsätzlich zum Weihnachtsfest dazu, sonst ist Weihnachten
> „irgendwie" nicht gewesen. (15)

# Exkurs 2: Heiligabend – der christliche Seder?

Der christliche Heiligabend hat mit dem jüdischen Sederabend auf den ersten Blick manche Ähnlichkeiten: Beide stellen eine häusliche, familiäre Feier eines ursprünglich zentralen Glaubensinhaltes ihrer Religion dar; beide finden am Abend statt, thematisieren eine heilige Nacht; in beiden hat das Essen und Trinken eine besondere Bedeutung; auch Elternteile bzw. Kinder spielen eine jeweils bestimmte Rolle. Wie der Heiligabend ist der Sederabend Teil eines umfassenderen Festes (Weihnachten / Pesach); er ist von der Vorbereitung geprägt, die selbst schon eine bestimmte vorfreudige Stimmung hervorruft. Und in der Erinnerung verklärt sich der Sederabend ähnlich wie der Heilige Abend.[1]

Die Frage kann sich stellen: Gibt es außer phänomenologischen Gemeinsamkeiten oder Ähnlichkeiten auch Abhängigkeiten bzw. Beeinflussungen? Man kann auch fragen: Ist der Sederabend eine Art jüdischer „Heiliger Abend" – oder ist umgekehrt der Heiligabend gleichsam der christliche Sederabend?

Interessant ist auch die – hier nicht näher verfolgte – Frage, inwieweit die Gestaltung von Weihnachten und speziell des Heiligabends Einfluss auf das jüdische Chanukkafest hat bzw. die Frage nach der (Mit-)Feier des Heiligabends in jüdischen Familien etwa in Deutschland oder Österreich. Diese an sich problematische Situation ist schon öfter gut dargestellt worden.[2]

## Der Sederabend

Der Begriff „Seder" rührt her vom hebräischen „sedër" [*sdr*] und heißt „ordnen, die Ordnung". Der Begriff bezieht sich neben anderem auf die (geordnete) hausliturgische Feier am Pesachabend, näherhin die Ritualisierung des Mahls (Sedermahl), die strengen kultischen Anweisungen und die festgelegten symbolischen Handlungen.[3]

Ursprung dieser Feier und des kultischen Mahles ist möglicherweise eine schon vorisraelitische, nomadische Feier zur Zeit des Frühlingsvollmondes. Diese Kulthandlung, deren älteste überlieferte Schicht der Bericht in Ex 12,21–30 darstellt, findet am Abend statt und zieht sich in die Nacht hinein. Sie besteht aus dem

Schlachten eines Kleintiers und dem Blutanstrich über dem Zelteingang sowie einem Gemeinschaftsmahl. Bereits zu diesem Überlieferungszeitpunkt werden die Bestandteile des Mahls sowie deren Zubereitung besonders hervorgehoben. Auch die Mahlsituation ist ritualisiert. Es handelt sich möglicherweise um einen Schwellenritus (Weidewechsel), die Riten des Abends haben apotropäischen (Dämonen abwehrenden) Charakter (Blutanstrich), stärken die Gemeinschaft (Mahl) und deuten die Situation (Aufbruch).

Im Laufe der Geschichte Israels wird dieses alte Naturfest mit dem Exodusereignis in Verbindung gebracht, werden die einzelnen Elemente des Abends theologisiert und auf den Gott Jahwe und die einzelnen Ereignisse des Erlösungsgeschehens bezogen. So wird aus dem Naturfest ein heilsgeschichtliches Fest, in dem des wunderbaren Handelns Gottes in der Nacht des Auszugs aus Ägypten gedacht wird.

In späterer Zeit (Kultreform des Joschija, 641–609 v. Chr.) verbindet sich das israelitische Pesachfest mit einem (nach der Landnahme von den Kanaanitern übernommenen) Erntefest, dem Mazzotfest (Fest der ungesäuerten Brote) und wird zu einem Doppelfest (vgl. Lk 22,1), das sieben Tage umfasst. Damit wird Pesach zum Wallfahrtsfest und zum großen Fest des Volkes; die häusliche Gemeinschaft wird abgelöst durch die Gemeinde. Erst die Exilsituation und Rückkehr daraus bringt eine Rückbesinnung auf das häusliche Element neben dem gemeindlichen (Schlachtung der Lämmer im Tempel und häusliche Feier). Diese Feier bringt das „heute" der vergangenen Heilstat Jahewes zum Ausdruck, aktualisiert sie je neu für die feiernde Gruppe. Daneben erhält die Feier einen messianisch-eschatologischen Aspekt und wird vestanden als Sammlung der Zerstreuten.

So stellt sich die Feier in etwa auch zur Zeitenwende und danach dar: Sie beginnt am Abend des 14. Nisan, dem Vollmond des Frühlings(Mond)monats Nisan. Bereits am Mittag muss die Säuberung des Hauses von allem Gesäuerten abgeschlossen sein. Am Nachmittag findet die Schlachtung der Lämmer statt. Am Abend dann wird im Kreis der Familie oder der Freunde und Bekannten das Mahl gehalten, das inzwischen unter dem Einfluss griechisch-römischer Symposien-Sitten Festcharakter eingenommen hat (man liegt auf Speisepolstern). Das Mahl ist ritualisiert; zu den Riten zählen auch vier Becher Wein, die zu bestimmten Punkten während der Feier getrunken werden (u. a. zu den Lobpreisgebeten). Das Mahl und seine besonderen Einzelheiten werden auf das Auszugsgeschehen hin gedeutet, die Erzählung vom rettenden Handeln Gottes wird rituell erfragt. Am 15. Nisan dann beginnt der erste Tag des Mazzotfestes; die übrigen sechs Tage dieses Mazzotfestes scheinen zur Zeit Jesu nicht mehr als Fest gezählt zu haben.[4]

Ähnlich wie beim christlichen Heiligabend kann man nicht *den* heutigen Sederabend beschreiben, wenngleich er sich durch die „Ordnung" (seder) gegenüber der Zeitenwende insgesamt weniger verändert haben dürfte als die christliche Weihnachtsfeier in den vergangenen 250 Jahren … So soll denn auch die folgende Beschreibung eines solchen Sederabends eher in idealtypischer Weise die Möglichkeiten andeuten als eine Festschreibung sein.

# Der Verlauf des Sederabends

Grundsätzlich kann man sagen, dass der heutige Sederverlauf im Vergleich zum Ablauf der Feier, wie sie möglicherweise zur Zeit Jesu stattgefunden hat, im Laufe der Jahrhunderte ergänzt und erweitert worden ist. (Von daher kann ein „Sedermahl", das in christlichen Kreisen vielfach vor Ostern praktitiert wird, auch keine Erfahrung des Letzten Abendmahles sein, wie es gern gesagt wird.) Im Folgenden ein kurzer Überblick auf die Riten des Sederabends und der ihn vorbereitenden Tage und Stunden.[5]

## Vorbereitung

Einen Tag vor Beginn des Pesachfestes soll eine formelle gründliche Prüfung erfolgen, ob auch wirklich alles Gesäuerte aus dem Haus/der Wohnung geschafft wurde, was meist schon bei der Reinigung und Vorbereitung einige Tage zuvor – eine Art Frühjahrsputz – geschehen ist. Das noch gefundene Gesäuerte soll bis zum Mittag des nächsten Tages, dem Tag des Sederabends, verbrannt werden. Was nicht verbrannt wurde bzw. werden konnte (z. B. Waren eines Lebensmittelgeschäftes), darf über die Feiertage zwar nicht aufbewahrt werden, kann aber pro forma verkauft werden und wird eingeschlossen. Wichtig sind auch die rechtzeitigen Einkäufe, vor allem von Fertigprodukten, wobei darauf zu achten ist, dass sie koscher, d. h. rein und rituell tauglich, sind.

Am Tag vor Pesach sollen die Erstgeborenen fasten als Ausdruck der Dankbarkeit, dass alle erstgeborenen Söhne der Juden beim Vorübergang des Herrn in jener Nacht in Ägypten verschont wurden.

Eigentlich zum Sedermahl gehörig, in der Regel aber in der Vorbereitung mitberücksichtigt, ist das Gedenken und Bedenken der Armen mit dem Nötigsten für die Feiertage (weil nach den Rabbinen auch die Ärmsten die Pflicht haben, die vier rituellen Becher Wein zu trinken). Gemeint ist zunächst eine konkrete Einladung zum Mahl selbst, was auch die geteilte Freude versinnbilden soll. Diese Einladung wird auch formal zu Beginn des Mahls ausgesprochen, doch in der Wirklichkeit wird diese Zuwendung an die Bedürftigen zumeist durch einen finanziellen Beitrag in einen Hilfsfond geleistet.

)* passare: vorüber gehen

## Der Ablauf des Seders

Der Sederabend besteht nicht allein aus dem Mahl, dieses stellt vielmehr nur einen Teil der „Liturgie" dieses Abends dar. Wichtig ist auch heute noch die Gemeinschaft: War es in der Antike die Sippe, die das Lamm aß, so kommen heute die Familien zusammen (Familientreffen), aber auch größere Gruppen etwa auf Gemeindeebene.

Zu Beginn werden (von der Frau des Hauses) die Kerzen angezündet; dazu spricht sie einen Lobpreis. Danach wird vom Vorsitzenden des Mahls – der Hausherr oder ein anderer Gastgeber – über einem Becher Wein der Lobspruch über den Feiertag gesprochen, der kiddusch. Alle Tischgenossen haben einen eigenen vollen Becher und trinken mit. Das geschieht im Sitzen, wobei man sich – in Erinnerung an die alten Speisepolster – auch anlehnt (auch wird das Sitzen und Zurücklehnen als Ausdruck der Freiheit – ein wesentlicher Inhalt des Gedächtnisses dieses Abends – gedeutet). Bevor das eigentliche Mahl beginnt, werden dem Leiter des Seders – eventuell stellvertretend für alle Mahlteilnehmer – noch die Hände gewaschen.

Nun nimmt der Leiter der Mahlfeier etwas von dem Gemüse – Sellerie, Petersilie o. ä. –, tunkt es in Salzwasser und gibt jedem eine Portion, die gleichfalls eingetaucht und gegessen wird. Dazu wird ein Lobspruch, eine Beraka, gesprochen. Möglicherweise handelte es sich ursprünglich wie bei anderen Mählern auch um eine Art Vorspeise, die die Verdauung des folgenden Essens fördern sollte. Gedeutet wird das Salzwasser allerdings auf die Tränen, die die Israeliten während ihrer Fron in Ägypten vergossen haben.

Danach bricht der Vorsitzende von der mittleren der drei Mazzen (mazzoth), die vor ihm auf dem Tisch liegen, ein Stück ab, wickelt es in ein Tuch und legt es als „Afikoman" („Nachtisch"?) beiseite (hinter das Kissen der „Lahn", des Stuhls, in dem er lehnt). Zuvor hebt er es noch ein Stück hoch und deutet dieses Brot als das Brot der Armut, das die Väter im Lande Ägypten aßen. Jetzt werden auch die Armen eingeladen: „Jeder, der hungrig ist, komme und esse [mit uns], jeder, der bedürftig ist, komme und feiere Pesach [mit uns]. Dieses Jahr hier, im nächsten Jahr im Land Israel, dieses Jahr als Knechte, im nächsten Jahr als freie Menschen."[6]

Der zweite Becher wird eingeschenkt; ein Kind bzw. der jüngste Teilnehmer (oder auch die Kinder gemeinam oder einzeln) stellt die bekannten Fragen nach den Besonderheiten dieser Nacht und dieses Mahls: „Wa-

rum ist diese Nacht anders als alle anderen Nächte?" Auf die Fragen antwortet der Leiter mit der Pesach-Haggada, der Erzählung der Errettung
aus Ägypten. Das geschieht aus einem Buch, gelegentlich dient es als Leit-
faden und die Haggada wird frei nacherzählt. Bei der Nennung der zehn
Plagen sprengen die Hörer jeweils einen Tropfen Wein aus dem Becher auf
die Teller (vielleicht ursprünglich ein apotropäisches Zeichen, das später
fromm gedeutet wurde). In die Erzählung fällt die Tischgemeinschaft
schließlich mit dem Gesang einer Art Litanei ein.

Am Ende der Haggada steht die Erklärung der Symbole des Festes, die
auf der Sederschüssel liegen: Ei, Knochen, Bitterkraut, Sellerie, Charosset
(eine Art süßer Tunke) und Meerrettich.

Nun folgt abschließend noch die Aktualisierung: Jeder, so der Leiter,
müsse sich heute so betrachten, als sei er aus Ägypten ausgezogen. Es werden zwei Hallel-Psalmen gesungen (Ps 113, Ps 114), alle trinken mit einem Lobspruch den zweiten Becher Wein.

Das eigentliche Mahl beginnt mit einer Händewaschung (mit Lobspruch), dann werden die Bitterkräuter eingestippt in das Charosset und
gegessen. Die Mazzen werden gebrochen und mit etwas Meerrettich zwischen zwei Mazzenstücken gegessen. Die symbolischen Speisen sind damit gegessen, es kommt nun zum Festmahl, das in seinen Einzelheiten in
jeder Familie/Gruppe ganz unterschiedlich sein kann. Gelegentlich wird
zuerst ein gekochtes Ei gegessen, das an die Zerstörung des Tempels erinnern soll (Ei als jüdisches Symbol der Trauer).

Das ausgedehnte Essen wird beendet mit dem als Nachtisch aufbewahr-
ten Afikoman. Manchmal wird dieses Stück Mazze (mazza), das man zu
Beginn des Sederabends beiseite (hinter das Kissen) gelegt hat, von den
Kindern heimlich entwendet und nur gegen die Herausgabe eines kleinen
Geschenkes dem Vater/Gastgeber wieder zurückgegeben (bisweilen wird
es auch versteckt und die Kinder suchen danach). Jetzt wird es an alle um
den Tisch Sitzenden verteilt, damit jede und jeder ein Stück davon bekommt. Der Brauch dieses abschließenden Stückes Mazze wird unterschiedlich erklärt, was aber hier nicht weiter dargestellt zu werden braucht.

Zum Ende des Mahls wird der Tischsegen gesprochen und der dritte
Becher Wein getrunken.

Jetzt werden die Türen geöffnet, um dem Propheten Elija Einlass zu gewähren: Sein Kommen geht der Ankunft des Messias unmittelbar voraus und kündet den Anbruch der messianischen Zeit an. Für Elija wird oft auch ein besonderer (fünfter) ritueller Becher Wein bereit gestellt. Manchmal ruckt man leicht am Tisch, damit der Wein aus dem Glas verschüttet wird und man so den Kindern sagen kann: Der Prophet war da.

Das Hallel wird gesungen, die Psalmen 115–118, sowie das Große Hallel, der Ps 136, bei dem jeder Vers respondiert wird „denn seine Huld währt ewig". Nach dem Hallel wird das vierte und letzte rituelle Glas Wein getrunken. Damit ist der Seder zwar offiziell zum Abschluss gekommen, doch die Feier setzt sich oft noch fort in vielen Liedern, die bis in die Nacht hinein gesungen werden und bei bzw. mit denen auch die Kinder gleichermaßen unterhalten und belehrt werden.

## Sederabend und Heiligabend

### Gemeinsamkeiten

- Gemeinsam ist beiden heiligen Abenden zunächst, dass sie ein „rettendes Handeln" Gottes an seinem Volk feiern: Die Errettung aus Ägypten (Ex 14,30) – die Geburt des Retters (vgl. Lk 2,11). Beide Ereignisse fanden in der Nacht bzw. dem frühen Morgen statt und werden von daher auch bevorzugt in der Nacht gefeiert.[7]
- Es ist keine bloße „Erinnerungsfeier", vielmehr soll das einstmalige Geschehen von den Mitfeiernden als gegenwärtig erfahren werden. In der jüdischen Feier kommt dies am Ende der Haggada zum Ausdruck, in der christlichen Feier durch das „Heute" der Lieder und Gebete („Heut schließt er wieder auf die Tür …").
- Das Gedächtnis dieses Geschehens wird in einem zentralen Text ausgedrückt, der Pesach-Haggada einerseits und dem Weihnachtsevangelium andererseits. Auch das Evangelium kann in freier Form gestaltet werden und sich damit der Haggada in gewisser Weise annähern.
- Dieser zentrale Text ist eingebettet in Lieder und Gebete, die ebenfalls das Thema der Feier zum Inhalt haben. Die Lieder sind dabei häufig sehr traditionell.

- Eine besondere Rolle kommt dem Leiter der Feier zu, ebenfalls traditionell (in der christlichen Feier zumindest bis in die letzten Jahrzehnte) der Vater.
- Die Kinder sind nicht nur als Mitfeiernde eingebunden, sie können sich aktiv beteiligen. Nicht zu übersehen ist bei beiden Feiern auch ein gewisses katechetisches Moment.
- Gemeinsam ist beiden Feiern weiterhin ein Mahl. Stehen beim jüdischen Sederabend die einzelnen Speisen in direktem Bezug zum Inhalt der Feier (bzw. werden so gedeutet), so kann dies beim Abendessen des Heiligen Abends zumindest partiell auch der Fall sein (Fisch, Speisen des „Neunerlei" – vgl. *Kapitel 3.4.5.*).
- Die Symbole der Feier – auch außerhalb des Mahls – werden auf ihren Inhalt hin gedeutet, etwa die zurückgelehnte Haltung, das Sofa für den Hausvater beim Seder auf die Freiheit; Lichter, Christbaumschmuck, Geschenke auf die Geburt Jesu.
- Aus der Bedeutung dieser beiden Feiern für ihre jeweilige Religion ergibt sich auch die entsprechende Vorbereitung, nicht nur äußerlich mit Hausputz, sondern auch eventuell innerlich mit Fasten (und Beichte).
- Nach dem Grundsatz: Weil einem Gutes durch den Herrn widerfuhr, soll man an diesem Abend Gutes auch denen tun, denen es nicht gut geht, wird bei beiden Feiern der Armen und Not Leidenden besonders gedacht, häufig geschieht dies aber auch institutionalisiert im Vorfeld der Feier.
- Beide Feiern – die christliche jedenfalls gelegentlich – haben auch ein eschatologisches Moment, was sich in dem fünften Becher für den Propheten Elija bzw. dem freien Platz am Tisch für den wiederkommenden Herrn ausdrückt.
- Beide stellen den Auftakt und (zumindest in den Ländern, wo am 24. Dezember die große Feier stattfindet) zugleich Höhepunkt eines Festes dar, das mehrere Tage umfasst, wobei aber nicht alle noch gefeiert werden.

### Unterschiede

Es gibt natürlich auch markante Unterschiede, die zeigen, dass die Gemeinsamkeiten wohl nur phänomenologischer Art sind.

- Der Seder ist von Anfang an in der Gruppe/Sippe/Familie situiert. Er ist ihre Feier und kann erst von daher – gewissermaßen sekundär – auch in der Gemeinde gefeiert werden. Umgekehrt verlief der Weg der christlichen Heiligabendfeier, die erst gemeindlich war (Christmette) und dann – sehr spät – familiär wurde.

- Die Feier des Seders in den Familien ist die Feier dieses Gedächtnisses schlechthin und nicht eine Ersatzform für die gemeindliche. Offiziell wird hingegen noch immer die eigentliche Feier der Geburt Christi in der kirchlichen Liturgie gefeiert, die nicht selten – wenn auch in sehr reduzierter Form – den Beginn des Heiligabends am Nachmittag (Kinderchristmette) darstellt.

- Wenn man von den Speisen auf dem Sedertisch absieht, kommt der Seder ohne figürliche bzw. gegenständliche Symbole aus. In der Heiligabendfeier hingegen spielen die Symbole Christbaum und Krippe eine zentrale Rolle.

- Das rituelle Essen gehört von Anfang an zum Gedächtnis der Errettung dazu, ist quasi biblischer Grundbestand des Seders. Das Abendessen am Heiligabend ist zunächst nicht Bestandteil der Feier selbst, ja, wie viele Berichte zeigen, in seiner Einfachheit eher Ausdruck des Klassifizierung dieses Tages als Vorbereitung auf das Fest.

- Selbst die Vorbereitung gehört beim jüdischen Seder zum Festinhalt des Pesach-Mazzot-Festes dazu (die Entfernung alles Gesäuerten); beim Heiligabend ist sie nicht anders als vor anderen großen Tagen und wird erst nachträglich auf Weihnachten gedeutet („Hell und rein erstrahlt unser Heim, denn Christus will Einzug halten…").

Trotz dieser teilweise erheblichen Unterschiede der beiden Feiern wurde vor allem im Zuge der nachkonziliaren liturgischen Wiederentdeckung des Judentums und seiner Riten auch der Sederabend als Vorbild des Heiligen Abends nicht nur vorgestellt, es wurden auch entsprechende Elemente aus der Sederfeier übernommen.

## Vom Sederabend lernen?

„Vom jüdischen Passahfest für die Weihnachtsfeier in der Familie lernen",[8]
diesen Rat gab der evangelische Theologe Dieter Trautwein 1975. Ganz
offensichtlich sieht er viele Parallelen zwischen den beiden „Heiligen Abenden". Er schreibt im einzelnen: „Vom jüdischen Passah sollten wir unbe-
dingt für unsere Weihnachtsfeier in der Familie lernen. Noch immer gibt
es eine gottesdienstliche Verwurzelung des Weihnachtsfestes im Familienkreis. Der Brauch, dass Vater oder Mutter oder Kinder unter dem häuslichen Weihnachtsbaum die Weihnachtsgeschichte nach Lk 2 lesen und dazu
Weihnachtslieder singen, sollte nicht aufgegeben, sondern im Sinne einer
lebendigen Erinnerungsfeier ausgebaut werden. Die Feierordnung, die
immer neu im Familienkreis besprochen und erarbeitet werden sollte, hie-
ße dann etwa: Gemeinsamer Besuch einer Christvesper, Abendessen (das
der Hausfrau nicht zuviel Arbeit machen sollte), im Weihnachtszimmer
Singen und Musizieren, Lesen der Weihnachtsgeschichte (auch abschnitts-
weise aufgeteilt), ein Wort über den Sinn und die Ursache des Schenkens,
Auspacken der Geschenke, später weiteres Singen und Musizieren. In Städten werden Familien mit älteren Kindern, statt zur Christvesper am späten
Nachmittag, erst zu einer Christmette am späten Abend oder gegen Mitternacht gehen können."[9]

Er nennt also nicht Elemente, die für den Heiligabend übernommen
werden können, vielmehr beschreibt er eine Feier, die letztlich getragen ist
von der religiösen Haltung und darin Ähnlichkeit hat mit dem Sederabend.
Es gibt aber auch Beispiele, in denen einzelne Riten, die an den Sederabend
erinnern, in Vorschlägen zur Gestaltung des Heiligen Abends übernommen werden. In einem Modell „Heiliger Abend in Familien mit 6–12jäh-
rigen Kindern" gibt es die Form der Fragen nach dem Schema: „Warum
ist diese Nacht so anders als die anderen Nächte?" Allerdings stellt in diesem Modell der Vater die Fragen und die Kinder – katechetisch entsprechend präpariert … – geben die Antworten:

> *Der Vater fragt:*
> Warum schmücken wir den Baum mit Glaskugeln und Glitzerwerk?
>
> *Die Tochter antwortet:*
> Weil die Weisen aus dem Morgenland dem Jesuskind wertvolle Ge-

schenke brachten: Gold, Weihrauch und Myrrhen. Sie brachten das
Wertvollste, was sie besaßen. (Sie hängt eine Glaskugel an den Baum.)

*Der Vater fragt:*
Warum stellen wir eine Krippe auf mit verschiedenen Figuren: Maria
und Joseph, Hirten, Schafen und Engeln?

*Der Sohn antwortet:*
Weil wir es wissen sollen, dass uns Gott lieb hat. Er hat seinen Sohn
Jesus Christus geschickt. Wir geben ihm jetzt bei uns Raum, auch
wenn er sonst keinen Raum findet.[10]

Ob diese Vorschläge als gelungen zu bezeichnen sind, sei doch sehr bezwei-
felt. Sie wirken häufig aufgesetzt, wurzeln in einer für die letzten Jahrzehnte
Mode gewordenen Vorliebe für jüdische Riten und Texte, mit der die christlichen Feierformen „bereichert" werden sollen, die aber damit oft nur theo-
logisch überfrachtet erscheinen. Nicht jeder von außen her in die christliche
Liturgie bzw. Frömmigkeit übernommene alte Ritus stellt auch sogleich ein
brauchbares Ritual dar … Das gilt zum Teil auch für die Vorschläge, denen
andere jüdischen Riten außerhalb des Seders zugrundeliegen.

## Weitere jüdische Vorbilder

Hermann Reifenberg nennt in seinen Überlegungen zur Gestaltung des
Heiligen Abends auch zwei Segenssprüche im Sinne der jüdischen Beraka
über Christbaum und die Speisen, die auch zugleich eine Ausdeutung des
Gesegneten enthalten: „So vermag etwa ein ‚Segen' (Berakah im ursprünglichen Sinne!) über den Lichterbaum verbunden mit entsprechender Ausdeutung (etwa: Paradiesesbaum – Lichterbaum) zu echter Meditation anzuregen. Ähnliches gilt für eine Berakah über das Weihnachtsgebäck (Ende
der Vorbereitung – Beendigung des Verzichtes – Freude des Festes – Speise und Trank; vgl. dazu die Segnung der Osterspeisen)."[11]

Nicht unmittelbar vom jüdischen Brauch des rituellen Lichtanzündens
herstammend, letztlich aber doch von ihm geprägt sind die Luzernarien
am Heiligabend und an Weihnachten im Buch von Cormier.[12]

Das jüdische Channuka-Fest gibt ebenfalls Anregungen für den Heiligen Abend: „Im vergangenen Advent lernten wir … gemeinsam den Psalm
30 auswendig. Es ist der Channuka-Psalm, jener Psalm also, der uns mit

dem Lichtfest der Schwestern und Brüder Jesu, dem Tempelweihfest, verbindet, das ebenfalls in der Adventszeit gefeiert wird. Das Auswendiglernen
war zwar sehr mühsam, weniger für die Kinder als wie für die Eltern. Trotzdem bereitete es allen große Freude, wie wir am Heiligen Abend in diesem
Text die Verwandlung aus Not und Bedrängnis hin zur Freude und zum
Fest gemeinsam aussprechen konnten, und zwar mit Worten, die Jesus
sehr oft in seinen Mund genommen hat."[13]

Ganz stark schließlich erinnert der polnische Brauch des Brechens der
Weihnachtsoblate an den jüdischen Ritus des Brotbrechens bzw. Brechens
der Mazze am Sederabend.[14] Es ist aber ein so eigenständiger Brauch, dass
er – wenn auch möglicherweise von polnischen Juden beeinflusst – inzwischen längst eine eigene Tradition darstellt.

# 5. Feier, Ritual oder Inszenierung?

*Weihnachten ist immer wunderschön. Vor allen Dingen dürfen die Kinder natürlich nie wissen, daß ein Tannenbaum gekauft wird, das macht der Vater heimlich. Sie werden weggeschickt, wenn der Baum gebracht wird.* Aus großer Zeit

## 5.1. Die Inszenierung des Heiligen Abends

*Vater:* Du hältst unsere Art Weihnachten zu feiern also für unerträglich, kindisch, verlogen und … wie war das?

*Inge:* Sentimental!

*Vater:* Ach ja, sentimental. Würdest du das bitte mal begründen?

*Inge:* Was gibt es da zu begründen? Ist sie es nicht?

*Vater:* Also bitte, Inge, lass die arrogante Tour. Schließlich haben Mutter und ich uns immer viel Mühe gegeben, es Weihnachten so schön wie möglich zu machen.

*Inge:* Das weiß ich.

*Vater:* Also?

*Inge:* Das macht es ja so schwer, darüber zu reden.

*Vater:* Wieso?

*Inge:* Ich habe Angst, dass ihr mich ganz einfach für undankbar haltet, wenn ich sage, was ich denke.

*Mutter:* Inge, was nennst du sentimental?

*Inge:* Ach, die ganze Gefühlsschwemme, diese kindische Geheimnistuerei mit den Geschenken. Diese Fröhlichkeit auf Kommando. Das ganze Jahr über singen wir nicht zusammen, und plötzlich soll gesungen werden. Und du weißt ja, wie sich das anhört. Jedesmal! Und bei „Stille Nacht" kommen Papa die Tränen. Ich kann es nicht mehr sehn.

*Mutter:* Inge, du wirst später …

*Inge:*     Ja, mir ist diese ganze Feierei zu feucht, mit ihren Tränen, mit Küsschen hier und Küsschen da. Aber bei anderen Gelegenheiten, die wirklich zum Weinen sind, da haben wir keine Tränen… Nein, das ist nicht die Art, wie man nach meinem Gefühl Weihnachten feiern sollte.

*Vater:*    Wie stellst du dir denn das vor: deine Weihnachten?

*Inge:*     Ich weiß nicht. Wie soll ich es wissen?

*Mutter:*   Als du klein warst, Inge …

*Inge:*     … hat Papa immer die Weihnachtsgeschichte vorgelesen, ich kann sie fast auswendig. Aber ich habe nicht das Gefühl, dass ich sie verstanden habe.
            Mit zwölf Jahren – in der Zeit muss es abgerissen sein.

*Vater:*    Was bitte?

*Inge:*     Das Gespräch. Ihr habt mir vorgelesen, ihr habt mich beschenkt – aber immer waren es Dinge, Gegenstände, die wir uns geschenkt haben. Wenn ihr mir doch manchmal statt dessen als Geschenk ein einziges meiner Probleme gelöst hättet!

*Vater:*    Das sagst du heute. Ich hätte dich mal sehen wollen, wenn wir dir mit zwölf Jahren nur die „Lösung eines Problems" geschenkt hätten.

*Inge:*     Natürlich. Aber wir sind immer im gleichen Zug weitergefahren. Ich weiß überhaupt nicht mehr, was die ganze Feierei soll mit Tannenbaum und Lametta und dem ganzen Klimbim. Ich weiß bis heute nicht, was ihr eigentlich glaubt.

*Vater:*    Hm …

*Inge:*     Was wissen wir überhaupt voneinander? Und deshalb finde ich es so unnatürlich, Weihnachten plötzlich in Familienseligkeit zu machen. Und ich hätte gerne mit euch über Weihnachten gesprochen und über vieles andere auch.
            Aber irgendwie ist es nie dazu gekommen. Warum eigentlich?

### 5.1.1. Familienszene

Eine fiktive Familienszene aus einem Hörspiel der 70er Jahre des 20. Jahrhunderts.[1] Nicht nur typisch für diese Zeit, die Szene hat sich so oder so ähnlich sicher schon in sehr vielen Familien abgespielt: Das Infragestellen des häuslichen Rituals am Heiligen Abend durch die heranwachsenden Kinder und Jugendlichen. „Ich weiß nicht mehr, wann ich das erste Mal dieses Ritual hasste, zumindest nicht mehr mochte, aber es hat mit Sicherheit einige Zeit gedauert. Mit 12, 14 Jahren gefragt, hätte ich es, wenn nicht wunderschön, so doch auf alle Fälle gültig und verbindlich gefunden. Das war einfach die DIN-Form, Weihnachten zu feiern. Dass man es auch anders oder gar nicht feiern könnte, wäre mir unvorstellbar gewesen."[2]

In der kurzen Hörspiel-Szene klingen etliche Elemente an, die das Ritual des Heiligen Abends bis heute in vielen Familien ausmachen:
- der Vater liest die Weihnachtsgeschichte
- gemeinsames Singen
- „Stille Nacht"
- (geheim gehaltene) Geschenke
- Tannenbaum
- Fröhlichkeit

Die Kritik, die in diesem Hörspielabschnitt anklingt, ist nicht gegen die Rituale an sich gerichtet. Das Missbehagen, das sich bei der Tochter offenbar mit der Zeit eingestellt hat, beruht einerseits auf dem Erleben, dass sich diese Rituale nicht mit dem Verhalten der Familie in der übrigen Zeit eines Jahres decken: „Das ganze Jahr über singen wir nicht zusammen, und plötzlich soll gesungen werden." Und andererseits beruhen sie wohl auch auf der Feststellung, dass diese Rituale nicht äußerer Ausdruck einer inneren Überzeugung sind, sich vielmehr als leere Hülsen erweisen: „Ich weiß bis heute nicht, was ihr eigentlich glaubt." Die Riten, das wird deutlich, sind von den Eltern eingesetzt worden nicht um der Feier und ihres Inhaltes willen, sondern des Kindes wegen: „Schließlich haben Mutter und ich uns immer viel Mühe gegeben, es Weihnachten so schön wie möglich zu machen." Der Heilige Abend wird als bloße Inszenierung erfahren und deshalb in Frage gestellt.

### 5.1.2. Kommunikative Zusammenhänge des Heiligabend-Rituals

Ingeborg Weber-Kellermann, die sich wiederholt und vertieft mit den Bräuchen und Ritualen des Weihnachtsfestes und des Heiligen Abends beschäftigt hat, hat auf die interessanten kommunikativen Zusammenhänge des Heiligabend-Rituals hingewiesen.[3] Sie stellt fest: „Im innerfamiliären Bereich, der zwei, höchstens drei Generationen umfasst, stehen sich zwei Gruppen gegenüber: Eltern und Kinder."[4] Man könnte auch gegenüberstellen: Innen und außen, eingeweiht und nicht-eingeweiht, oben und unten, oder, im Sinne der Kommunikation, Sender und Empfänger. „Die Eltern befinden sich am Heiligabend vor der Bescherung im Weihnachtszimmer – der fertig geschmückte Baum ist ihnen bekannt –, sie wollen die Kinder überraschen, ihnen Freude bereiten und erwarten dafür die Erfüllung bestimmter Forderungen und Verhaltensgebote, zum Beispiel Artig-Sein, Weihnachtslieder-Singen, Gedicht-Aufsagen, Dankbar-Sein, Sich-der-Weihnachtsstimmung-Anpassen; der Vater übernimmt mit dem Anzünden der Kerzen die führende Rolle.

Die Kinder befinden sich außerhalb des Weihnachtsraumes, sie sind nicht in Kenntnis des fertig geschmückten Baumes (zumindest die kleineren), sie erwarten den hellen Baum als Überraschung, wollen Freude erfahren und sind sich der damit verbundenen Gebote bewusst; sie haben sich dafür in langen Wochen präpariert und wollen von den Eltern an diesem Abend geführt werden."[5]

Die geschlossene Tür spielt also eine wichtige Rolle in diesem Schema innen und außen. Das Glöckchen wird zum Signal, das diese Trennung beendet, das Entzünden der Kerze (durch den Vater) wird zum Symbol für den Beginn des eigentlichen Heiligabend-Rituals.

Das Interessante an dieser Beobachtung, die auch heute noch durch die Antworten auf die Umfrage nach den Heiligabend-Ritualen bestätigt wird (Weihnachten wird stark auf die Kinder hin ausgerichtet[6]), liegt in dem Umstand, dass in dem innerfamiliären Kommunikationsprozess irgendwann einmal die Rollen weitergegeben werden: So wie die Eltern in ihrer Kinderzeit einmal „Empfänger" waren, so werden aus den Kindern einmal „Sender" – sofern eigene Kinder vorhanden sind und sich nicht die Eltern nach wie vor als stärkere „Sender" erweisen (s. u.). Daraus ergibt sich zweierlei:

Die Eltern haben ihrerseits viele Bräuche übernommen, die sie als Kinder in der Heiligabend-Inszenierung erlebt haben. Und auch ihre Kinder werden viele dieser Traditionen weitervererben, weil sie diese jetzt so erleben. – Vielleicht wollte die Mutter in obigem Hörspiel-Ausschnitt unbewusst auf dieses Schema verweisen, als sie zu sagen anfing: „Inge, du wirst später …"

### 5.1.3. Die Rolle der Eltern

In ihrer Gegenüberstellung der Rollen von Eltern und Kinder im Heiligabend-Ritual hat Weber-Kellermann bereits etliche Dinge genannt, die den Eltern bzw. dem Vater oder der Mutter traditionell zugewiesen werden. Das von ihr beschriebene Kommunikationsschema war jedoch nicht von Anfang an mit dem familiären Heiligabend-Geschehen verbunden; viele der heute als traditionell und bewusst für die Kinder eingesetzten Riten hatten zunächst einen anderen Zusammenhang. Man kann sie noch deutlicher machen und auch in ihrer Bedeutung erschließen.

So wird dem Vater die führende Rolle in dieser Inszenierung überhaupt zugewiesen. „In diesem Zimmer (= Weihnachtszimmer) waltete von da an nur der Vater, Zeremonienmeister und Inspizient in einem."[7] Durch lange Tradition belegt ist, dass der Vater offensichtlich das Evangelium zu lesen hat. Wie an entsprechender Stelle dargestellt wurde, ist dieser Brauch auch bis heute in vielen Familien bezeugt. Das Verlesen der „Weihnachtsgeschichte" (allein dieser Begriff intendiert bereits das Kindgemäße und führt zur Vorstellung eines „Weihnachtsmärchens" …[8]) durch den Vater ergab sich zu der Zeit, als dieser familiäre Ritus aufkam, aus der gleichsam liturgischen Rolle des Vaters in der Familie, der für das geistliche Wohl seiner ihm Anvertrauten Sorge zu tragen hat. Das Evangelium selbst hatte die Position der Verkündigung innerhalb des familiären Hausgottesdienstes; eine „kindgerechte Gestaltung", wie sie heute verschiedentlich vorgeschlagen wird, ist damit zunächst überhaupt nicht intendiert.

Andere Vorrechte, die dem Vater in dieser Feier als „pater familias" zukamen, sind ebenfalls häufig bis heute noch ausgeprägt, wie gezeigt wurde: Das Entzünden der Kerzen am Christbaum, das Öffnen der Tür zum Weihnachtszimmer. Insgesamt hat(te) der Vater die Leitung dieser Inszenierung, bei der ihm die Mutter durch entsprechende Bereitung des Raumes,

*Abb. 14: Die klassischen Elternrollen der bürgerlichen Weihnacht des 19. Jahrhunderts:*
*Die Mutter spielt Klavier, der Vater zündet die Kerzen am Baum an.*

des Essens und der Geschenke zur Hand zu gehen hat(te). Sie hat(te) möglicherweise auch eine stärkere Rolle im dem religiösen Teil des Abends. Interessant ist in diesem Zusammenhang die Rollenverteilung in einem Familienbuch von 1950: Der Vater liest das Evangelium, die Mutter betet vor.[9]

### 5.1.4. Die Rolle der Kinder

Der geregelte Ablauf des Heiligen Abends ist nach Weber-Kellermann eine
Art Institution mit geheiligten, kultivierten und tabuisierten Verhaltens-
normen im Dienste eines patriarchalischen Familienideals. „In strenger Ordnung folgten einander die Programmpunkte: nach dem Kirchgang entzündet der Vater die Weihnachtskerzen; ein Glöckchen erklingt, und die Kinder
betreten das Weihnachtszimmer, wo sie erfreut und überrascht werden sol-

len; Weihnachtswünsche und Familienküsse beschwören den Familienfrieden; Hausmusik, Weihnachtspotpourris und Weihnachtsgedichte müssen zuweilen noch vor dem Empfang der Geschenke vorgetragen werden. Und dann kommen die Gaben …"[10] Die Leistung der Eltern, ihre Kinder zu erfreuen und zu überraschen, verlangt nach einem entsprechenden Verhalten, einer Gegenleistung der Kinder, das sich vor allem in Dankbarkeit ausdrückt, die wesentlich zur Aufrechterhaltung des Familienfriedens dient. Daher in obigem Hörspiel auch die Sorge der Tochter: „Ich habe Angst, dass ihr mich ganz einfach für undankbar haltet, wenn ich sage, was ich denke." – Im Weihnachtslied „Morgen, Kinder, wird's was geben" heißt es zum Abschluss der 4. Strophe: „… unsre lieben Eltern sorgen / lange, lange schon dafür. / O gewiss, wer sie nicht ehrt, / ist der ganzen Lust nicht wert."[11]

Die Dankbarkeit der Kinder äußert sich in konkreten Formen. Zum Beispiel in der gebührenden Aufmerksamkeit, mit der man sich erst dem Baum zuzuwenden hat, ehe es an die Geschenke geht (vgl. *Kapitel 2.4.3.*). Eine andere Form von Leistung sind musikalische Stücke, die zum Besten gegeben werden (müssen); hier lässt sich auch trefflich feststellen, was der Sohn, die Tochter in den vergangenen Monaten des Jahres am Klavier oder mit der Flöte für Fortschritte gemacht hat.

In diesem Zusammenhang dienen auch die Gedichte der Kinder, von denen bis heute immer wieder zu lesen ist, nicht nur dem Ausdruck der Feier (Gebete und Verheißungssprüche); sie sind vielmehr auch eine Leistung, die es zu erbringen gilt, um sich die anschließenden Geschenke auch zu verdienen. „Wir Kinder mussten eine Zeit lang Gedichte aufsagen, aber da das Repertoire bald erschöpft war, wurde später von dieser Lösung wieder abgegangen. Schließlich war der Weg zu den Geschenken frei, die nach Personen auf Haufen geordnet waren."[12] Das wird auch deutlich aus rückblickenden Beschreibungen, in denen die „Prüfungssituation" des Gedicht-Aufsagens geschildert wird:

> Dann waren da in der Kinderzeit noch die kleinen Verse und Gedichte, die man lernen musste. Die soviel Mühe und Anstrengungen kosteten, mit Herzklopfen aufgesagt wurden, weil man sich nie ganz sicher fühlte. (64)

> … dann (wird) ein Gedicht gelesen (früher musste jedes der fünf Kinder eins auswendig sagen – das war ein Lernstress vorher … (9)

> Als Kind musste ich immer ein Gedicht aufsagen, daran habe ich so
> schreckliche Erinnerungen, dass ich dieses Ritual meinen Kindern
> ersparen will. (59)

Möglicherweise sind die Gedichte an die Stelle von Gebeten getreten, die
ja ebenfalls in älterer Zeit Kinder häufig zu lernen hatten; sie mögen aber
auch mit den in der Vorbereitungszeit auswendiggelernten Bibelversen,
den Verheißungssprüchen, zusammenhängen, deren Sinn am Heiligabend
erfüllt ist (vgl. *Kapitel 2.2.2.*). Doch auch diese an sich sinnvollen
Verheißungsverse können hinterfragt werden: „Die Weihnachtsfeier der
Jahrhundertwende liebte das Aufsagen der Weihnachtsgeschichte und der
Verheißungen. Darin war ein gesundes Moment. Aber es roch meist zu
sehr nach Schulstunde."[13] Diese Gedichte können sich mit der Zeit aber
auch verselbständigen und außerhalb des Schemas Eltern – Kinder zu einer „Leistung" werden, die es grundsätzlich zu erbringen gilt:

> Bevor ich nicht geläutet habe, darf keiner ins Zimmer, und jeder, auch
> die Erwachsenen, müssen ein Lied singen oder ein Gedicht aufsagen. (71)

Auch die Lieder können aus ihrer ursprünglichen Funktion des Fest-Aus-
druckes herabrutschen zur reinen Pflichtübung und Leistung, die der anschließenden Belohnung durch die Geschenke vorausgeht.

> Gespannt marschierten wir in die gute Stube. Singen war Pflicht.
> Auch für meinen Vater, der ein unglaublicher Brummer war. Erst
> danach stürzten wir uns auf die Geschenke.[14]

*Abb. 15: „Ein gemein-
sames Gedicht!"*

Zur „Leistung" der Kinder gehört es auch, den Eltern die gebührende Freude für die Geschenke zu zeigen. Es kann zu einer aufgesetzten Freude werden, die Inge in obigem Hörspiel zurecht beklagt: „Küsschen hier und Küsschen da." Unübertroffen hat diese erwartete Freude Erich Kästner in seinem Buch „Als ich ein kleiner Junge war" beschrieben und in ihrer Bedeutung für die Inszenierung des Heiligen Abends dargelegt:

> Die Zimmertür stand offen. Der Christbaum strahlte. Vater und Mutter hatten sich links und rechts vom Tisch postiert, jeder neben seinen Gaben, als sei das Zimmer samt dem Fest halbiert. […] Zögernd ging ich auf den herrlichen Tisch zu, auf den halbierten Tisch, und mit jedem Schritt wuchsen meine Verantwortung, meine Angst und der Wille, die nächste Viertelstunde zu retten. […] Doch ich musste meine Rolle spielen, damit das Weihnachtsstück gut ausgehe. Ich war ein Diplomat, erwachsener als meine Eltern, und hatte dafür Sorge zu tragen, dass unsre feierliche Dreierkonferenz unterm Christbaum ohne Missklang verlief. Ich war schon mit fünf und sechs Jahren und später erst recht der Zeremonienmeister des Heiligen Abends und entledigte mich der schweren Aufgabe mit großem Geschick. Und mit zitterndem Herzen.
>
> Ich stand am Tisch und freute mich im Pendelverkehr. Ich freute mich rechts, zur Freude meiner Mutter. Ich freute mich an der linken Tischhälfte über den Pferdestall im allgemeinen […] Und noch einmal rechts, und noch einmal links, und nirgends zu lange und nirgends zu flüchtig. Ich freute mich ehrlich und musste meine Freude zerlegen und zerlügen.[15]

Das dankbare liebevolle Verhalten beschränkt sich nicht auf den Abend; das geht hervor aus dem halb spaßhaft, halb ernst gemeinten Seufzer der Mütter, wenn sie nach einem Weihnachtswunsch gefragt werden: „Liebe Kinder".

> Und Mutter, was hatte die gekriegt? „Ich wünsch' mir eure Liebe", hatte sie wieder einmal gesagt. Und: „Vati kann nicht schenken, noch nie hat er mir was geschenkt, noch nicht ein einziges Mal." Sie habe ja alles, sage er dann.[16]

Wie sehr das Heiligabend-Ritual zur Inszenierung für die Kinder geraten kann, geht ebenfalls aus der Erinnnerung Kästners deutlich hervor: Das Beschenken des Kindes war seinen Eltern so vordergründig, dass sie darüber häufig vergaßen, sich ihre gegenseitigen Geschenke zu überreichen. Manchmal geschah das erst nach dem Essen, denn es war ja nicht so wichtig.[17] Wahrscheinlich wird bis heute in vielen Familien das Schema des Heiligabends nur der Kinder wegen aufrecht erhalten; es entfällt, sobald diese aus dem Haus sind, bzw. wird wieder hervorgeholt wie eine alte Puppe, sobald die Enkelkinder kommen.

> Es wird gesungen, wenn meine kleine Patentochter (7 Jahre) dabei ist – wir Erwachsenen machen es nicht. (34)

*Abb. 16: Die Weihnachtszeit lohnt sich – allein der strahlenden Kinderaugen wegen.*

### 5.1.5. Auflösung der Rollenverteilung

Diese Rollenverteilung löst sich aber seit geraumer Zeit vielerorts auf. Vor allem in den 70er Jahren des 20. Jahrhunderts wurde der Heiligabend in seiner Gestaltung – nicht nur hinsichtlich des „Geschenkerummels" – hinterfragt, die Diskrepanz zwischen der biblischen Botschaft von Weihnachten und ihrer Umsetzung in vielen weihnachtlichen Feiern wurde offenkundig. Es wurde gefordert, die Bräuche daraufhin abzuklopfen, was an ihnen „übertünchtes Grab" ist, und was noch lebendige Kraft in sich hat.[18] Gerade die Fortführung der überkommenen Rituale stellten manche Autoren in Frage: „Ein junges Ehepaar darf sich nicht wundern, dass es sich frustriert fühlt und unaufrichtig vorkommt an Weihnachten, wenn es nur die Familienbräuche der Eltern kopiert."[19] Viele Autoren setzten sich kritisch mit der überkommenen Art der Feier des Heiligabends auseinander, entwarfen Gegentexte und Elemente für ein Anti-Weihnachten.[20] Manche bekannten sich aber auch zu einem „Ja zum Feiern" – allerdings in neuer Art.[21] Vor allem die Kinder und Jugendlichen sollen stärker als gleichwertige Mitfeiernde angesehen werden und nicht nur als Objekt der elterlichen Inszenierung. Das entspricht einer Öffnung gegenüber den Kindern und Jugendlichen in unserer Gesellschaft und auch ihrer Mithineinnahme in die Gestaltung der Liturgie, wie sie kirchlich seit den späten 60er Jahren ebenfalls stattfindet.

Die Hausvater-Vorstellung, die zwar Parallelen hat mit der Rolle des Hausvaters beim jüdischen Sederabend (vgl. Kapitel Exkurs 2), lässt sich auch heute kaum mehr aufrecht erhalten; auch kann es nicht mehr um ein Tun von oben nach unten, sprich der Eltern allein für ihre Kinder gehen. Gemeinsamkeit ist wichtig. So fragt Anselm Grün seine Leser: Stimmen die Rituale noch, mit denen Sie Weihnachten feiern?, und er gibt den Rat: „Zur Vorbereitung von Weihnachten gehört nicht nur, dass man Geschenke einkauft, sondern sich auch gemeinsam überlegt, wie man den Heiligen Abend begehen möchte, wie man die häusliche Liturgie um den Christbaum und die Krippe so gestalten könnte, dass alle Familienmitglieder etwas davon haben."[22]

Wie es die verschiedenen Hilfen zur Gestaltung des Heiligabend zeigen, können es auch durchaus die Kinder sein, die eine wichtige Aufgabe in diesem Geschehen übernehmen. Das gilt beispielsweise auch für das gemeinsame Schmücken eines Christbaums, der dann nicht mehr als Überraschung den Kindern präsentiert werden kann.

> Der Baum wird von den Eltern am Vorabend geschmückt, entgegen Traditionen in anderen Familien dürfen die Kinder ihn aber am Morgen schon sehen. (78)

## 5.1.6. Heiligabend-Stress

Vielleicht entsteht der vielfach erlebte und beklagte „Weihnachts-Stress"
und Streit an diesem Tag zu einem nicht geringen Teil aus der Spannung,
die sich aus gegenseitigen Erwartungen und Ansprüchen in diesem
Kommunikationsmodell ergeben: Es werden Verhaltensmuster weiter gepflegt, obgleich sich die Situationen im Laufe der Jahre Grund legend ändern: Kinder schlüpfen aus der Rolle, die ihnen von den Eltern oft ein für
allemal zugedacht wurde. „Wir sind immer im gleichen Zug weitergefahren", wie es Inge in obigem Hörspiel-Ausschnitt formuliert.

> Für mich als Hausfrau eher etwas stressig; Versuch, Erwartungsdruck
> abzubauen, divergierende Interessen unter einen Hut zu bringen. (33)

Der Familienfrieden, zu dem die Kinder mit ihrem dankbaren Wohlver-
halten beitragen kann eben durch entsprechendes „Fehlverhalten" emp-
findlich gestört werden. Dänzer-Vanotti nennt in diesem Zusammenhang
das Coming-out Homosexueller, die sich an diesem Tag familiärer Gemeinschaft mit ihrem Zwang zur Normalität schwer tun. „Da aber die
Familie nun einmal an diesem Abend in einer Vollzähligkeit versammelt
ist wie sonst nie während des Jahres, eignet sich die kleine Gesprächspause
zwischen Karpfen und Vanillecreme gut für das Coming-out. Viele Ho-
mosexuelle berichten, sie hätten an Weihnachten ihre Familie mit ihrer
sexuellen Neigung bekannt gemacht – und damit das Fest oft gesprengt."[23]
    Eine Art Coming-out im wahrsten Sinne des Wortes ist auch das erste
Weihnachtsfest, das die Kinder bewusst nicht bei und mit den Eltern verbringen, sondern für das sie – sei es allein oder mit anderen zusammen –
eine eigene Tradition suchen und aufbauen. Nicht selten ist dieser erste
Heiligabend ohne die Eltern von gewissen Schuldgefühlen oder einem
schlechten Gewissen begleitet, mit vorprogrammiertem Streit im Anschluss
an die Weihnachtstage verbunden, wenn es wieder zurück in den Schoß
der Familie geht. Doch dieses „Coming-out" ist wichtig, wie auch Dänzer-
Vanotti befindet: „Auf dem Weg ins Erwachsenenleben – dessen Beginn
in unserer Gesellschaft kaum mehr an ein bestimmtes Alter geknüpft ist –
kann es gerade wichtig sein, die eigene Weihnachtstradition zu finden."[24]
    Ein schlechtes Gewissen hinterlässt nicht selten auch die Frage nach
dem Familienbesuch: Soll man mit den Kindern und dem Ehepartner an

Weihnachten – oder zumindest am 2. Weihnachtsfeiertag – nach Hause zu eigenen Eltern oder denen des Partners fahren? „Da ist dieses unbestimmte Gefühl, man sollte die Eltern nicht alleine unter dem Christbaum sitzen lassen; da ist eine gewisse Verpflichtung, auch Dankbarkeit für die Möglichkeit des Rückzugs an den heimischen Herd. Auch das Alter der Eltern mag man bedenken und damit verbunden die Furcht, nicht mehr allzu viele Weihnachtsfeste mit ihnen zu verleben."[25]

Dänzer-Vanotti rät zu einem entsprechenden „familiären Krisenmanagement", d. h. einer rechtzeitigen Klärung, eines Gesprächs über Erwartungen, Bedürfnisse, Befindlichkeiten. Sie legt sogar einen Fragebogen vor, in denen diese Fragen in Bezug auf die Eltern genau aufgelistet sind:[26]

Will ich mit meiner Familie feiern?

Will ich mit meinen Eltern feiern?

Wenn ja, was ist mein Motiv?

Tue ich das für mich oder für die Eltern?

Mag ich das angestammte Fest mit ihnen?

Will ich den Eltern Gesellschaft leisten?

Tue ich das gerne oder eher gequält?

Bewahrt mich das Feiern mit den Eltern davor, ganz alleine zu sein?

Soll es so ablaufen, wie die Jahre zuvor, oder kann ich diesem Fest neue Impulse geben?

Fahre ich zu den Eltern oder lade ich sie ein?

Will ich den Abend nur überstehen oder auch genießen und was kann ich dafür tun? *usw.*

Wenn ich mich entschließe, Weihnachten nicht mit den Eltern zu verbringen, obwohl diese mich eingeladen haben:

Tue ich das für mich oder gegen sie?

Erwarte ich, dass die Eltern verletzt sind oder zum Beispiel eher befreit?

Wie und wann kündige ich meinen Entschluss an, so dass alle Beteiligten sich darauf einstellen und entsprechend planen können? *usw.*

Das trägt zur Erhaltung des Weihnachtsfriedens und des eigenen Friedens erheblich bei. Dieser lässt sich freilich auch durch Unterwerfung aufrechterhalten, wenn z. B. die Kinder stillschweigend in ihrer Rolle verbleiben – selbst wenn sie erwachsen geworden sind. Tatsächlich lässt sich aus manchen Beschreibungen ablesen, wie lange teilweise die Rollenverteilung innerhalb der Familie so verbleibt.[27] Eine andere Form der Lösung dieses Konfliktpotenzials besteht darin, dass man sich dem Ritual als solchem erst gar nicht unterwirft, es als das belässt, was es sein will: eine Hilfe zur Gestaltung zur Feier, aber kein Zwang.

> Mein Mann ist Gemeindeleiter. Als solcher muss er sich zwischen den Ansprüchen der Gemeinde und der Familie sehr sorgsam bewegen. Diesem Umstand verdanken wir aber auch, dass wir nie in der Gefahr sind, das Weihnachtsfest mit Ansprüchen zu überfrachten. (6)

*Mutter las immer mal wieder die Lukas-Stelle. Und ich spielte die*
*alten Weihnachtslieder. „Wie früher Vati, mein Jung."*
    *Christ, der Retter ist da.*
*Mit Vor- und Nachspiel.*              Uns geht's ja noch gold

## 5.2. Erhaltung alter Rituale an besonderen Tagen

Das Kommunikationsschema, das Weber-Kellermann im Heiligabend-Geschehen erkennt, vor allem die spätere Übernahme der Elternrolle durch die
Kinder, erschließt noch eine weitere interessanten Beobachtung: Auf diese
Weise beinhaltet der Heiligabend in vielen Familien nämlich sehr alte
Tradtionen, die teilweise durch die familiäre Lebenswelt einerseits bzw. durch
den Festinhalt andererseits gar nicht mehr gedeckt sind. Zu diesen Traditionen gehört vor allem die Feier des Heiligabends „wie wir es früher gemacht haben". Das ist durchaus nachvollziehbar. „Kinder sind erwachsene
Menschen geworden, sie können nicht mehr alle unter demselben Weihnachtsbaum versammelt sein … Man merkt es aber, dass auch die erwachsenen Kinder noch an den Weihnachtsbaum bestimmte stillschweigende
Anforderungen stellen. Neuerungen sind nicht erlaubt. Es braucht nicht
alles wie im vorigen Jahr zu sein, aber es soll doch sein wie früher."[28]

### 5.2.1. Heiligabend und das „Baumstarksche Gesetz"

Die Beobachtung Weber-Kellermanns deckt sich mit einer Gesetzmäßig-
keit, die es in der Liturgie gibt und die Anfang des 20. Jahrhunderts Anton
Baumstark dargestellt hat: An liturgisch „hochwertigen" Tagen wie etwa
Karfreitag oder Gründonnerstag, pflegen sich ganz alte liturgische Über-
lieferungen zu erhalten.[29] Die Besonderheit der Liturgie dieser Tage beruht daher nicht so sehr auf dem Inhalt der Festfeiern, vielmehr drücken
sich darin ganz alte, sonst nicht mehr bewahrte liturgische Praktiken aus.
Dieses Phänomen gibt es auch außerhalb der Liturgie; auch im Bereich
des Essens und Trinkens trifft dies zu, wie Richard Wolfram – ähnlich wie
Baumstark – formuliert hat: „Bei brauchtümlich besonders wichtigen Mahlzeiten pflegen sich Gerichte aus dem ganz alten Speisezettel zu erhalten."[30]

Gerade am Essen lässt sich diese Beobachtung an Heiligabend gut verdeutlichen; denn das Festhalten am „einfachen Essen" bzw. auch an Fischgerichten unterschiedlichster Art steht ja in einem eklatanten Widerspruch zur inzwischen üblichen Festlichkeit dieses einstmaligen Fast- und Abstinenztages. So bleiben die Inhalte, obgleich sich der äußere Rahmen veschoben hat. Es geht aber auch umgekehrt:

> So eine kleine gemeinsame Weihnachtsfeier stellt eine gewisse Tradition dar. Das gab es auch schon in meiner Familie, in der ich Kind war. Lediglich die Inhalte der Weihnachtsfeier haben sich im Laufe der Zeit mit dem Älterwerden der Kinder verändert. Der äußere Rahmen ist jedoch geblieben. (32)

Wie alt die Traditionen in den Familien teilweise sind, wird aus einigen Antworten der Umfrage deutlich. Eine Frau (60 Jahre) etwa bekannte: Der Abend wird wie seit meiner Kinderzeit so gefeiert. (11) Bei einer anderen, 77-Jährigen, gibt es seit der Kindheit das traditionelle Heiligabend-Essen. (84) Ebenso ist zu erkennen, dass diese Traditionen innerhalb der Familie „weitervererbt" werden.

> Wir feiern so, wie meine Eltern auch immer mit uns gefeiert haben. (94)

> Zu Hause haben wir eine Krippe, die ich vor Jahren mal gebaut habe, so ähnlich wie die, die mein Vater schon baute. (41)

> Traditionell wird bei uns am hl. Abend der Weihnachtsbaum am Vormittag aufgestellt und von der ganzen Familie geschmückt. [...] Das Schmücken des Weihnachtsbaumes am hl. Abend wurde bei meiner Großelterngeneration eingeführt. (30)

> Dieses Ritual besteht seit etwa 20 Jahren… (79) – Wir hören seit 20 Jahren dieselbe Kassette. (48)

> … die äußeren Formen am Heiligen Abend [haben sich] bei uns wohl gewandelt, dem Alter unserer Mädchen entsprechend, aber die Rituale und die Inhalte sind dieselben geblieben. (81)

Gelegentlich wird aber auch bewusst die Tradition durchbrochen, nicht selten müssen auch Kompromisse zwischen verschiedenen Traditionen des Elternpaares gefunden werden.

> Anders als von zu Hause gewohnt schmücke ich nach dem Mittagessen gemeinsam mit den Kindern den Baum. Dazu legen wir Bachs Weihnachtsoratorium auf. Danach wird die Türe abgeschlossen. (16)

Das Festhalten an alten Formen kann auch Selbstzweck und somit zu einem eigenen (mitunter skurrilen) Ritual werden:

> Früher musste immer jemand das Lied: „Es wird scho glei dumpa …"
> vorschlagen, das niemand kannte bzw. niemand je sang. Mein Vater
> musste besorgt auf die Unterseite des Regals blicken, unter dem die
> Krippe mit den Kerzen stand, und besorgt sagen: „Ob das gutgeht?" (8)

Letztlich ist freilich die ganze häusliche Feier mit ihren religiösen Grundmustern, die in einem großen Teil der Bevölkerung einzig noch an diesem Abend stattfindet, auch in diesem Zusammenhang ein Beweis für die Richtigkeit der These Anton Baumstarks, dass sich an herausgehobenen, hochwertigen Tagen alte (liturgische) Formen zu erhalten pflegen.

### 5.2.2. Sehnsucht nach dem Gefühl, geliebt zu sein

Die Bewahrung solch alter Feier-Schemata hängt aber auch damit zusammen, dass sich die meisten Menschen nach dem Weihnachten ihrer Kindheit sehnen. Sie standen im Mittelpunkt der Feier, waren wichtig, ja, das Fest drehte sich eigentlich um sie. Ihre Wünsche wurden zumindest gehört oder auf dem Wunschzettel entgegengenommen, und auf die Erfüllung durfte man sich freuen. „Dieses Gefühl, geliebt zu werden, verstanden und geborgen zu sein, sucht jeder Mensch im weiteren Leben immer wieder. Weihnachten kann daran erinnern, dass man dieses Gefühl tatsächlich erleben kann, wenn wenigstens *ein* Fest der Kindheit eine Ahnung davon geben kann."[31] – „In jener Christnacht hat das Leben mich noch geliebt", schreibt die Autorin Margit Kastiany im Rückblick auf verschiedene Weihnachtsabende ihres Lebens.[32]

Dieses Gefühl aber deckt sich durchaus mit der christlichen Botschaft des Weihnachtsfestes: „Seht, wie groß die Liebe ist, die der Vater uns geschenkt hat: Wir heißen Kinder Gottes und wir sind es" (2Joh 3,1). „Die Gesten des privaten Lebens entsprechen der übergeordneten religiösen Bedeutung. Wer diese Bedeutung nicht mehr ausdrücklich für wichtig hält, bekommt in den Ritualen dennoch unbewusst eine Ahnung davon."[33]

# 6. Weihnachten für den Hausgebrauch *oder* Domestizierung eines Festes

Die drei zu Anfang genannten „Frag-würdigkeiten" (warum findet die Weihnachtsfeier am 24. und nicht am 25.12. statt; warum wird sie vorrangig in der Familie statt in der Kirche begangen; warum wird sie durch gottesdienstliche Elemente geprägt?) sollten, so gut es geht, durch die bisherige Darstellung beantwortet und erläutert werden. Tatsächlich wurde durch das Vorziehen des nächtlichen Weihnachtsgottesdienstes und die (zusätzliche) Feier einer familiären Hausandacht das Ritual des Heiligen Abends in den Familien wesentlich geprägt, auch wenn sich die liturgischen Hintergründe heute nicht mehr überall als solche zu erkennen geben. Versuche vor allem in den 70er Jahren des 20. Jahrhunderts, das Heiligabend-Ritual aufzubrechen und zu verändern, nahmen sich (unbewusst) auch diese Faktoren vor, um durch deren Änderung den Sinn der Weihnachtsfeier tiefer und neu zu erschließen. Das geschah etwa durch die Vorschläge, den engen Kreis der Familie auszuweiten, oder aber durch Auflösung der Rollenverteilung am Heiligabend, die letztlich auf die in der Hausväterlichkeit begründeten gottesdienstlichen Aufgaben basierte, aber auch durch bewusstes Verschieben der familiären Feier auf den 25.12. Inzwischen, so hat man den Eindruck, geschieht das Infragestellen des Heiligabend-Rituals nicht mehr so vehement, wie es vor 30 Jahren der Fall war. Vielmehr hat sich ein Hang zum Nostalgischen breit gemacht, der die alten Rituale wieder behaglich zelebriert.[1]

Trotzdem bleibt die Frage, ob durch diese Form der Feier des Heiligen Abends die Botschaft des Weihnachtsfestes wirklich zum Tragen kommt. Noch einmal sollen daher die drei genannten Eckdaten besehen und kritisch daraufhin hinterfragt werden, inwieweit sie möglicherweise dazu beitrugen, die an sich revolutionäre Idee von Weihnachten im Laufe der Zeit zu domestizieren und zu verharmlosen.

## 6.1. Feier am 24. Dezember?

Weihnachten bedeutet: Gott wird Mensch, der „Schöpfer aller Ding" wird geboren, der von Ewigkeit her Seiende wird ein kleines Kind; die Menschen erhalten Anteil an der Würde Gottes. Die Feier dieser eigentlich nur im Paradox auszudrückenden Fest-Idee ausgerechnet am 25. Dezember beruht auch auf theologischen Implikationen, insofern dieses Datum mit dem 25. März, dem Tag der Empfängnis Christi sowie seines zeitweilig angenommenen Todestages, zusammenhängt und daher von hohem symbolischen Aussagegehalt ist: „Ausschlag gebend für den 25. Dezember war wohl der Zusammenhang von Schöpfung und Kreuz, von Schöpfung und Empfängnis Christi, wobei von der ‚Stunde Jesu' her diese Daten freilich den Kosmos miteinbezogen, den Kosmos auslegten als Vor-Verkündigung Christi, des Erstgeborenen der Schöpfung (Kol 1,15), von dem die Schöpfung redet und durch den ihre stumme Botschaft enträtselt wird. […] Von diesem ursprünglich kosmischen Gehalt des Empfängnis- und Geburtsdatums her konnte dann auch die Herausforderung des Sonnenkultes angenommen und positiv in die Theologie des Festes einbezogen werden."[2]

Welcher Hypothese der Entstehung des Weihnachtsfestes (Berechnungshypothese oder religionsgeschichtliche Hypothese) man auch immer den Vorzug geben will,[3] es ist letztlich zu bedauern, dass die Feier von Weihnachten vom 25. Dezember bei uns faktisch auf den 24. vorgerutscht ist. Das ist keine Frage des wirklichen Geburtsdatums Jesu, das wohl nicht bekannt ist, selbst wenn es bis heute Versuche und Überzeugungen gibt, dieses Datum errechnen zu können, es ist vielmehr eine Frage der Symbolik und auch des Umgangs der Kirchen mit ihren Symbolen – auch mit dem Symbol Zeit.

Der 25. Dezember hat auch als Datum der Wintersonnwende eine eminent symbolische Bedeutung für die Entstehung des Weihnachtsfestes. Sie spiegelt sich bis heute in den Texten der Lieder, wenn vom ewigen Licht, das da hereingeht, gesungen wird (Gelobet seist du, Jesu Christ), von der Sonne, die Licht, Leben, Freud und Wonne bringt (Ich steh an deiner Krippe hier), vom Gottmensch Jesus Christus, der sich wie die Sonne erhebt (Komm, du Heiland aller Welt). Dieser Hintergrund ist allerdings, zugebenermaßen, von heutigen Menschen kaum mehr wirklich erfahrbar.

Erfahrbar aber bleibt ihm die Nacht-Zeit, die ja ebenfalls für die Theologie der Geburt Jesu eine wichtige Rolle spielt. Zwar ist in den Evangelien auch von einer Uhrzeit nicht die Rede, doch die Angabe, dass die Hirten Nachtwache auf den Feldern hielten (Lk 2,8) sowie das Wort von der „Mitte der Nacht" in einer Stelle des alttestamentlichen Weisheitsbuches, die als Prophezeiung auf dieses Geschehen verstanden wurde (Weish 18,14), machten die „halbe Nacht", die Mitternacht, als symbolische Zeit der Gottferne zugleich auch zur Zeit, in der die Rettung am nächsten ist, weil die Ankunft des Bräutigams unmittelbar bevorsteht (Mt 25,6): „Christ, der Retter ist da."

Man ist, was die Gottesdienste anbelangt, vielfach von dieser Zeit der Mitternacht und ihrer Symbolik abgegangen, wobei, wie dargestellt wurde, hauptsächlich äußerliche Gründe eine Rolle spielten (nächtliche Umtriebigkeiten, Alkoholmissbrauch, Gefährdung durch Dunkelheit). Die evangelischen Kirchen gingen dabei schon bald voran, die katholische Kirche hielt bis in die 60er Jahre des 20. Jahrhunderts an der Uhrzeit der Mitternacht (frühestens) für die Mette fest, dann rutschten hier ebenfalls die Gottesdienstzeiten nach vorn – bis in den frühen Nachmittag des 24. Dezember hinein.

Man kann sich heute oft nicht mehr vorstellen, dass die Osternacht Jahrhunderte lang am frühen Karsamstagmorgen gefeiert wurde, wohin sie mit der Zeit vorgerutscht war. Ein Blick auf die weihnachtliche Mettenpraxis in vielen Kirchen lässt dieses Phänomen besser verstehen. Leider wird die nächtliche Symbolik der Osternachtliturgie inzwischen ebenfalls von vielen Gemeinden nicht mehr wahrgenommen; Osternachtfeiern finden nicht nur am Abend, sondern zunehmend auch am frühen Morgen statt – Beginn teilweise 6.00 Uhr morgens, wenn es bereits hell wird oder schon ist. Auch hier wird die Aussage von der Nacht, die allein die Stunde der Auferstehung kennt (Exsultet) und daher immer wieder besungen und in Gebeten angesprochen wird, ad absurdum geführt.

Dies hatte und hat zur Folge, dass die nachmittäglichen Gottesdienste nicht nur als Auftakt der weihnachtlichen Festlichkeiten erlebt und verstanden werden, wie dies ja durchaus eine liturgische Tradition hat (Erste Vesper am Vorabend der Sonntage und Hochfeste). Durch die einzigartige Spannung, die über Wochen hinweg vor diesem Fest aufgebaut wird und die in der familiären Feier vor allem bei der Geschenkübergabe gelöst wird, wurde der Spätnachmittag/Abend des 24. zum erlebten und damit eigentlichen Höhepunkt von Weihnachten und eben nicht mehr der 25. Dezember selbst.

Der Verlust dieser zeitlichen Symbolik hat auch einen Verlust an Glaubwürdigkeit der Kirche in ihren Verkündigungstexten zur Folge. Die Nacht-Zeit, deren Symbolik für die Erlösung des Menschen durch die Menschwerdung Gottes in vielen Liedern und Gebeten ausgedrückt wird, ist eine Worthülse geworden. „Darüber zu klagen, dass in der Öffentlichkeit das Wissen um unsere christlichen Feste im Schwinden begriffen oder z. T. schon ganz verloren gegangen ist, ist eine Sache. Als Kirche müssen wir uns fragen, ob wir nicht selbst dazu beitragen, indem wir zu wenig auf eine stimmige Feier unserer Festzeiten und auf eine adäquate Rede darüber achten. Wie wir unseren Glauben feiern und wie wir davon reden, hat überdies Auswirkungen auf unseren Glauben selbst."[4] Es stünde daher den Kirchen gut an, dass sie an ihrem alten Datum und auch der nächtlichen Zeit festhielte, wie es immer wieder auch gewünscht und gefordert wird. Besonders die „Mette" sollte die Mitternacht umfassen.

Das schließt Gottesdienste am Nachmittag/Abend des 24.12. nicht aus; sie sollten aber vorbereitenden Charakter haben und nicht die Feier vorwegnehmen, wie es in der Regel geschieht. Die nur für das deutsche Messbuch geltende Regelung, dass die Texte der Mitternachtsmesse auch am Abend, sogar noch vor der Zeit der Ersten Vesper verwendet werden können, ist in diesem Zusammenhang kontraproduktiv. Für die Gläubigen muss die Botschaft dieses Festes und seiner Zeit auch adäquat erlebbar bleiben.

In Erfurt finden seit einigen Jahren am 24.12. zwei verschiedene nächtliche Feiern im Bereich des Domes statt: Um 22 Uhr wird in der Nachbarkirche des Domes, der Severinkirche, die Eucharistie (Christmette) gefeiert, mit deren Teilnahme viele „Weihnachts-Kirchenbesucher" überfordert wären. Diese haben dann die Gelegenheit, gegen 24 Uhr (!) im Dom an einer religiösen Feier – einer Art Wortgottesdienst – teilzunehmen, zu der auch das „Weihnachtsevangelium" gehört (von einem Sprecher gelesen), Weihnachtlieder und eine Ansprache des Bischofs. Diese Gelegenheit wird von sehr vielen Menschen wahrgenommen. Bei der Wahl des Zeitpunktes wird also offensichtlich davon ausgegangen, dass den Menschen – auch wenn sie nicht kirchlich sozialisiert sind – eine mitternächtliche Zeit durchaus zugemutet werden kann – vielleicht, weil sie es auch erwarten. Das Läuten der Glocken um 24 Uhr wird dabei auch als emotionaler Höhepunkt erfahren.[5]

## 6.2. Feier in der Familie?

Die familiäre Feier von Weihnachten ist, wie die Verlagerung auf den Heiligen Abend, ein relativ junges Phänomen, das sich erst vor etwa zwei Jahrhunderten herausgebildet hat. Es ist dabei so herangewachsen, dass Weihnachten inzwischen als *das* Familienfest gilt. „Aus einem ehemals streng religiösen Fest hat sich Weihnachten mehr und mehr zum wichtigsten Familienfest des Jahres gewandelt.“[6] Durch diese Feier im Kreis der Familie (auch mitbedingt durch die Traulichkeit des Abends) hat das Weihnachtsfest bei uns eine emotionale Tiefe und damit eine Bedeutung erhalten, die Ostern, obwohl es das bedeutendere christliche Fest ist, nicht hat.

Auf der einen Seite hat dies den positiven Aspekt, dass durch die Betonung des familiären Zusammenhangs bestimmte familiäre Werte – auch seitens der Medien und sogar der Liturgie selbst (Weihnachtspredigten; Fest der heiligen Familie) – einer breiten Bevölkerung vermittelt und damit hoch gehalten werden. Daran konnten sich andere Themen anschließen, die ebenfalls in der Öffentlichkeit das Bild von Weihnachten ausmachen: Friede, Neuer Anfang – neues Leben u. a.[7] Zwar kann die Weihnachtsbotschaft ohne Umsetzung in konkretes Handeln nicht wachsen, aber ohne die Theologie des Weihnachtsevangeliums bleibt die Botschaft vom Frieden etc. auf der Ebene des Gesellschaftlichen und Politischen.

So kann auf der anderen Seite Weihnachten als familiäres Fest der Liebe auch ohne christlichen Inhalt gefeiert werden – und wird es ja in vielen Ländern auch. Das Festhalten an Weihnachten und am Heiligen Abend in den Familien unter Umdeutung der Symbole in der Nazi-Diktatur (auch in anderen areligiösen Diktaturen) hat dies auch deutlich bewiesen.

Ganz offiziell ist – zumindest in den USA – Weihnachten kein christliches Fest mehr; so beschied das US-Justizministerium einem Juristen, der auf die Abschaffung des Weihnachtsfestes geklagt hatte, weil der Weihnachtsfeiertag die verfassungsmäßige Trennung von Staat und Kirche verletze: „Weihnachten ist inzwischen ein säkularer Feiertag, da die meisten weihnachtlichen Symbole mit dem Christentum nichts zu tun oder ihre Beziehung zum Christentum längst verloren haben.“ Die englische Stadt Birmingham hat mit Rücksicht auf den hohen muslimischen Bevölkerungsanteil die Weihnachtszeit abgeschafft und durch die multikulturelle Wortschöpfung „winterval“ ersetzt.[8]

Die Situation und das Aussehen der Familie hat sich in den letzten Jahrzehnten sehr stark verändert. Die meisten Familien sind Klein(st)familien: Eltern und ein bis zwei Kinder. Häufig sind Großeltern außerhalb des Hauses, so dass die Familie im engeren Sinne weitgehend auf sich beschränkt bleibt. Einzelkinder rücken in dieser Situation unter Umständen einerseits noch mehr in den Mittelpunkt, andererseits erleben sie keine Fortschreibung der Bräuche bei anderen Geschwistern, manche Feste bleiben „einmalige" Ereignisse. Das alles kann dazu führen, dass sich Familien – vor allem an Weihnachten – stark auf sich selbst zurückziehen. Damit kann zwar eine schöne Feier stattfinden mit gutem Essen, reichlichen Geschenken, aber der eigentliche Fest- und Feiergedanke geht dabei verloren, denn er ist auf Gemeinschaft angelegt. „Familien, die sich mehr und mehr auf die ‚eigenen vier Wände' zurückziehen, verlieren den Kontakt zu Verwandten, Freunden, Nachbarn und auch zur christlichen Gemeinde. In ihrer ‚Ohne-mich-Haltung' sehen sie nur die eigenen Interessen."[9] Auch der Gottesdienst der Kirche wird dann zu einem Angebot, das man wahrnimmt, um der eigenen Feier den letzten Schliff zu geben.

Es gab und gibt allerdings bei aller Einbindung des weihnachtlichen Gedankens in den Bereich der Familie auch immer ein Bewusstsein dafür, dass die gemeindliche/gemeinschaftliche Feier der häuslichen vorausgeht. Das äußerte sich früher in der Bescherung nach der Heimkehr aus der Christmette der Nacht oder der „Uchte" am frühen Morgen. Und auch heute finden sich Familien, die an einem Feiertermin am 25.12. festhalten (Bescherung erst nach der nächtlichen Christmette oder am Nachmittag des Ersten Feiertages). Dieses Bewusstsein für den Vorrang der Liturgie vor der häuslichen Feier verdient gestärkt zu werden, wie es teilweise auch geschieht. Vielleicht sind ja auch die fehlenden Materialien seitens der evangelischen Kirche für eine gottesdienstliche Feier am Heiligen Abend in der Familie ein Indiz für ein solches Bewusstsein. Das trifft sich letztlich auch mit einer gewandelten Vorstellung hinsichtlich der „Hausandachten".

## 6.3. Hausandacht heute?

Angesichts der zunehmenden Verschämtheit hinsichtlich religiöser Äußerung im Alltag ist jede Form religiöser Praxis außerhalb des Feierraumes der Kirche zu begrüßen. Dazu zählen auch Formen häuslichen Gebets oder einer „Andacht". Hausandachten in der dargestellten Form wird es sicherlich hier und da vereinzelt noch geben. Allerdings stecken sie seit geraumer Zeit in der Krise, was auf ihr Wesen und ihre Gestalt, auch auf ein gewandeltes religiöses Bewusstsein in den Familien zurückzuführen ist.

Auf evangelischer Seite wollte bereits Wilhelm Löhe die Hausandachten von innen heraus reformieren, indem sie durchsichtiger, kürzer gestaltet werden und vor allem freiwillig daran teilgenommen werden sollte.[10] Die „Herrnhuter Losungen" setzen der ausführlichen Form eine Reduzierung auf die kürzeste Weise entgegen, was dem zeitknappen modernen Menschen zunehmend entgegenkommt. Die Fragwürdigkeit von Predigtwiederholung oder Predigtlesung am Sonntagnachmittag wurde schon in der ersten Hälfte des 20. Jahrhunderts klar erkannt.[11]

Die Formen privater Frömmigkeit sind heute anders, situativer und punktueller; sie machen sich weniger an liturgischen Elementen als vielmehr an familienbezogenen Riten zu Knotenpunkten des familiären Lebens und Alltags fest (z. B. Abendgebet, Tischgebet).[12] Kurze Morgenimpulse oder spätabendliche Besinnungen („Auf ein Wort") im Radio sind längst an die Stelle von Bibellesungen etc. getreten.

Auf katholischer Seite wurde im Zuge der Erneuerung der Liturgie im Anschluss an das II. Vatikanum den Hausgottesdiensten ein neuer Stellenwert zugemessen. Vor allem erschien der Wortgottesdienst als gute mögliche Form für den häuslichen Bereich. So werden seit einigen Jahrzehnten von einzelnen Diözesen „Hausgottesdienste" zu den geprägten Zeiten Advent und Fastenzeit herausgegeben, denen zumeist die Form des Wortgottesdienstes zugrundeliegt.[13] Beglückt wird dabei festgestellt, dass durch das gemeinsame Gebet der Diözesanen die Familien zu „Hauskirchen" werden.[14] Insofern die Familie als „Hauskirche" verstanden wird, ist diese Vorstellung stimmig und die schon erwähnte Feststellung richtig: „Es gibt keine Kirche ohne Liturgie." Allerdings muss hier dem Begriff „Hauskirche", wie dargestellt, vorsichtig und differenziert begegnet werden.

Nach heutiger – katholischer wie evangelischer – Vorstellung reicht „Hausliturgie" eigentlich sinnvollerweise über die Familie hinaus. Nachbarschafts- und Freundeskreise, Basiszellen und Aktionskreise könnten zunehmend die moderne Kleinstfamilie ergänzen und mit ihren Feierformen bereichern.[15]

Für Bieritz bedeutet „Hauskirche" als Basiseinheit künftiger christlicher Gemeinschaftsbildung keine Rückkehr in den Schoß der Familie, keine Wiederherstellung des herrschaftlich verfassten „Hauses". Es bedarf vielmehr einer neuen „oeconomia christiana", die die inzwischen eingetretenen gesellschaftlichen Wandlungen ernst nimmt. Christliche Hauslehre darf sich nicht auf die „Intimfamilie" beschränken, sondern muss Vorschläge zur Verwirklichung christlicher Gemeinschaft (koinonia) in den jeweiligen gesellschaftlichen Zusammenhängen (Nachbarschaft, Freundschaft etc.) enthalten. Rückkehr ins „Haus" bedeutet so richtig verstanden Überwindung der Isolation der Intimfamilie und ihre Eingliederung in größere und doch überschaubare Lebens- und Glaubensgemeinschaften.[16]

Das gibt vielleicht auch einen Hinweis darauf, wie die Gestaltung eines „Hausgottesdienstes" in der die Zukunft aussehen könnte: Sie vertraut weniger den überkommenen und vielfach nicht mehr gekannten oder geübten Forme(l)n, sondern ist bemüht um eine aufgelockerte, narrative Gestaltung, die Impulse und Vorschläge auch über die eigentliche „Liturgie" hinaus enthält (Vorbereitung, Mahlgestaltung, Spiele, Medien etc.) und auf den Alltag hin transparent ist. In dieser Art und Weise kann man sich auch eine „liturgische" Gestaltung des Heiligabends vorstellen, in der eine andere Art „oeconomia christiana" aufscheint: ausgerichtet auf die Gemeinde/Gemeinschaft und ihre Gottesdienste, geöffnet unter Umständen auch über den engen Bereich der Familie hinaus (durch Einladung oder aber auch durch das caritative Engagement).[17]

Es gibt ja durchaus ein Bedürfnis nach religiöser Gestaltung dieses Abends, wie die vielen Hefte und Hilfen zeigen. Allerdings geben die Zahlen keinen Aufschluss auf wirkliche Verwendung; auch das Tischgebet ist trotz zahlloser Tischgebetbücher rückläufig.[18] Ob sie der liturgischen Fähigkeit der Menschen entsprechen, lässt sich kaum beantworten. Möglicherweise kommen sie eher einem Bedürfnis nach Ritual am Heiligabend entgegen. Gerade dann ist auf eine (auch ökumenische) Offenheit zu achten, die der je eigenen liturgischen Fähigkeit Raum lässt.

# Zusammenfassung

Der Heilige Abend als Inbegriff der deutschen Weihnacht ist ein in mehrfacher Hinsicht einzigartiges Phänomen: Es gibt kein anderes kirchliches Fest, das wie Weihnachten in so großer Übereinstimmung noch in den Familien gefeiert wird, bei dessen häuslicher Feier auch noch immer viele religiöse Elemente zum Tragen kommen, und das bereits einen Tag vor dem eigentlichen Feieranlass stattfindet.[19]

Das Vorziehen dieser Feier vom 25. auf den 24. Dezember, wodurch im Verständnis der Menschen (bis in kirchliche Kreise hinein) der ursprüngliche Vortag/Vigiltag von Weihnachten zum ersten von „drei Feiertagen" wurde, begegnet erst seit der Reformation. Der Besuch des nächtlichen Gottesdienstes (Christmette) war vielfach mit Problemen behaftet (Dunkelheit, vorausgehender Alkoholmissbrauch u. a.), weshalb diese Feier entweder auf den frühen Morgen des 25. oder auf den Abend bzw. Nachmittag des 24. Dezember verlegt wurde (Christvesper). Mitte des 20. Jahrhunderts wurde auch in der katholischen Kirche vom Prinzip der Mitternacht abgerückt, (Kinder-)Christmetten finden vielfach bereits am Nachmittag statt. Mit dem Vorrücken der weihnachtlichen Feier auf den Abend bzw. Nachmittag des 24. Dezember ist jedoch ein Verlust an Sinnenfälligkeit einerseits und Glaubwürdigkeit in den Aussagen zur Feier der Geburt Christi andererseits verbunden. Es wäre wichtig, dass zumindest in den Kirchen der Akzent wieder eindeutiger auf das alte Datum der Geburt Christi gelegt wird und die Christmette als Nacht-Feier erlebt werden kann. Ansatzweise ist dies in beiden Kirchen auch zu beobachten.

Weihnachten und speziell der Heilige Abend als familiäres Fest ist ebenfalls noch relativ jung; erst etwa seit dem Biedermeier tritt der häusliche Feier-Raum gegenüber der Kirche zunehmend in den Vordergrund, beginnen familiäre Werte die Inhalte des Weihnachtsfestes zu überlagern. Das führte letztlich dazu, dass das Fest der Geburt Christi immer mehr als „Familienfest" verstanden wird, in der die Familie sich *als* Familie feiert, oder als „Kinderfest", bei dem die Geschenke einen neuen, vorher nicht gekannten Stellenwert als Festhöhepunkt erhielten. Ins Extrem verlängert kann dies auch zur Vorstellung eines säkularen Feiertages führen. Letztlich wird mit dem Rückzug auf das Haus die ursprünglich gemeindliche Feier von Weihnachten eingeengt und der Blick auf den Inhalt verstellt. So mögen die Vorschläge, den Kreis der Familie zu öffnen – im Handeln wie im Hinblick auf die daran beteiligten Personen –, richtig sein und verdienen stärkere Beachtung.

Dass der Heilige Abend unbeschadet der jeweils eigenen familiären Traditionen eine so erstaunliche Übereinstimmung in der Gestaltung in vielen Häusern aufweist, beruht auf einer dieser Feier ehemals zugrundeliegenden häuslichen Andacht. Daher rühren auch die vielfach noch vorhandenen religiösen Elemente dieses Abends (Evangelium, Lied, Gebet, Krippe); einzig an Weihnachten hat sich in vielen Häusern von dieser Form noch etwas erhalten. Das erklärt einerseits das Unbehagen, das manche Familien bei der Feier dieses Abends befällt, das birgt andererseits auch die Gefahr einer bloßen Inszenierung der Eltern für die Kinder in sich, bei der die einzelnen „frommen" Elemente und Riten zu Requisiten der Heiligabendfeier werden, die nur einmal im Jahr hervorgeholt werden und sonst keinen Sitz im Leben haben. Die in einer heute anachronistisch wirkenden „Hausväterlichkeit" wurzelnden Andachtsformen sind zu überprüfen, und es gilt, nach Möglichkeiten zu suchen, dass der Heilige Abend nicht die einzige Gelegenheit und Form religiösen Ausdrucks im Haus bleibt.

Welche Form dann immer der Heilige Abend in den Familien einnehmen kann – ob mit Krippenfeier oder eher profan, ob im Rahmen der Kleinfamilie oder geöffnet auf größere Kreise bzw. die Gemeinde, ob als Vorbereitung des Weihnachtsfestes oder als dessen Auftakt und Höhepunkt: Jede Familie, Gruppe oder Gemeinschaft sollte ihre je eigene Form finden, die nicht aufgesetzt erscheint und die sie nur so macht, weil sie „schon immer" so gemacht wurde oder die ein Faltblatt so vorgibt. Letztlich will dieses ganze Buch ermuntern, die herkömmliche Form des Heiligabends relativ zu sehen – hinsichtlich seiner Entstehung, aber auch bezüglich der Möglichkeiten, ihn zu begehen. Ein dann so gefeierter Heiligabend ist schön, will und kann gut tun – und kann uns „für ein paar Stunden ‚guter' machen, und das ist schließlich auch was wert" (Walter Kempowski).[20]

# Anhang

## Fragebogen

Der folgende Fragenkatalog soll Ihnen vor allem zeigen, worum es bei diesem Projekt geht und Ihnen Anregungen für Ihre Berichte geben. Manche der Fragen treffen auf Ihre Situation vielleicht nicht zu: Beachten Sie sie nicht.
Und hier sind die Fragen:

- Feiern Sie mit der Familie, in einer Gemeinschaft oder alleine?

- Gibt es besondere Bräuche, Rituale, Gewohnheiten? Halten Sie sich hier an Traditionen (das haben wir als Kinder schon gemacht …) oder haben Sie für sich neue Rituale gefunden? (das mache ich seit …  weil …)

- Wann fängt der „eigentliche" Heilige Abend an? (nachmittags, spätnachmittags, abends …?)

- Gibt es besondere Vorbereitungen (einkaufen, baden, besondere Kleidung, Baumschmücken, putzen, …)?
  Wenn ja: Wann finden diese statt?

- Wird die „Kinderchristmette/-vesper" besucht? Wann findet sie statt?

- Gibt eine Krippe und/oder einen Christbaum?
  Wenn ja: Gibt es eine Feier an der Krippe oder vor dem Christbaum?
  Wenn ja: Aus welchen Elementen besteht sie?

- Wird das Weihnachtsevangelium gelesen?
  Wenn ja: Von wem?

- Wird musiziert? Von wem? Welche Lieder werden gesungen?

- Gedichte? Krippenspiele?

- Gibt es ein besonderes „Weihnachtszimmer"?
  Wenn ja: Wann darf es betreten werden?

- Wann werden die Geschenke ausgepackt?

- Wann gibt es das Heilig-Abend-Essen?
  Und was gibt es (traditionell, einfach, festlich …)?

- Wird die Christmette besucht? Wann findet sie statt?

- Gibt es Elemente ihrer häuslichen Feier, die hier nicht erwähnt sind?
  Wenn ja: Welche?

- Noch ein paar Fragen, die uns die Auswertung und Einordnung Ihrer
  Antworten erleichtern:
  Wie alt sind Sie?
  Wo leben Sie?
  Sind Ihre Gewohnheiten eher städtisch oder eher ländlich geprägt?

- Sind Sie damit einverstanden, dass wir Ihre Angaben eventuell veröf-
  fentlichen (auf Wunsch ohne Namensnennung)?
  ja          nein

Wenn Sie möchten, können Sie uns hier Ihre Adresse hinterlassen. Wir
benachrichtigen Sie dann, wenn das Projekt abgeschlossen und ausgewer-
tet wird.

Hier ist noch Platz für Bemerkungen:

*(Die vollständigen Antworten zu diesem Fragebogen sind unter http://www.hl-abend.de
abrufbar.)*

# Anmerkungen

## Einleitung

1    Jeggle 278f.

## 1.    Der Rahmen

## 1.1.  Der 24. Dezember – Heiliger Abend

1    Dagegen meinen die Bezeichnungen „Niklausabend" („Bald ist Niklausabend da") bzw. „Martinsabend" wirklich den Vorabend des jeweiligen Heiligen-gedenktages (5.12. bzw. 10.11.) und nicht auch den übrigen Tag. Vgl. auch die Bezeichnung „Feierabend".

2    „Den Ausdruck ‚Heiliger Abend' gab es um 1890 in meiner Heimat noch nicht" (Sauermann, Weihnachten in Westfalen 168).

3    Vgl. dazu Grimms Deutsches Wörterbuch 2, 620. Die Bezeichnung „Christtag" findet sich auch im MB 1975.

4    WA.Br 8,619,7 (die Autorschaft Luthers ist jedoch umstritten).

5    Vgl. Sauermann, Von Advent bis Dreikönige 81. – Teilweise hieß er auch einfach nur „Tag vor dem Fest" oder „Abend vor dem Christtag" („Dag vör voier Hochtuien"– ebd.; „Owend vüär Chrisdag" – Sauermann, Weihnachten in Westfalen 163).

6    Sauermann, Von Advent bis Dreikönig 150. Vgl. auch Nicolaus Heutger, Das Jahr des Herrn im alten Niedersachsen. Festbuch der St.-Lamberti-Kirche zu Hildesheim, Hildesheim o. J. (ca. 1992), 30.

7    Müssensiefen, Tägliche Andachten zur häuslichen Erbauung, Berlin 1861; vgl. J. Schleiermacher.

8    Vgl. dazu Fuchs, Feier des Sonntags 82f.

9    Vgl. H. Auf der Maur, Feste und Gedenktage der Heiligen, in: Gottesdienst der Kirche. Handbuch der Liturgiewissenschaft 6,1, Regensburg 1994, 65–357, 234.

10   Vgl. Auf der Maur, Feiern im Rhythmus der Zeit 171.

11   Ve 1253–1257; GeV 10–16. Vgl. dazu A. Chavasse, Le sacramentaire gélasien, Paris u. a. 1958, 207–215. In das Messbuch Pius V. von 1570 ist als Vigilmesse jedoch das Formular aus dem Sacramentarium Gregorianum eingegangen, GrH 5,1–3.

12   Vgl. dazu Josef Andreas Jungmann, Die Entstehung der Matutin, in: ders., Li-turgisches Erbe und pastorale Gegenwart. Studien und Vorträge, Innsbruck 1960, 139–162.

13   Pascher 373f.; vgl. auch Auf der Maur 172.

14  Katholisches Gebet- und Gesangbuch der Diözese Mainz 1865, 304.

15  Parsch, Jahr des Heils 185.

16  Vgl. Ph. Hartmann, Repertorium Rituum. Übersichtliche Zusammenstellung der wichtigsten Ritualvorschriften für die priesterlichen Funktionen, Paderborn 1904, 38.

17  Minichthaler 72.

18  Wirtz 152.

19  MB 1975, 36. Im MR 1970 ist die Überschrift über diesen Gottesdienst rein liturgisch gehalten: „Ad Missam Vigiliae". – Eigentlich beginnt das Weihnachtsfest mit der Ersten Vesper, doch diese Messe kann auch vor der Ersten Vesper gefeiert werden (MB 1975, 36).

20  MB 1975, 36. – Zum alten Introitus der Vigilmesse vgl. Pascher 370.

21  Der Bergmoser+Höller-Verlag (Aachen) vertreibt einen Kalender, der mit dem 25.12. endet.

22  Vgl. Hildesheimer Allgemeine Zeitung vom 2. 12. 2000, 40.

23   Vgl. dazu Daschner 244.

24  http://daten.bild.de/service/survey/survey.hbs?SUBJECT=heiligabend&typ=2 (16. Februar 2002).

25  Vgl. Eichelberger 161–163.

26  Im selben Gespräch stellte der Hildesheimer Landessuperintendent den Heiligen Abend als seinen besonderen Weihnachtstag heraus (Hildesheimer Allgemeine Zeitung vom 24.12. 1996, S. 1).

27  F. Schneider-Stotzer, Von Frühlingserwachen, Ostern und Himmelfahrt, Luzern 2001, 56.

28  Bausinger 179.

29  Vgl. Cassel 180f.; Wolf, BrauchBuch 265f.

30  Zit. nach Heinrich Alt, Das Kirchenjahr des christlichen Morgen- und Abendlandes mit seinen Festen, Fasten und Bibellectionen historisch dargestellt, Berlin 1860, 470f. Vgl. dazu EKO XIV, 92: „Weyhenacht und Ostermetten sollen gehalten werden etwas neher dem tag dan zu mitternacht …"

31  Vgl. Graff I, 115f.

32  Zit. nach Cassel 180f.

33  Graff nennt als Beispiel die Ordnung in Kurbrandenburg, wo im 17. Jh. (?) die Mette am Heiligen Abend nachmittags um 15 Uhr stattfand (Graff I, 115f.).

34  Zit. nach Kügler 137.

35  „Die sogenannten Frühmetten, welche aber zur Ehre des Christenthums in den allermeisten Orten schon abgeschafft sind, theils noch abgeschafft werden … waren so ausgeartet, daß sie zur höchsten Verunehrung Gottes und des Erlösers gereichten" (Das Buch vom Aberglauben, Leipzig 1791, 330 [zit. nach Cassel 181]). Vgl. Graff II, 73. Vgl. auch R. Heidrich, Christnachtfeier und Christnachtgesänge, Göttingen 1907, 13ff. Auch sonstige „Zusammenkünfte in der Christnacht, besonders in denen Bierhäußern und Schenken" wurden nicht gestattet

(Kügler 140). – In Dresden erleben die frühmorgendlichen Christmetten durch die Gestaltung des Kreuzchores seit etlichen Jahren eine Renaissance.

36  Karl-Heinrich Bieritz, Das Kirchenjahr. Feste, Gedenk- und Feiertage in Geschichte und Gegenwart, München 1987, 174.

37  Zit. nach Richard Breitling, Die Abschaffung der nächtlichen Gottesdienste vor hundert Jahren (Beilage zu „Der Feierabend“ des Deutschen Volksblattes Stuttgart vom 22. 12. 1928). Vgl. Jahrbuch für Liturgiewissenschaft 9 (1929), 332.

38  So die Geistliche-Rats-Protokolle von Würzburg 1791 (Goy 28). Zu den „Mummereyen“ am Vorabend von Weihnachten vgl. auch Dünninger / Schopf 11f.

39  Nach Markmiller 45.

40  Vgl. die ausführliche Darstellung bei Markmiller, 45-47.

41  Hollerweger 152.

42  Einen guten Einblick in das Hin und Her gibt Hans Hollerweger, Die Reform des Gottesdienstes zur Zeit des Josephinismus in Österreich (Studien zur Pastoralliturgie 1), Regensburg 1976, 435–446.

43  Vgl. Goy 30 sowie Dünninger / Schopf 23f.

44  Hollerweger 152.

45  Norbert Stenta, Eine volksliturgische hl. Nacht, in: Bibel und Liturgie 4 (1929/ 30), 119f. mit Hinweis auf entsprechende „volksliturgische“ Publikationen aus Klosterneuburg. Vgl. auch Minichthaler 72 sowie Gottesdienst. Werkbuch zum „Laudate“. Gebet- und Gesangbuch für das Bistum Münster, hg. von E. J. Lengeling, Münster ²1958, 23–25.

46  Parsch, Jahr des Heils 194.

47  Hollerweger 151.

48  Ucht(e) oder Kasuchte bedeutet Früh- oder Morgenmesse (Sauermann, Von Advent bis Dreikönige 100).

49  Sauermann, Weihnachten in Westfalen 154 (* 1885; Niederschrift 1979).

50  Vgl. z. B. Dieter Eissing, Berechtigte Zweifel. Zur Diskussion um den Weihnachtsgottesdienst mit Kindern, in: Gottesdienst 17 (1983)7 153–156; Hans Hollerweger, „Die Mitte der Nacht ist der Anfang des Tages.“ Plädoyer für die Christmette um Mitternacht, in: Gottesdienst 12 (1978),179; ders., in: Bereitet den Weg 151–155.

51  Vgl. Gottesdienst 24 ( 1990), 175; Gottesdienst 32 ( l998), 165.

52  Vgl. Gottesdienst 23 (1989),148.

53  Vgl. Gottesdienst 1/2 (1967/68), 40; Reifenberg 249. –  Zur Vorverlegung als Erleichterung für die Kinder vgl. Sauermann, Weihnachten in Westfalen 88.

54  Vgl. Gottesdienst 14 (1980), 167; 25 (1991), 164; 32 (1998), l42.

55  Bezeichnend ist folgende Erfahrung: „Wir haben seit zwei Jahren statt der Kindermette eine ‚kindertümliche, hinführende Weihnachtsfeier‘ […] Sicher, die Zahl der Mitfeiernden ging schlagartig von 500–600 auf 200 zurück. Aber diese 200 sind wirklich Kinder mit Eltern bzw. Großeltern“ (Gottesdienst 17 [1983], 12).

56 Daschner 246f.

57 Bausinger 179. Vgl. dazu auch N. Schindler, Widerspenstige Leute. Studien zur Volkskultur in der frühen Neuzeit, Frankfurt a. M. 1992, bes. 218–245 (nächtliche Ruhestörer und lautstarke Zecher; Kolonialisierungsversuche der Nacht durch die weltliche und geistliche Obrigkeit). Zum Heiligabend als „Sauftag par excellence" vgl. auch Sauermann, Von Advent bis Weihnachten 81. – Vgl. dazu auch folgenden Tagebucheintrag zum 24.12.1589: „Hinrich Lovelich, ein burger und koelhoker, geit den morgen am winachten avent in den Eimschen Keller und suipt sich ful brennewins, / dat he darvon sticket und doit liggen blifft. Behoide leve got! Wort begraven am christage mit weinich scholern ane luident mit den klocken" (Joachim Brandis' des Jüngeren Diarium ergänzt aus Tilo Brandis' Annalen 1528–1609, hg. von M. Buhlers, Hildesheim 1902, 273).

58 Hauskirche/Advent – Weihnachten 37.

59 Wilhelm, Stählin, Große und kleine Feste der Christenheit. Eine Anleitung, sie recht zu begehen, Gütersloh 1963, 79f.

60 Sauermann, Weihnachten in Westfalen 127 (*1912)

61 Sauermann, Weihnachten in Westfalen 142 (Berichtort Recklinghausen, Zeit bis 1914).

62 Sauermann, Weihnachten in Westfalen 164. – Das vorabendliche Aufstellen des Gabentellers und das Vorfinden desselben am nächsten Morgen wird ähnlich ja auch am Nikolaustag praktiziert: Am „Niklausabend" (5. 12.) stellt man den Teller auf. Und so heißt es auch im bekannten Lied „Lasst uns froh und munter sein" in der 4. Strophe: „Wenn ich aufgestanden bin, lauf ich schnell zum Teller hin" (Weber-Kellermann, Weihnachtslieder 328f.).

## 1.2. Familie

1 Zitiert nach Grom 852, Anm. 2.

2 Zu nennen ist hier vor allem die Publikation von Dänzer-Vanotti; vgl. auch Für Advent und Weihnachten 334–338 (ältere Menschen).

3 Neysters 277.

4 Vgl. Weber-Kellermann, Weihnachtsfest 46.

5 Zit. nach Diederichs 141. Vgl. auch Herborn.

6 Vgl. Blaumeiser/Blimlinger 289ff.

7 Bieger 47.

8 Jeggle 277.

9 Edwin Arnet, Der weihnachtliche Knabe, in: Weihnachten in meinem Leben. Selbsterlebte Geschichten, Zürich 1953, 60–73; 67.

10 Blaumeiser/Blimlinger 291.

11 Den Begriff hat Hans Naumann in seinem Buch „Grundzüge der deutschen Volkskunde" (Leipzig 1922) geprägt. Zuvor hatte der Schweizer Volkskundler Eduard Hoffmann–Krayer den Gedanken noch härter formuliert, indem er sag-

te: „Das Volk produziert nicht, es reproduziert." Heute geht man (politisch korrekt) von einer wechselseitigen Durchdringung der beiden Lager in kulturellen Dingen aus. Vgl. dazu U. Jeggle, Volkskunde im 20. Jahrhundert, in: Rolf-Wilhelm Brednich (Hg.), Grundriss der Volkskunde. Einführung in die Forschungsfelder der Europäischen Ethnologie, Berlin 1988, 51–71; bes. 57f. – Freundlicher Hinweis von Frau Dr. Heidrun Alzheimer-Haller.

12  Gajek 188.

13  Renate G. Wahr, Das Heyne-Weihnachtsbuch, München [2]1976, 178.

14  Neysters 276.

15  Blaumeiser/Blimlinger 298.

16  Dänzer-Vanotti 136.

17  Ebd. 137.

18  Ebd. 138.

19  Sauermann, Von Advent bis Dreikönige, 140f.

20  Kügler führt das Beispiel des Großen Kurfürsten auf, der 1663 am 24.12. nachmittags gegen 17 Uhr – nach dem Singen mehrerer weihnachtlicher Lieder – die Kinder bescherte. Ähnlich tat dies 1729 König Friedrich Wilhelm I. (Kügler 145f.).

21  Vgl. Nagy, Adventsbaum 95.

22  Weber-Kellermann, Weihnachtfest 90.

23  Weber-Kellermann, Weihnachtfest 95.

24  Zunächst am 3. Sonntag nach Epiphanie, nach vorübergehende Abschaffung dann auf dem ersten Sonntag nach Epiphanie verlegt; seit der Liturgiereform im Anschluss an das II. Vatikanum auf den Sonntag in der Weihnachtsoktav gelegt.

25  Johann Hinrich Wichern, Sämtliche Werke I, 175–366; 182.

## 1.3.  Die häusliche Heiligabend-„Liturgie"

1  Ich folge darin zusammenfassend der  Darstellung von Bieritz, Rückkehr ins Haus.

2  Zauner 1.

3  Vgl. Art. Hausgottesdienst, in: C. Meusel, Kirchliches Handlexikon III (1891), 187.

4  Karl-Heinrich Bieritz/Christoph Kähler, Art. Haus III, in: TRE 14, 478–492; 487.

5  Vgl. Graff I, 241f; Fuchs, Mahlkultur 80f., 99f.

6  EKO V, 91.

7  Graff I, 243f.

8  Ebd. 245f.

9  Vgl. G. Hoffmann, Art. Hausandacht, in: RGG 3, 91–94.

10  Vgl. dazu Graff II, 169–173.

11  Ratzmann 66f.

12  Versuch eines allgemeinen evangelischen Gesang- und Gebetbuchs zum Kirchen-
und Hausgebrauche, Hamburg 1833, Vorrede xxi.

13  Vgl. Johann Hinrich Wichern, Die innere Mission der deutschen evangelischen
Kirche. Eine Denkschrift an die deutsche Nation (1849), in: ders., Sämtliche
Werke I, 175–366; 215f.

14  Vgl. ders., Die Fortschritte der inneren Mission (1850), in: Sämtliche Werke II,
139–152; 142–144.

15  Ders., Der tägliche Gottesdienst im Rauhen Haus, in: Sämtliche Werke IV/2,
68–71.

16  Ebd. 399 mit Anm. 33.

17  J. Müssensiefen, Tägliche Andachten zur häuslichen Erbauung, Berlin 1861 (Vor-
wort).

18  Vgl. dazu Nagy, Adventsbaum 95ff.

19  Katholisches Gebet- und Gesangbuch für die Diözese Mainz, 1865, 57.

20  Josef Schwarz, Katholische Hausbücher sind ein wichtiges Pastorationsmittel,
Theologisch-praktische Quartalschrift 30 (1877), 460–469.596–610; 609.

21  Wilhem Fries, Wege zur Erneuerung des christl. Familienlebens, in: Theologie
und Glaube 77 (1924),687–704; 690.

22  Vgl. die ausführliche Literaturangabe bei Poiesz.

23  Josef Scheuber, Das Familiengebet – ein heutiges Anliegen der Pfarrei, in: Anima
14 (1959), 68–71; 69.

24  Paul Widmer, zit. nach Scheuber 71.

25  Dürig 259. Unter dem Begriff „Familienliturgie" wird man in der deutschsprachigen Literatur hauptsächlich auf „Familiengottesdienste" verweisen; eine Liturgie im familiären Bereich ist damit nicht intendiert.

26  Ebd.

27  Hartmann Bernberg, Singt dem Herrn ein neues Lied. Das deutsche Kirchenlied
– Erbe und Auftrag, Düsseldorf o. J. (ca. 1938), 158. 162.

28  H. Tellenbach, Diachronische Stadien der Paternität, in: ders. (Hg.), Das Vater-
bild in Mythos und Geschichte, Stuttgart 1976, 7–17; 12f.

29  WA 30/I, 392–396; vgl. dazu Fuchs, Mahlkultur 97–99.

30  Riehl 164f.

31  Langbein 4.

32  Linus Bopp, Liturgie und Lebensstil. Buch der geweihten Lebenskreise, Freiburg
i. Br. 1936, 80. – Schon Johann Michael Sailer (1751–1832) verweist auf die
Rolle des Vaters, wenn er ermahnt, dass sich nach Möglichkeit mehrmals am Tag
das ganze Haus – Eltern, Kinder und Gesinde – zum Gebet vor dem Bild des
Erlösers (Kreuz) versammeln mögen: „Bei dieser Gelegenheit übernimmt das
Haupt der Familie die Rolle des Priesters. Wenn die Mutter allerdings die tiefere
religiöse Veranlagung hat, fällt ihr die Aufgabe der ‚Priesterin' zu" (vgl. Fuchs,
Mahlkultur 98).

33  Maria Schlüter-Hermkes, Die Familie als „Kirche im kleinen", in: Stimmen der
    Zeit 133 (1937/38), 286–298; 294.

34  Josef Gülden (Hg.), Lehre uns beten. Lehr- und Gebetbuch für das persönliche
    Gebet des Christen in der Welt, Regensburg 1950, 141.

35  Langbein 5.

36  Evangelisches Kirchengesangbuch, Halle 1846, V.

37  Neu vermehrtes Gesang-Buch für die Rostockschen Gemeinden 1779, ⁵1853.
    Dieser Anhang wurde bei der 5. Auflage (1853) fortgelassen, „weil derselbe bis-
    her von den Käufern des Gesangbuches meist zurückgewiesen wurde, wogegen
    die in den Gemeinden gern aufgenommenen Nachrichten über die Liederdichter
    durch weitere Forschungen bedeutend vermehrt sind" (XII).

38  Evangelisches Gesangbuch für Rheinland-Westfalen 1901, Anhang 42.

39  Evangelisch–lutherisches Gesangbuch der Hannoverschen Landeskirche. 1938.

40  Evangelisches Kirchengesangbuch. Ausgabe für die evangelisch-lutherischen Kir-
    chen Niedersachsens, Hannover / Göttingen 1960, 472f.

41  Evangelisches Gesangbuch für Brandenburg und Pommern, Berlin – Frankfurt/
    Oder 1931 (Nachtrag der Kirchenprovinz Pommern 74).

42  Gerhard Uhlhorn, Tägliche Andachten nach dem Hannoverschen Lektionar und
    dem kleinen Katechismus Luthers, Hannover 1895, 34f. – Ähnlich verschiedene
    andere Andachtsbücher des 18., 19. und 20. Jahrhunderts; z. B.:

    • Johann Friedrich Starck's Morgen- und Abendandachten frommer Christen
      auf alle Tage des Jahres, Frankfurt a. M. 1744; neu bearbeitete Ausgabe Kon-
      stanz 1901. – Abend-Andacht am 24. Dezember: Lk 2,12; Gebet; Liedstrophe
      (719);

    • Johannes Goßner, Schatzkästchen enthaltend biblische Betrachtungen mit er-
      baulichen Liedern auf alle Tage im Jahre zur Beförderung häuslicher Andacht
      und Gottseligkeit. Verbesserte Auflage Leipzig 1830. („Ich wünsche, dass jede
      Familie einen ordentlichen Hausgottesdienst einführe – dem öffentlichen Got-
      tesdienste unbeschadet …" [VII]) – Christnacht. 24. December: Röm 8,3–4;
      Betrachtung, Lied;

    • Paul Langbein (Hg.), Illustriertes Christliches Hausbuch. Morgen- und Abend-
      Andachten mit Schriftbetrachtung, Gebet und Lied für alle Tage des Jahres
      und Evangelien-Predigten für alle Sonn- und Festtage des Kirchenjahrs (o. J.).
      – Heiliger Abend: Micha 5,1 mit Betrachtung und Lied (1175);

    • A. Clemen, Für's Haus. Tägliche Andachten. I. Festzeit, Wolfenbüttel ³1896 –
      Am 24. December. Lied: Heilige Nacht! / Jes 9,6 / Lied: Vom Himmel hoch
      (56);

    • Paul Wurster, Morgen- und Abendsegen. Ein Andachts- und Gebetbuch für
      jeden Tag, Karlsruhe 1907. – Am heiligen Abend: Lektion Lk 2,1–14; Spruch
      Vers 14: Ehre sei Gott in der Höhe, und Friede auf Erden, und den Menschen
      ein Wohlgefallen! Betrachtung (vor der Krippe); Liedstrophe (Ich steh an dei-
      ner Krippe hier); Betrachtung; Liedstrophe (Jauchzet, ihr Himmel); Gebet
      (Teil II, 383);

- Das Christenbuch. Ein evangelischer Hausschatz. In drei Teilen. Morgen- und Abendandachten für alle Tage des Jahres, Stuttgart 7. Auflage ca. 1908. – Am 24. Dezember Abends: Jes 60,1–2, Betrachtung, Lied (719);
- Christoph Blumhardt, Hausandachten nach Losungen und Lehrtexten der Brüdergemeinde, Stuttgart 1916. – Heiligabend: 388f.; ders., Hausandachten für alle Tage des Jahres, Berlin ³1940. – Heiligabend: 343f.;
- Friedrich Wilhelm Bautz (Hg.), Er füllt leere Hände. Tägliche Andachten, Neukirchen-Vluyn 1965. Heiliger Abend: Lk 2,7, Betrachtung, Lied (38).

43  Lotz 126.

44  Sauermann, Weihnachten in Westfalen 113 (um 1900).

45  Annette von Droste-Hülshoff, Werke in einem Band, Salzburg o. J. 889.

46  Katholisches Gebet- und Gesangbuch der Diözese Mainz 1865, 231f. So noch in der Ausgabe von 1952, 139.

47  Leonhard Goffine, Unterrichts- und Erbauungsbuch oder Katholische Handpostille, Einsiedeln 1885, 57–59.

87  Magnus Jocham, Das kirchliche Leben des katholischen Christen. Ein Unterrichtsbuch für das christliche Volk, München 1859, 431f.

98  Parsch, Jahr des Heils 185 u.194.

50  „Ankündigung des Festes. Vor Beginn des heiligen Messopfers – oder am Heiligen Abend in der Familie, auf einem Ton gesungen (folgt Weihnachtsmartyrologium). – Laudate. Gebet- und Gesangbuch für das Bistum Meißen 1956, 34.

51  Lob Gottes. Gebet- und Gesangbuch der Diözese Passau. ³1951, 310.

52  So in einem Gespräch mit dem „Zentrum für Verkündigung und Gottesdienst der Evangelischen Kirche Hessen-Nassau" in Frankfurt.

53  Hausbuch zur Advents- und Weihnachtszeit 320.

54  Grün 32.

55  Parsch, Jahr des Heils 185 u.194.

56  Balthasar Fischer, Gebet in der Familie, in: Gottesdienst 10 (1976), 120.

57  Vgl. dazu Angelus Häussling, Liturgie. II. Systematisch-theologisch, in: LThK³ 6, 970.

58  Reifenberg 249f. – Beraka(h) ist ein jüdischer Lob- und Segensspruch.

59  Zauner 1.

60  In Gen. Serm. VI,2; ein Eph. Hom. 20,6; In Matth. Hom. 32,7.

61  Vgl. dazu Erich Garhammer, Art. Hauskirche III. Prakisch-theologisch, in: LThK³ 4, 1218f.; vgl. auch Ratzmann.

62  Vgl. Fuchs, Mahlkultur 27f.

## Exkurs 1: Hausgottesdienst im Judentum

1    R. R. Geis, Vom unbekannten Judentum, Freiburg/Basel/Wien 1975, 61.

2    Vgl. zum Ganzen Frank-Lothar Hossfeld, Die alttestamentliche Familie vor Gott, in: Josef Schreiner (Hg.), Freude am Gottesdienst. Aspekte ursprünglicher Liturgie, Stuttgart 1983, 217–228.

3    Walter 183–186; vgl. dazu Klemens Richter, Die Frau in der jüdischen Hausliturgie, in: Teresa Berger/Albert Gerhards, Liturgie und Frauenfrage. Ein Beitrag zur Frauenforschung aus liturgiewissenschaftlicher Sicht (Pietas Liturgica 7), St. Ottilien 1990, 345–357.

## 2.    Elemente der „liturgischen" Heiligabend-Feier

## 2.1. Das Weihnachtsevangelium

1    Für Advent und Weihnachten 293.

2    Vgl. Langbein 5; Asmussen 116ff.

3    Christliches Brauchtum in der Familie 12; Heiligabend feiern.

4    Es wird aber auch vorgeschlagen, vgl. Führer 144.

5    Cormier 90–94.

6    Asmussen 117.

7    vgl. Maas-Ewert 223–255.

8    Textfassung von 1546; inzwischen auch wieder die revidierte Lutherische Textfassung von 1977.

9    Sauermann, Weihnachten in Westfalen 89 (um 1900). – In manchen evangelischen Kreisen wurde es als passend erachtet, dass man Lk 2,1–14 auswendig kannte, vielleicht sogar Lk 2,1–20 (freundlicher Hinweis von Dr. Johannes Halkenhäuser, Würzburg). – „Die Weihnachtsfeier der Jahrhundertwende liebte das Aufsagen der Weihnachtsgeschichte …" (Asmussen 117).

10   Sauermann, Weihnachten in Westfalen 177 (*1883; Kreis Unna; um 1900)

11   Thomas Mann, Buddenbrooks. Verfall einer Familie. (Ges. Werke 1), Frankfurt a. M. ²1974, 535.

12   „Väterchen sitzt im Lehnsessel und liest aus der Bibel die Heilige Geschichte …" – Bericht von 1854 (Löcher 130).

13   „Vater las aus der ‚Goffine' das Weihnachtsevangelium vor … – Löcher 131. Vgl. auch unten Anm. 25.

14   GL 128.

15   Katholisches Gesangbuch. Gesang- und Gebetbuch der deutschsprachigen Schweiz 1998, 329.

16   Georg Thurmair, Heimkehr zur Weihnacht, in: Ein Gast auf Erden. Georg Thurmair. Mahner – Rufer – Rebell, Eggenfelden/Buxheim 1986,29–34.32.

17   Vielhaber 76.

18  Hauskirche/Advent und Weihanchtszeit 39.

19  Holt Christus in die Weihnacht zurück!

20  Liturgisches Hausbuch.

21  Hauskirche/Auf dem Weg nach Betlehem 38.

22  So teilweise in den Heften „Heiliger Abend und Weihnachten zu Hause".

23  Sauermann, Von Advent bis Dreikönige 141. Eine solch erweiterte Form begeg-
    net auch in neuerer Zeit, vgl. dazu Theobald 128–131.

24  Theobald 130f.

25  Löcher 131. – Mit „Goffine" ist die „Christkatholische Handpostille oder Unter-
    richts= und Erbauungsbuch" von Leonhard Goffine gemeint, die im 19. Jahr-
    hundert viele Auflagen erlebt hat und weit verbreitet war. Sie enthält u. a. die
    Evangelien zu den Sonn- und Festtagen, so auch das der Mitternachtsmesse an
    Weihnachten, einschließlich Fragen und Antworten.

26  Vgl. Für Advent und Weihnachten 307–313; 309–310 (Heiliger Abend in Fa-
    milien mit 6–12jährigen Kindern). So auch ein Vorschlag zur Gestaltung der
    „Weihnachtsfeier in der Familie" aus dem Pfarrbrief der Pfarrei Dittelbrunn in
    Unterfranken (2000).

27  So in: „Heiligabend feiern". Nach Lk 2,7 wird gesungen „Lobt Gott, ihr Chris-
    ten alle gleich"; nach Lk 2,14 folgt die Liedfassung des Gloria, „Allein Gott in
    der Höh sei Ehr", nach Lk 2,20 das Lied „Ich steh an deiner Krippe hier". Ähn-
    lich in der Hilfe: Holt Christus in die Weihnacht zurück. Vgl. auch Hausbuch
    zur Advents- und Weihnachtszeit 332f. Das wird ja auch für die Liturgie vorge-
    schlagen (vor allem für die Passionen am Palmsonntag und Karfreitag).

28  Durch das Jahr – durch das Leben 324: „… die Kinder haben dazu eine Bilder-
    geschichte entworfen und zeigen die einzelnen Bilder an der entsprechenden Text-
    stelle vor. Oder sie schauen sich eine Bilderbibel an". – Ähnlich in: Herders Gro-
    ßes Weihnachtsbuch 144. – In der Geschichte der Liturgie war dies vor allem im
    Zusammenhang der Verkündigung des Exsultet der Fall, vgl. dazu G. Fuchs/
    H. M. Weikmann, Das Exsultet. Geschichte, Theologie und Gestaltung der ös-
    terlichen Lichtansagung, Regensburg 1992, 112–117.

29  Aus dem Pfarrbrief der Pfarrei Dittelbrunn in Unterfranken (vgl. Anm. 26).

30  Heiliger Abend und Weihnachten zuhause / Gott wird Kind 5. Ähnlich in den
    anderen Heften dieser Hilfen. Vgl. auch Hauskirche /Auf dem Weg nach Betle-
    hem 39f.

31  Hausbuch zur Advents- und Weihnachtszeit, 332f.

32  Für Advent und Weihnachten 291–301; 298 (Heiliger Abend in Familien mit
    Vor- und Grundschulkindern).

## 2.2.  Gebete und Segenswünsche. Haussegnung

1   Für Advent und Weihnachten (Heiliger Abend in Familien mit Vor- und Grund-
    schulkindern), 299 (vgl. auch Neues Hausbuch 86).

2   Asmussen 117f.

3   Vgl. die Hefte „Hauskirche".

4   Cormier 90–92.

5   Rommel 211.

6   Gebet- und Gesangbuch für das Bistum Limburg 1957, 1080.

7   „Bevor die ‚Kleinen' zu Bett gehen müssen, wird gemeinsam das Abendgebet vor
    der Krippe gebetet" (Bögner 40).

8   Heiliger Abend und Weihnachten zuhause; Heiligabend feiern; vgl. auch Cormier.

9   Bienemann 56.

10  G. C. Dieffenbach, Evangelische Hausagende, Mainz 1853, 683; zit. nach Ratz-
    mann 72.

11  Aus: Kinderstuben. Wie Kinder zu Bauern, Bürgern, Aristokraten wurden, 1700–
    1850, hg. von J. Schlumbohm, München 1983, 111f. (* 1846, Nordfriesland).

12  Vgl. dazu Nagy, Adventsbaum.

13  Lotz 126.

14  Bögner 41.

15  J. Fr. Ranke, Die Erziehung und Beschäftigung kleiner Kinder in Kleinkinder-
    schulen und Familien. Elberfeld [8]1891, 377; zit. nach Nagy, Adventsbaum 24.

16  Nagy, Adventsbaum 23.

17  „Vom Himmel hoch, da komm ich her"; „Vom Himel kam der Engel Schar" (M.
    Luther); „Fröhlich soll mein Herze springen".

18  „Gott hat unser hertz und mut frölich gemacht / durch seinen lieben Son / wel-
    chen er für uns gegeben hat zur erlösung von sunden / tod und Teuffel. Wer
    solchs mit ernst gleubet / der kans nicht lassen / er mus frölich und mit lust
    davon singen und sagen / das es andere auch hören und herzu kommen" (Vorre-
    de zum Gesangbuch von Valentin Bapst 1545).

19  Vgl. Weber-Kellermann, Weihnachtslieder 158.

20  Griesbeck 98.

21  Aus: Holt Christus in die Weihnacht zurück!

22  Bienemann 56.

23  Sauermann, Weihnachten in Westfalen 62 mit ausführliche Schilderung ebd.
    132f.

24  Bericht über die Zeit um 1920 aus Blaumeiser/Blimlinger 101f.

25  Michael Pfeifer, Der Weihrauch. Geschichte, Bedeutung, Verwendung, Regens-
    burg 1997, 115.

26  L. Weinhold, Die Zeit der Räucherungen, in: Tiroler Heimatblätter 24 (1949),
    201–207.

27  „Der Hausvater geht mit Weihwasser und Weihrauch durch das Haus bzw. durch die Wohnung" (Benediktionale. Studienaugabe für die katholischen Bistümer des deutschen Sprachgebietes, Einsiedeln u. a. 1978, 50). Vorgesehen ist auch eine Segnung der Familie sowie das das Gebet eines Rosenkranzgesätzes während des Ganges durch das Haus (ebd.) Auch verschiedene Hilfen zur Gestaltung der Advents- und Weihnachtzeit in den Familien führen eine solche Haussegnung auf (Hauskirche).

## 2.3. Lieder, Musik und Instrumente

1  Weber-Kellermann, Weihnachtslieder 63.
2  Vgl. Markmiller.
3  Graff I, 242.
4  Löcher 132.
5  Theobald 130f.
6  Vorschlag in einem Pfarrbrief vor Weihnachten, in: Gottesdienst 21 (1987), 184.
7  Thurmair 32.
8  Thurmair 32f. Vgl. auch die Vorschläge der Heftreihe „Hauskirche" aus Linz; Bienemann 57; Durch das Jahr – durch das Leben 324. – Zu den anderen Elementen des Abends heißt es in einer Antwort zur Umfrage: „Dass noch Elemente des Advent dabei sind: Herbergssuche, Engel des Herrn, Adventskranz, Bild vom Frauentragen." (28)
9  Vgl. dazu Guido Fuchs, Die „Mette" vor der Christmette, in: Liturgie konkret 11/2001,1–2
10  Wolf, Christabend 76.
11  Weber-Kellermann, Weihnachtslieder 150. Vgl. dazu dies., Weihnachtsfest 53 (Abb.).
12  Vgl. Weber-Kellermann, Weihnachtslieder 152f., 160, 194; Weber-Kellermann, Weihnachtsfest 52. Seltener sind Männer am Klavier zu sehen: vgl. dies., Weihnachtsfest 51.
13  Löcher 130.
14  Löcher 133.
15  Weber-Kellermann, Weihnachtslieder 152.
16  Kempowski, Aus großer Zeit 232. Vgl. dazu auch ders., Sirius. Eine Art Tagebuch, München 1990, 625.
17  Fr. Schleiermacher, Die Weihnachtsfeier, Halle 1806. – Vgl. Art. Hausmusik, evangelische, in: RGG[4] (2000), 1484f.
18  Dieter Schellong, Schleiermachers „Weihnachtsfeier". Ein Dokument des evangelischen Bürgertums zum Anfang des 19. Jahrhunderts, in: Faber/Gajek 75–85.
19  Kempowski, Aus großer Zeit 235 (Das Vorspiel findet am Weihnachtstag statt).
20  Jeggle 279.

21  Vgl. die Hirtenlieder bei Hildegard Meyberg, (Hg.), Lasst uns singen in der Weih-
    nachtszeit, Lieder und Kanons, Donauwörth 1985, Nrn. 191, 165, 184, sowie
    bei Weber-Kellermann, Weihnachtslieder 100–105.

## 2.4. Der Christbaum

1   Allensbacher Jahrbuch der Demoskopie 1978–1983, hg. v. Elisabeth Noelle-Neu-
    mann und Edith Piel, München u. a. 1983, 61.
2   Weber-Kellermann, Weihnachtsfest 104.
3   Vgl. dazu Krogmann.
4   Vgl. Nagy, Adventsbaum.
5   Vgl. dazu Nagy, Luther 14f. und 47f. Vgl. auch Maas-Ewerd 264ff.
6   Nagy, Luther 38–47.
7   Sauermann, Weihnachten in Westfalen 31. Löcher nennt auch die Dorfschul-
    meister, durch die der Weihnachtsbaum Heimatrecht in den Familien erhielt
    (76f.).
8   Weber-Kellermann, Weihnachtsfest 118.
9   Sauermann, Weihnachten in Westfalen 133 (Berichtzeit um 1900). Vgl. auch
    Löcher 77.
10  Sauermann, Weihnachten in Westfalen 32.
11  Markus Kreuzwieser, „machet auf den türel / machet auf den türel". Streifzüge
    zur Weihnachtsthematik in der österreichischen Literatur, in: Faber/Gajek 119–
    140; 130; vgl. auch ebd. Anm. 53. „Der Christbaum ist neuen und wohl prote-
    stantischen Ursprungs und bildet einen scharfen Gegensatz gegen die Krippe"
    (A. Scherer / J. B. Lampert, Exempel-Lexikon für Prediger und Katecheten, Frei-
    burg i. Br. 1906–1909; Bd. 4, 811f.).
12  Weber-Kellermann, Weihnachtsfest 129f. Vgl. auch Nagy, Luther 47.
13  Sauermann, Weihnachten in Westfalen 101 (20er Jahre des 20. Jhs.).
14  Faber/Gajek, Einleitung 8f. Für den Vatikan war der Weihnachtsbaum Ausdruck
    für das Neuheidentum des Nationalsozialismus.
15  Pastor bonus. Zeitschrift für kirchliche Wissenschaft und Praxis 24 (1911/12),
    197. Der Autor verteidigt aber den Christbaum, weil er Christus, das Licht, ver-
    sinnbilde.
16  B. Kleinschmidt, Der Weihnachtsbaum, in: Theologisch-praktisch Quartalschrift
    57 (1904), 48–59; 58f.
17  Sauermann, Weihnachten in Westfalen 33f.
18  Bericht bei Sauermann, Weihnachten in Westfalen 34. – Vgl. auch das Gedicht
    von R. Reinick (1805–1852) „Christkind" (7): „Heut schlafen noch die Kinder
    / und sehn es nur im Traum, / doch morgen tanzen und springen / sie um den
    Weihnachtsbaum" (Carl Anders Skriver, Der Weihnachtsbaum, München 1966,
    81f.).

19 Vossen 86; vgl. auch Weber-Kellermann 206–208. Vgl. auch die Erzählung „Der Tannenbaum" von Hans Christian Andersen. Auch in den Kinderbüchern und Filmen von Astrid Lindgren wird dies beschrieben.

20 Kempowski, Tadellöser & Wolff, 280.

21 Leibholz-Bonhoeffer 29f.

22 Weber-Kellermann, Weihnachtsfest 125.

23 M. Huda, in: Hausbuch zur Advents- und Weihnachtszeit 332f.

24 Liturgisches Hausbuch 193f. Wird dieselbe Feier am Weihnachtsmorgen begangen, beginnt sie sogleich mit dem Entzünden der Kerzen. Auch in Cormiers „Lichtfeiern im Advent" werden die Kerzen am Christbaum nicht am Heiligabend entzündet (nur die am Adventskranz), sondern erst beim Luzernarium am Weihnachtstag (90–93).

25 Donat 138.

26 Hauskirche / Auf dem Weg nach Betlehem 38.

27 Wirtz 153.

28 Eissing 158.

29 So in der Oberlausitz; freundlicher Hinweis von Frau Sigrid Nagy.

30 Deutsche Kriegsweihnacht 1942; zit. nach Foitzik 125. Vgl. auch Gajek 201f.

31 Diese Lichtsprüche sind liturgisch den Fürbitten vergleichbar; so hat sich auch in ihnen der Gedanke an die Not Leidenden erhalten; vgl. Kapitel 3.3.3.

32 Foitzik 181ff.

33 Löcher 129.

34 Jeggle 279.

35 Hans Fallada, Damals bei uns daheim, Reinbek b. Hamburg 1978, 163 (zit. nach Weber-Kellermann, Weihnachtslieder 268.).

36 Kempowski, Aus großer Zeit 236.

37 Lejeune 244.

38 Weber-Kellermann, Weihnachtslieder 244.

39 Weber-Kellermann, Weihnachtsfest 165.

40 Rauchenecker, Mit Bräuchen leben 44 mit Hinweis auf eine Ausstellung 1988 im elsässischen Selestat zum Thema Weihnachtsbaum; vgl. auch Krogmann 80f.; Cullman 66.

41 Kirchhoff 65. Vgl. auch Cullmann 58–65.

42 Löcher 82f.

43 Schließke 26–33.

44 Löcher 78.

45 Zit. nach Liturgie konkret digital 12/98

46 Reifenberg 249.

47 Lied aus Reinthalers Büchlein Adam und Christus 65–66. Vgl. Nagy, Luther 43.

48 Weber-Kellermann, Weihnachtslieder 214 u. 210.

49 Ebd. 306.

50  Hauskirche /Advent – Weihnachten 37.

51  H. S., Am Weihnachtbaum die Lichter brennen … Über Kerzen, Kugeln, Lametta und anderen Christbaumschmuck, in: Neumargaretener Informationen 4/1998, 4–5.

52  Vgl. z. B. K. Weigel, Der „Christbaum", in: Theodor Maas-Ewerd (Hg.), Auf dem Weg durch die Zeit. Predigten und Besinnungen zum Kirchenjahr, Regensburg 1982, 219f. Vgl. auch Eissing 157.

53  Hollerweger 135–139.

54  Rommel 95.

55  Vgl. Herbert Rauchenecker, Alte Bräuche – Neues Denken. Impulse aus Naturschutz und Tourismus, München 1992, 47–50; vgl. Wolf, BrauchBuch 279f.

56  Riehl 252.

## 2.5. Die Krippe

1   Vgl. dazu Berliner; Kirchhoff; Weber-Kellermann, Weihnachtsfest.

2   Kirchhoff 44.

3   Neugart 34.

4   M. Rüdiger, Art. Krippe, in: LThK³ 6,482f.

5   Sauermann, Weihnachten in Westfalen 122f.

6   Gebet- und Gesangbuch für das Bistum Limburg 1957, 1080.

7   Hauskirche / Auf dem Weg nach Betlehem 36.

8   Wirtz 154.

9   Ebd. 155f.

10  Löcher 94.

11  Aus: Familie & Co 149.

12  Thurmair 28.

13  Christliches Brauchtum in der Familie 11.

14  Vgl. Nagy, Adventsbaum.

15  Kirchhoff 49–52.

16  Löcher 95.

17  Bögner 40.

18  Thurmair 28.

19  Schlißke 33.

20  Theobald 130.

21  Wirtz 153.

22  Heiliger Abend und Weihnachten zuhause / Weihnachten – Gott wird Kind 15.

23  Donat 63; vgl. auch Hauskirche / Zuwendung 32.

24  Heiligabend feiern.

25  Hauskirche / Zuwendung 30.

## 3.   Weitere Feierelemente

### 3.1. Weihnachtszimmer, verschlossene Tür und Glöckchen

1   Vgl. dazu auch Sabine Hacke-Reuter, Die Stube im westfälischen Bauernhaus, Münster 1987, bes. 62–70.

2   Sauermann, Weihnachten in Westfalen 87 (* 1899; Bielefeld/Gütersloh). – Die „kalte Pracht" bedeutet zunächst eine mit Delfter Kacheln ausgestattete Stube in norddeutschen Häusern.

3   Löcher 130.

4   „Im Hellweg und an der Haar heißt der Heilige Abend ‚Christomt'. Er beginnt nach dem Abendessen in dem Augenblick, wo der geschmückte Baum vom besten Zimmer in die Küche gebracht wird, um dort auf den großen Gabentisch gestellt zu werden. Der inzwischen mit Lichterglanz versehene Baum durfte erst bestaunt werden, wenn das kleine Glöckchen der Bäuerin die zu Bescherenden herbeirief. Vorher durfte die Küche weder von den Kindern noch von dem Gesinde betreten werden" (Sauermann, Weihnachten in Westfalen 177 (*1883; Kreis Unna; um 1900).

5   Riehl 252.

6   Weinhold 54.

7   Sauermann, Weihnachten in Westfalen 127.

8   Ernst Heimeran, Erinnerung an die Schiebetür, in: Der Heilige Abend 39–43; 40 (entnommen seinem Buch „Der Vater und sein erstes Kind").

9   Theobald 129.

10  Vgl. dazu auch Vossen 96.

11  Einen „Tollite-Portas"-Ritus gab es in der Palmsonntagsliturgie nach der Prozession zur Kirche (vgl. Auf der Maur 100) ebenso wie an Ostern (ebd. 116). Zumeist wird der Ps 24 mit seinen markanten Versen „Hebt euch, ihr Tore" dramatisierend (verschiedene Sprecher) nachgespielt. Einen Einfluss dürfte auch eine ähnliche Szene im apokryphen sog. Nikodemus-Evangelium gehabt haben; vgl. dazu G. Fuchs, Pueri Hebraeorum, in: Liturgie konkret 3/1995,1. Zum Tür-Ritus bei der Kirchweihe vgl. A. Adam, Wo sich Gottes Volk versammelt, Freiburg i. Br. 1984, 147.

12  Löcher 128.

13  Sauermann, Weihnachten in Westfalen 113 (* 1891).

14  Aus den Lebenserinnerungen Wilhelm von Kügelgen (Weihnachten 1845); zit. nach Moser 115.

15  Leibholz-Bonhoeffer 29f.

16  Bericht aus dem Anfang des 20. Jahrhunderts (Blaumeiser/Blimlinger 29–36; 32.

17  Fritz Reuter, Heiligabend im Pfarrhaus, in: Der Heilige Abend 95–106; 96.

18  Martina Radloff in einem Artikel der Zeitschrift Familie & Co (66).

## 3.2. Geschenke

1    In einem Assoziationstest zu „Weihnachten" im Jahr 1976 unter 40 Studenten im Rahmen einer Vorlesung wurden innerhalb zweier Minuten die Geschenke am zweithäufigsten nach „Weihnachtsbaum" assoziiert. Unter den religiösen und liturgischen Symbolen waren die Lieder noch relativ hoch angesiedelt. Mehrfach genannt wurden auch „Mitternachtsmesse", „Kirche". „Geburt Christi" erhielt zwei Nennungen. Vgl. H. L. Cox / M. Matter, Das Weihnachtsfest als Indikator für soziale Veränderungen in der gegenwärtigen Gesellschaft, in: Rheinisch-westfälische Zeitschrift für Volkskunde 24 (1978), 96–115.

2    Vgl. Weber-Kellermann, Weihnachtsfest 87–89.

3    Ebd. 91.

4    Vgl. Herborn.

5    Weber-Kellermann, Weihnachtsfest 70.

6    Vgl. Moser 44; Weber-Kellermann, Weihnachtsfest 24.

7    Weber–Kellermann, Weihnachtsfest 95.

8    Der Quempas geht um 61 (Bericht über die Zeit zwischen 1816 und 1826).

9    Sauermann, Weihnachten in Westfalen 49.

10    Ebd. 235 (* 1885).

11    Ebd. 209 (* 1918).

12    Löcher 131.

13    Hauskirche/Auf dem Weg nach Betlehem 36.

14    Thurmair 35.

15    Ebd.

16    Wirtz 145.

17    Sauermann, Weihnachten in Westfalen 148 (* 1895).

18    Agnes Sapper, Die Familie Pfäffling, Bayreuth [2]1984, 173.

19    Löcher 130 (um 1935).

20    Wilhelm Busch in einem Brief von 1899 an eine Verwandte (zit. nach Heutger 49).

21    Löcher 131.

22    Katholisches Gebet- und Gesangbuch der Diözese Mainz 1865, 304

23    Aus: Heiligabend feiern.

24    Neues Hausbuch 86.

25    Bienemann 55.

26    Reifenberg 250.

27    Gebet- und Gesangbuch für das Bistum Limburg 1957, 1080.

28    Lotz 133.

29    Führer 144.

30    Vgl. etwa die Schilderung bei Donat 63.

31    Vielhaber 77.

32 Nach Weber-Kellermann, Weihnachtsfest 89.
33 Allensbacher Berichte 1992 / Nr. 25.
34 Kirchhoff 70.
35 Hans Stadler, Vorweihnachten, in: Klerusblatt 13 (1932), 650.
36 Wolfgang Brückner, „Selbst gesponnen, selbst gemacht, ist die beste Bauerntracht." Zu Herkunft und Ideologie eines viel zitierten Slogans, in: Bayerische Blätter für Volkskunde 13 (1986), 76–86.
37 Ebd. 84.
38 Neues Hausbuch 86.
39 Weber-Kellermann, Weihnachtsfest 94.
40 Kempowski, Tadellöser & Wolff 113f.

## 3.3. Das Gedenken und Beschenken der Armen

1 Vgl. dazu Reicke.
2 Vgl. dazu Fuchs, Agape-Feiern 97–99.
3 Reicke 150.
4 Ebd. 159.
5 Gebet- und Gesangbuch für das Bistum Limburg 1957, 1080.
6 Caes. Arel. serm. 188. Vgl. Frühchristliche Reden zur Weihnachtszeit. Ausgewählt, übersetzt und eingeleitet von Joseph A. Fischer, Freiburg i. Br. 1963, 43–47.
7 Vgl. Werner Mezger, „Brenne auf mein Licht ...". Zur Entwicklung, Funktion und Bedeutung der Brauchformen des Martinstages, in: W. Groß/W. Urban (Hgg.), Martin von Tours. Ein Heiliger Europas, Ostfildern 1997, 273–350; bes. 300–309.
8 Löcher 140 (Bericht von Karpatendeutschen).
9 Ebd.; aus der Zeit um 1910 (aus der Slowakei).
10 Gertrud Storm, Weihnachten bei Theodor Storm, in: Deutsches Weihnachtsbuch. Eine Sammlung der schönsten und beliebtesten Weihnachtsdichtungen in Poesie und Prosa, Hamburg 1911, 208–222; 214.
11 Vgl. Sauermann, Von Advent bis Dreikönige 88–90; vgl. auch Rauchenecker, Mit Bräuchen leben 128.
12 Rauchenecker, Mit Bräuchen leben 128.
13 Ebd. 130. Vgl. auch Sauermann, Weihnachten in Westfalen 93 (* 1885). Zum Hintergrund dieses Brauches vgl. Sauermann, Von Advent bis Dreikönig 87.
14 Vgl. Fuchs, Agape-Feiern 100.
15 Löcher 106.
16 Ebd. 106f.
17 Georg Ebers, Die Geschichte meines Lebens. Vom Kind bis zum Manne. Stuttgart u. a. 1883 (zit. nach: Als Weihnachten noch Weihnachten war. Lesestücke

aus dem vorigen Jahrhundert, hg. von Anton Thuswalder, Salzburg und Wien 1986, 46–49; 46.)

18  Die diakonischen Initiativen (etwa die Anstalten) waren dabei mit beinflusst von der Erweckungsbewegung.

19  Johann Hinrich Wichern, Zweite Nachricht des Vereins für innere Mission in Hamburg am Schluss des Jahres 1850 (1851), in: ders., Sämtliche Werke II, 186–213; 207.

20  Johann Hinrich Wichern, August Hobelmann. Eine Erzählung für die Kinder des Rauhen Hauses (1849), in: ders., Sämliche Werke 7, 551–560; 557f.

21  Vgl. Anzeigen in: Löcher 186.

22  Vgl. die in den 80er und 90er Jahren entstandenen Schallplatten bekannter Stars zur Bekämpfung der Armut in Afrika („Do they know it's christmastime at all") u.a.m.

23  Das Würzburger „Fränkische Volksblatt" z. B. veranstaltet regelmäßig vor Weihnachten eine Aktion „Fröhlich sein – Gutes tun." In der „Süddeutschen Zeitung" ist es der „Adventskalender für gute Werke". Vgl. dazu auch Rauchenecker, Mit Bräuchen leben 133–138. – Am 17. 12. 2000 lief auf n-tv eine Talksendung zum Thema „Weihnachten: Warum lassen wir die Armen im Stich?"

24  Vgl. Heinrich Hanneken, Mit den „Armen der Stadt". Ein Weihnachtsgottesdienst, in: Gottesdienst 35 (2001), 168.

25  Leibholz-Bonhoeffer 11.

26  Weber-Kellermann, Weihnachtslieder 201.

27  Thomas Mann, Buddenbrooks. Verfall einer Familie (Ges. Werke 7), Frankfurt a. M. ²1974, 535.

28  Rauchenecker, Lebendiges Brauchtum 173.

29  Heiligabend feiern. Eine Gestaltungshilfe. Vgl. auch: Holt Christus in die Weihnacht zurück!

30  Kempowski, Aus großer Zeit.

31  Rauchenecker, Lebendiges Brauchtum 178.

32  Vgl. dazu Löcher 120 (Umformungen von heidnischen Beschwörungen und Abwehrriten, geboren aus Angst vor Tierkrankheiten oder Seuchen, die von bösen Geistern oder strafenden Göttern ausgelöst wurden).

33  Vgl. dazu Wolfram 9–13.

34  Ebd.

35  Ebd.

36  Vgl. dazu Balthasar Fischer, Todansage und Festankündigung bei den Haustieren. Ausdrucksformen der Solidarität zwischen Mensch und Tier im bäuerlichen Volksbrauch, in: ders., Frömmigkeit der Kirche. Gesammelte Studien zur christlichen Spiritualität, hg. von A. Gerhards und A. Heinz, Bonn 2000, 297–304; 300. Vgl. auch Kirchhoff 71–73.

37  Wolf, Christabend 76.

38   So ging in meiner Familie, als ich noch Kind war, dem Heiligabend-Geschehen das Bescheren der Kuscheltiere voraus (das Krokodil erhielt dann z. B. Marzipan-Fische, der Affe Marzipan-Bananen etc.).

39   Löcher 122.

## 3.4.  Essen und Trinken

1   Neugart 53f.

2   Sauermann, Von Advent bis Dreikönige 81 (Anfang des 20. Jahrhunderts).

3   Peter Rosegger, In der Christnacht (zit. nach: Weihnachtliches Hausbuch 125–138; 125.

4   Führer 144.

5   Vgl. dazu Theologisch-praktische Quartalschrift 91 (1938), 542.

6   L'Osservatore Romano 283 vom 5.12.1959.

7   Blaumeiser/Blimlinger 141–144; 143 (aus der Zeit um 1930).

8   Vgl. dazu Fuchs, Mahlkultur 264f. – In dem Roman „Der Bischof" von Bruce Marshall, der zeitlich kurz nach dem Konzil spielt, treffen sich am 24.12. ein Priester und eine Ordensfrau in einem Lokal. Bei der Wahl der Speisen sagt er: „Ich glaube, ich esse Fisch, wo morgen doch ein hohes Kirchenfest ist" (ebd.).

9   Barbara Krug-Richter, Alltag und Fest. Nahrungsgewohnheiten im Magdalenenhospital in Münster 1558 bis 1635, in: Trude Ehlert (Hg.), Haushalt und Familie in Mittelalter und früher Neuzeit, Wiesbaden 1997, 71–90; 88 u. 87.

10  Wolfram 2.

11  Nach einer Umfrage der Bild-Zeitung von 1992 bevorzugte ein Drittel der Anrufer am 24.12. Kartoffelsalat mit heißen Würstchen (Fuchs, Mahlkultur 354, Anm. 46).

12  Jeggle 280.

13  Vgl. Fuchs, Mahlkultur 192f. 273.

14  Neues Hausbuch 84.

15  Führer 144.

16  Susanne Ströse, Österliche Festgestaltung, München [2]1964, 53. Vgl. auch Durch das Jahr – durch das Leben 198.

17  Vgl. dazu Löcher 113.

18  Löcher 115.

19  Vgl. dazu Theodor Klauser, Die Cathedra im Totenkult der heidnischen und christlichen Antike (LF 9), Münster 1927. Vgl. auch Fuchs, Mahlkultur 199f.

20  Fuchs, Mahlkultur ebd.

21  Wolfram 15–18. Vgl. die Schilderungen bei Löcher 116f.

22  Gajek 203.

23  Vgl. Fuchs, Mahlkultur 168.

24  Vom erzgebirgischen Heiligabend-Licht, in: Weihnachtsland Erzgebirge, 99f.

25  Vgl. Weinhold 61 ff.

26  Führer 144.

27  Löcher 115.

28  Aus: Bibel und Liturgie 10 (1935/36), 143–145; 144.

29  Kopéc/Sajdak 169.

30  Ebd. 169f.

31  Löcher 116. Vgl. auch Olga Kitsch, Vom Neunerlei, in: Weihnachtsland Erzgebirge, 126f.

32  Löcher 113.

## 3.5. Erzählen, Vorlesen, Spielen

1  Durch das Jahr – durch das Leben 324.

2  Heiliger Abend und Weihnachten zuhause.

3  Vgl. Bienemann 56; Griesbeck 98.

4  Herders großes Weihnachtsbuch 154.

5  Bieger 48.

6  Dégh 334.

7  Immerhin kann man sich durch Lesen, Radio hören oder auch Fernsehen in eine virtuelle Gemeinschaft versetzen. „Auch lese ich jedes Jahr ,Weihnachten bei Buddenbrooks‘. Auf diese Weise bin ich doch auch mitten in einer Familie." (57)

8  Blaumeiser/Blimlinger 298.

9  Vgl. dazu Siegfried Neumann, Lebendiges Erzählen in der Gegenwart. Befunde und Probleme in: Wolfgang Jacobeit / Paul Nedo (Hgg.), Probleme und Methoden volkskundlicher Gegenwartsforschung, Berlin 1969, 157–167.

10  Dégh 336.

11  Weihnachtsgeschichten am Kamin (10). Gesammelt von Ursula Richter, Reinbek bei Hamburg 1995, 6.

12  Vgl. Fuchs, Mahlkultur 195–198.

13  Ebd. 214–218.

14  Thurmair 35.

15  Weihnachtliches Hausbuch 123.

16  Heiliger Abend und Weihnachten zu Hause / Stern über Betlehem 3.

17  Neues Hausbuch zur Advents- und Weihnachszeit 86.

18  Weihnachten mit Kindern vorbereiten 54.

19  Weihnachtliches Hausbuch 86.

20  Ebd. 104.

## 4. Vorbereitung und Ausklang der Feier

### 4.1. Vorbereitungen und Beginn des Heiligen Abends

1 Neues Hausbuch 84.
2 Vgl. Sauermann, Weihnachten in Westfalen 98 (Bericht aus der Zeit von 1900–1960).
3 Vgl. ebd. 183.
4 Jeggle 277.
5 Gräfin Schönfeld 42.
6 Reifenberg 248.
7 Theobald 128.
8 Sauermann, Weihnachten in Westfalen 98 (Berichtzeit nach 1900).
9 Stefan Andres, Dörfliche Moselweihnacht (zit. nach: Der kleine Adventsbegleiter. 24 Geschichten zur Weihnacht, hg. von Anne Rademacher, München/Zürich [4]1998, 135–138; 136.
10 Hauskirche / Advent – Weihnachten 36.
11 Hauskirche / Auf dem Weg nach Betlehem 36.
12 Vgl. dazu H. Trümpy, Entstehung und Ausbreitung eines neuen Brauches, in: Jahresbericht 1977 der Schweizer Geisteswissenschaflichen Gesellschaft, Bern 1978, 185–189.
13 Jeggle 276f.
14 Vgl. dazu Hildesheimer Allgemeine Zeitung vom 16. 11. 2001.
15 Gräfin Schönfeld 136.
16 Möglicherweise hat auch das Anschneiden eine tiefere Bedeutung. So zählt es zu den (abergläubischen) Verhaltensweisen während der so genannten Innernächte (Rauhnächte) zwischen dem 24.12. und 6.1., den Weihnachtsstollen zu schneiden und nicht zu brechen. (69). Zur Bedeutung des Anschneidens von Brot vgl. Fuchs, Mahlkultur 231f.
17 Vgl. auch Leibholz-Bonhoeffer: „Bis zum Nachmittag herrscht noch große Weihnachtseile, aber dann findet sich die ganze Familie im Wohnzimmer zum Tee zusammen, wo wir noch ein halbes Stündchen gemütlich beieinander sitzen. Zum erstenmal gibt es vom selbst gebackenen Christstollen" (27).
18 Kempowski, Aus großer Zeit 231f.

### 4.2. Der Kirchgang am Heiligen Abend

1 Lotz 133.
2 Herders großes Weihnachtsbuch 145.
3 Eissing 157.
4 Reifenberg 249 mit Anm. 36.
5 Hausbuch zur Advents- und Weihnachtszeit 321.
6 Pfarrbrief der Pfarrei Dittelbrunn 1999.

## Exkurs 2: Heiligabend – der christliche Seder?

1　Vgl. Josef Grob, Die alten Sederabende, in: Walter 48–50.

2　Vgl. etwa H. Embacher, Weihnukka. Zwischen Assimilation und Vertreibung – Erinnerungen deutscher und österreichischer Juden an Weihnachten und Chanukka, in: Faber/Gajek 287–306. Vgl. auch den Katalog „Weihnukka" zur gleichnamigen Ausstellung im Jüdischen Museum der Stadt Wien 1994/95. Vgl. auch Michael Hilton „Wie es sich christelt, so jüdelt es sich." 2000 Jahre christlicher Einfluss auf das jüdische Leben, Berlin 2000, 29–39; Christoph Daxelmüller, Chanukka – ein jüdisches Fest zwischen Tradition und Anpassung, in: Volkskunst 11 (1988), Heft 4, 41–48; Moshe Gerhard Hess, Weihnachten im Erleben eines Juden, in: Weihnachten heute 98–101.

3　Vgl. Johannes Wetzel, Art. Seder, in: LThK[3] 9,364f. – Vgl. ähnlich den Begriff „akoluthia" (Abfolge) für einen Gottesdienst in der orthodoxen Liturgie.

4　Vgl. zum Ganzen Auf der Maur 58–63.

5　Solche Beschreibung finden sich öfter; vgl. dazu Joyce Hannover, Gelebter Glaube. Die Feste des jüdischen Jahres, Gütersloh 1986, 31–47; Israel M. Lau, Wie Juden leben. Glaube – Alltag – Feste, Gütersloh [2]1990, 243–269.

6　Leo Trepp, der jüdische Gottesdienst, Gestalt und Entwicklung, Stuttgart 1992, 164.

7　Vgl. auch den Ansatz der katholischen Osternachtfeier, die ja auch das Gedenken der Nacht und des Auszugs zum Inhalt hat; sie soll offiziell in der Nacht (bzw. im Dunkeln) beginnen und auch noch in der Nacht enden (MB 1975, [63]).

8　In: Für Advent und Weihnachten 314f. (zuerst abgedruckt in: Dieter Trautwein, Mut zum Fest, München 1975).

9　Ebd. 315.

10　Rommel 312.

11　Reifenberg 249f.

12　Cormier, 90–96.

13　J. Steiner, Wie wir Feste in der Familie feiern, in: Lebendige Seelsorge 40 (1989), 269–272.

14　Vgl. Kopéc/Sajdak.

## 5.　Feier, Ritual oder Inszenierung

1　Zit. nach: Für Advent und Weihnachten 273f.

2　Jeggle 278.

3　Vgl. auch Ingeborg Weber-Kellermann, Weihnachtsbräuche als Akte innerfamiliärer Kommunikation, in: H. Bausinger/E. Moser-Rath (Hgg.), Direkte Kommunikation und Massenkommunikation, Tübingen 1976, 175ff.

4　Weber-Kellermann, Weihnachtsfest 122.

5  Ebd. 123f.

6  Vgl. dazu aus der Umfrage (91), (22).

7  Jeggle 276.

8  In manchen Weihnachtsbüchern wird das Weihnachtsevangelium unter verschiedene „Weihnachtsgeschichten" aufgeführt.

9  Vielhaber 77.

10  Weber-Kellermann, Familie 301.

11  Weber-Kellermann, Weihnachtslieder 149.

12  Jeggle 277.

13  Asmussen 117.

14  Heiligabend gings in die gute Stube. Interview mit dem TV-Moderator Reinhold Beckmann in: Familie & Co 182.

15  Erich Kästner, Als ich ein kleiner Junge war, in: ders., Gesammelte Schriften 6, Köln 1959, 7–155; 99f.

16  Kempowski, Tadellöser & Wolff 113.

17  Kästner (wie Anm 15) 101.

18  Fährmann 352.

19  Griesbeck/Lang 8.

20  Vgl. Griesbeck/Lang; in diesem Zusammenhang sind auch die vielfach aufgelegten Bücher von Uwe Wandrey zu verstehen, die Sammlungen kritischer und satirischer Weihnachtsliteratur enthalten: „Stille Nacht allerseits. Ein garstiges Allerlei" (Reinbek bei Hamburg 1972); „Heilig Abend zusammen. Ein garstiges Allerlei" (Reinbek bei Hamburg 1982).

21  Vgl. etwa Grom sowie verschiedene Beiträge in: Für Advent und Weihnachten 273–339; Rommel; Heute Weihnachten feiern.

22  Grün 32.

23  Dänzer-Vanotti 145.

24  Ebd. 158; vgl. auch Kristin von Kleist, Bei welchen Großeltern feiern wir?, in: Familie & Co, 49f.

25  Dänzer-Vanotti 159.

26  Ebd. 186–188.

27  So konnte ich wiederholt die Beobachtung machen bzw. aus Erzählungen erfahren, dass selbst erwachsene und längst verheiratete Kinder noch immer den Heiligabend bei den inzwischen alten Eltern des eines Ehepartners verbringen. Eine Bekannte (Jahrgang 1960) erzählte, dass sie zusammen mit ihrem Bruder und dessen Frau (keine Kinder) den Heiligabend bis heute bei ihren Eltern feiern; das Ritual läuft dabei ab wie früher: Glöckchen, Weihnachtszimmer, Lieder etc.

28  Alfons Paquet, Weihnachtsbäume, in: Diederichs 63-65.

29  Anton Baumstark, Das Gesetz der Erhaltung des Alten in liturgisch hochwertiger Zeit, in: Jahrbuch für Liturgiewissenschaft 7 (1928), 1–23.

30  Wolfram 2.

31  Dänzer-Vanotti 77.

32  Margit Kastiany, Am 24. Dezember 19…, in: E. Frank (Hg.), In der Weihnachtsstadt. Advents- und Weihnachtserzählungen, Agentur des Rauhen Hauses Hamburg 1977, 122–128.

33  Dänzer-Vanotti 77.

# 6.  Weihnachten für den Hausgebrauch *oder* Domestizierung eines Festes

1  Vgl. Beil; ein Durchblick durch Zeitschriften und Bücher zur Weihnachtszeit kann diesen Eindruck bestätigen.

2  Joseph Kardinal Ratzinger, Der Geist der Liturgie. Eine Einführung, Freiburg i. Br. 2000, 94.

3  Zu beiden Hypothesen vgl. Auf der Maur 166f.

4  Daschner 256.

5  Vgl. Joachim Wanke, Weihnachtslob für Ungläubige?, in: Gottesdienst 23 (1989),145ff.

6  Beil 162.

7  Vgl. Bieger 66–71. Vgl. auch Hoffmann 2.

8  Vgl. Gottesdienst 32 (1989), 162 u. 178.

9  Neysters 276.

10  Vgl. dazu Hans Kressel, Wilhelm Löhe als Liturg und Liturgiker, Neuendettelsau 1952, 160.

11  Art. Hausandacht in: Calwer Kirchenlexikon, Bd. I (1937), 799f.

12  Vgl. dazu L. Krappmann, Der Einfluss des Christentums auf die Erziehung in Schule und Familie, in: Neue Sammlung 37 (1997), 255–269; Grethlein 38f.

13  Vgl. dazu Gottesdienst 13 (1979), 116; Gottesdienst 8(1984), 181.

14  Vgl. dazu Gottesdienst 12 (1978), 42; 14 (1980), 171 (zum „Tag der Hauskirche").

15  Unfähig zum Gottesdienst? Liturgie als Aufgabe aller Christen, Regensburg 1991, 107f.

16  Vgl. Bieritz. Zunächst einmal trifft diese Vorstellung auf gesamtgesellschaftliche Entwicklungen, die ihr entgegenkommen: 1) Während sich das „ganze Haus" als soziale Einheit zunehmend in sekundäre soziale Systeme auflöst, artikuliert sich das Verlangen nach kleineren Gemeinschaftsformen in Kirche und Gesellschaft. Angesichts weitgehend anonymer Institutionen wächst das Bedürfnis nach überschaubaren Identifikationsräumen. 2) Auch die Kirchen werden von vielen Menschen als weitgehend anonyme, undurchschaubare Gebilde erlebt. Vor allem bei gegenläufigen gesellschaftlichen Trends ist die einzelne Familie auf dem Gebiet der religiösen Sozialisation isoliert und überfordert, da sie nicht mehr an einer allgemeinen religiösen Kultur teilhat. – Von daher erscheinen Basisgemeinschaften geeignet zur Überwindung von Isolation und Individualismus. Allerdings erscheint dieser Aufbruch zu neuen Formen gleichzeitig als eine Rückwendung auf jene

grundlegende soziale Einheit des „ganzen Hauses". Mit diesem Rückzug auf überschaubare soziale Gefüge wird die Gegenwart zur Vergangenheit hin geöffnet –
um aber damit zugleich die Zukunft zu ermöglichen.

17   Auf diese Öffnung der Feier weisen auch etliche Hilfen hin (z. B. Neis; Heiligabend feiern)

18   Vgl. Fuchs, Mahlkultur 66f.

19   Etwas Ähnliches ist am Allerheiligentag (1. November) zu beobachten, der das
Gedächtnis der Verstorbenen (Allerseelen, 2. November) weitgehend an sich gezogen hat.

20   Kempowski, Deutsche Familienfeste 23.

# Bildnachweis

Abb.   1   Bremer Gesangbuch (Bremer Gesangbuchgesellschaft m.b.H.).

Abb.   2   Bildarchiv der Volkskundlichen Kommission für Westfalen, Landschaftsver-
band Westfalen-Lippe (Fotograf: Risse 0000.69739).

Abb.   3   Kempowski-Archiv Nartum, Album 162, o. S., o. J.

Abb.   4   privat.

Abb.   5   Kempowski-Archiv Nartum, Album 921/2, S. 38 (1948).

Abb.   6   privat.

Abb.   7   privat.

Abb.   8   Kempowski-Archiv Nartum, Album 872/3, o. S. (1978).

Abb.   9   Anzeige der Firma Ostheimer, erschienen in: Familie & Co 12/2001, S. 149
(Ausschnitt).

Abb. 10   Bildarchiv der Volkskundlichen Kommission für Westfalen, Landschaftsver-
band Westfalen-Lippe (Fotograf: Biesenbaum 0000.68948).

Abb. 11   Sepp Arnemann, Heiter geht's weiter, Heinrich-Bauer-Verlag, Hamburg, 1963,
S. 204.

Abb. 12   Agnes Sapper, Die Familie Pfäffling, Stuttgart 1946, S. 138.

Abb. 13   Kempowski-Archiv Nartum, Album 5032, o. S., o. J.

Abb. 14   F. B. Doubek, O du fröhliche, o du selige gnadenberingende Weihnachtszeit!
Kunstbeilage zur „Sonntagszeitung für das Deutsche Haus", aus: Ingeborg
Weber-Kellermann, Die Familie, Frankfurt am Main 1976, S. 322.

Abb. 15   Kempowski-Archiv Nartum, Album 872/3, o. S. (1978).

Abb. 16   Prospektbeilage der Firma IKEA, November 1993 (Ausschnitt).

Trotz intensiver Recherchen ist es nicht in allen Fällen gelungen, die jeweiligen Rechteinhaber
ausfindig zu machen. Eventuelle Ansprüche bitten wir gegen den Verlag Friedrich Pustet, Regensburg, geltend zu machen.

# Literaturverzeichnis

Asmussen, Hans: Eine lutherische Weihnachtsfeier, in: Evangelische Weihnacht (Kirche und Welt unter der Botschaft des Christseins 6), Tübingen 1949, 110–118.

Auf der Maur, Hansjörg: Feiern im Rhythmus der Zeit. I. Herrenfeste in Woche und Jahr (Gottesdienst der Kirche. Handbuch der Liturgiewissenschaft 5), Regensburg 1984.

Bausinger, Hermann: Das Weihnachtsfest der Volkskunde. Zwischen Mythos und Alltag, in: Faber / Gajek 169–181.

Bieger, Eckard: Das Kirchenjahr zum Nachschlagen. Entstehung – Bedeutung – Brauchtum, Kevelaer, 3. vollst. überarb. und erw. Auflage 1995.

Bienemann, Georg: Hand in Hand – Familien beten, Kevelaer 1982.

Bieritz, Karl-Heinrich: Rückkehr ins Haus? Sozialgeschichtliche und theologische Erwägungen zum Thema „Hauskirche", in: Berliner Theologische Zeitschrift 3/1 (1986), 111–126.

Blaumeiser, Heinz / Blimlinger, Eva (Hgg.): Alle Jahre wieder … Weihnachten zwischen Kaiserzeit und Wirtschaftswunder (Damit es nicht verlorengeht 25), Wien u. a. 1993.

Bögner, Erna: Heiliges Jahr daheim, Leipzig 1961.

Cassel, Paul: Weihnachten. Urspünge, Bräuche und Aberglauben. Ein Beitrag zur Geschichte der christlichen Kirche und des deutschen Volkes, Berlin 1937 (unveränderter Nachdruck der Ausgabe 1862).

Christliches Brauchtum in der Familie, hg. vom Erzbischöflichen Seelsorgereferat, München o. J.

Cormier, Jay: Lichtfeiern im Advent, Limburg 1998.

Dänzer-Vanotti, Irene: Ach du fröhliche. Das Weihnachtsbuch für Singles und alle, die anders feiern wollen, München 1997.

Daschner, Dominik: Wann ist Weihnachten? Die Weihnachtszeit in den liturgischen Büchern und im Bewusstsein von Kirche und Öffentlichkeit, in: Heiliger Dienst 49 (1995), 244–256.

Dégh, Linda: Art. Erzählen, Erzähler, in: Enzyklopädie des Märchens. Handwörterbuch zur historischen und vergleichenden Erzählforschung, hg. von Kurt Ranke, Band 4, Göttingen 1984, 315–342.

Der Heilige Abend. Geschichten und Bilder zur Weihnacht, ausgewählt von Rudolf Bayr, Salzburg und Wien 1984.

Der Quempas geht um. Vergangenheit und Zukunft eines deutschen Christnachtbrauches. In Verbindung mit Konrad Ameln dargestellt von Wilhelm Thomas, Kassel 1965.

Diederichs, Ulf: Das Große Kölner Weihnachtsbuch. Festtagsbräuche und Familienleben im Wandel der Zeit, Köln 1993.

Donat, Hans u. a.: Das Kirchenjahr in der Familie. Ratschläge zur Gestaltung kirchlicher Festtage, Leipzig [2]1981.

Durch das Jahr – durch das Leben. Hausbuch der christlichen Familie, München 1988.

Dürig, Walter: Familienliturgie, in: Anima 14 (1959), 259–267.

Egenolf, Hans-Andreas u. a.: Feiertage in der Familie. Ratschläge zur Gestaltung kirchlicher Festtage (Die Hauskirche 14), Leipzig 1971.

Eichelberger, Hans-Werner: Jedem seine Feier? Die Feier von Weihnachten aus zwei Perspektiven, in: Gottesdienst 21 (1987), 161–163.

Eissing, Dieter: Auftakt des Weihnachtsfestes. Vorschläge für einen Wortgottesdienst am Heiligen Abend, in: Gottesdienst 18 (1984), 157f.

Faber, Richard/Gajek, Esther (Hgg.), Politische Weihnacht in Antike und Moderne. Zur ideologischen Durchdringung des Fests der Feste, Würzburg 1997.

Fährmann, Willi: Kirchenfeste in der Familie, in: Lebendige Seelsorge 29 (1978), 351–354.

Familie & Co 12/2001: Weihnachten mit Kindern – dieses Fest wird unvergesslich, Hamburg 2001.

Foitzik, Doris: Rote Sterne, braune Runen. Politische Weihnachten zwischen 1870 und 1970 (Internationale Hochschulschriften 253), Münster u. a. 1997.

Frey, A.: Das liturgische Familienleben, in: Bibel und Liturgie 12 (1937/38), 179–186, 417–420.

Fuchs, Guido: Agape-Feiern in Gemeinde, Gruppe und Familie, Hinführung und Anregungen, Regensburg 1997.

Fuchs, Guido: Die Feier des Sonntags am Samstagabend, in: Liturgisches Jahrbuch 42 (1992), 81–95.

Fuchs, Guido: Mahlkultur. Tischgebet und Tischritual (Liturgie & Alltag), Regensburg 1998.

Führer, M.: Familie und Heim in der Weihnachtszeit, in: Bibel und Liturgie 11 (1936/37), 144–146.

Für Advent und Weihnachten in Familie, Gruppe, Gemeinde, Freiburg i. Br. 1976.

Gajek, Esther: Nationalsozialistische Weihnacht. Die Ideologisierung eines Familienfestes durch Volkskundler, in: Faber/Gajek 183–205.

Goy, Barbara: Aufklärung und Volksfrömmigkeit in den Bistümern Würzburg und Bamberg, Würzburg 1969.

Graff, Paul: Geschichte der Auflösung der alten gottesdienstlichen Formen in der evangelischen Kirche Deutschlands, Band I, Göttingen [2]1937; Band II, Göttingen 1939.

Gräfin Schönfeldt, Sybil / Ströbl-Wohlschläger, Ilse: Das große Ravensburger Weihnachtsbuch. Basteln, Backen, Kochen, Feiern, Ravensburg 1979.

Grethlein, Christian: Grundfragen der Liturgik. Ein Studienbuch zur zeitgemäßen Gottesdienstgestaltung, Gütersloh 2001.

Griesbeck Josef: Viel Glück und viel Segen. Glückwünsche und Segensgesten, München 1992.

Griesbeck, Josef/Lang, Hans: Experiment Weihnachten. Themen, Texte, Happenings, München 1972.

Grom, Bernhard: Weihnachten feiern. Zwischen kritischem Engagement und neuem „Ja zum Feiern", in: Stimmen der Zeit 194 [101] (1976), 847–852.

Grün, Anselm: Geborgenheit finden – Rituale feiern. Wege zu mehr Lebensfreude, Stuttgart 1997.

Hausbuch zur Advents- und Weihnachtszeit. Ein Lese- und Werkbuch, hg. von Georg und Maria Luise Thurmair u. a., Freiburg [5]1969.

Hauskirche, hrsg. vom Pastoralamt der Diözese Linz. Einzelhefte:
– Auf dem Weg nach Betlehem (o. J.)
– Advent Weihnachten (1991)
– Zuwendung. Advent / Weihnachten (1996)
– Vom Licht berührt (2001)

Heiligabend feiern. Eine Gestaltungshilfe, hg. vom Bischöflichen Ordinariat Rottenburg 1989.

Heiliger Abend und Weihnachten zu Hause, hg. vom Erzbischöflichen Generalvikariat Paderborn. Einzelhefte:
– Wir haben seinen Stern im Morgenland gesehen (o. J.)
– Aus dem Baumstumpf Isais wächst ein Reis hervor (o. J.)
– Zu Betlehem geboren (o. J.)
– Die Engel an der Krippe (1992)
– Kinder aus aller Welt kommen zur Krippe (1994)
– Stern über Betlehem (1995) – Weihnachten
– Gott wird Kind (1996)
– Mit den Hirten unterwegs zur Krippe (1997)
– 2000 Jahre Licht aus Betlehem (1999)

Herborn, Wolfgang: Fast-, Fest- und Feiertage im Köln des 16. Jahrhunderts, in: Rheinisches Jahrbuch für Volkskunde 25 (1983/84), 27–61.

Herders großes Weihnachtsbuch, hg. von Ulrich Peters, Freiburg i. Br. 1993.

Heute Weihnachten feiern? Ein Werkheft für Schule, Katechese und Familie, hg. von Heinz Janssen u. Franz Josef Ortkemper, Hildesheim [2]1973.

Heutger, Nicolaus: Das Jahr des Herrn im alten Niedersachsen. Festbuch der St.-Lamberti-Kirche zu Hildesheim, Hildesheim o. J. (ca. 1992).

Hoffmann, Klaus: Civil Religion in Deutschland (BRD) am Beispiel des Weihnachtsfestes, in: LWB-Dokumentation Nr. 12 (1982), 1–26.

Hollerweger, Hans (Hg.): Bereitet den Weg. Hilfen zur Gestaltung von Advent und Weihnachten, Regensburg 1983.

Holt Christus in die Weihnacht zurück! Heiliger Abend in der Familie, Faltblatt ohne Angaben (nach 1975).

Höreth, Edith: Christen feiern Feste. Sinn und Gestalt der Festlichkeit, Stuttgart/Berlin 1969.

Jeggle, Utz: Schöne Bescherung. Spekulationen über Weihnachten, in: Faber/Gajek 275–286.

Walter Kempowski: Aus großer Zeit, zit. nach: Goldmann Taschenbuch, Lizenzausgabe mit Genehmigung der Albrecht Knaus Verlag GmbH, [5]1987, © bei Albrecht Knaus Verlag, München, einem Unternehmen der Verlagsgruppe Random House GmbH.

Walter Kempowski: Schöne Aussicht, zit. nach: Goldmann Taschenbuch, Lizenzausgabe mit Genehmigung der Albrecht Knaus Verlag GmbH, [5]1987, © bei Albrecht Knaus Verlag, München, einem Unternehmen der Verlagsgruppe Random House GmbH.

Walter Kempowski: Tadellöser & Wolff, zit. nach: Goldmann Taschenbuch, Lizenzausgabe mit Genehmigung der Albrecht Knaus Verlag GmbH, [10]1989, © bei Albrecht Knaus Verlag, München, einem Unternehmen der Verlagsgruppe Random House GmbH.

Walter Kempowski: Uns geht's ja noch gold, zit. nach: dtv (1090) 1975, © bei Albrecht Knaus Verlag, München, einem Unternehmen der Verlagsgruppe Random House GmbH.

Walter Kempowski: Ein Kapitel für sich, zit. nach: dtv (1347) [9]1986, © bei Albrecht Knaus Verlag, München, einem Unternehmen der Verlagsgruppe Random House GmbH.

Walter Kempowski: Deutsche Familienfeste, in: ZEIT-Magazin 53/1987, 14–23.

Kirchhoff, Hermann: Christliches Brauchtum. Feste und Bräuche im Jahreskreis, München 1995.

Kopéc, Jozef/Sajdak, Czeslaw: Gut sein wie Brot. Weihnachtsbräuche in polnischen Familien und Gemeinden, in: Gottesdienst 14 (1980), 169–171.

Krogmann, Willy: Die Wurzeln des Weihnachtsbaumes, in: Rheinisches Jahrbuch für Volkskunde 13/14 (1962/63), 60–80.

Kügler, H.: Zur Geschichte der Weihnachtsfeier in Berlin, in: Niederdeutsche Zeitschrift für Volkskunde 8 (1930); 129–177.

Langbein, B. A.: Tägliche Erquickung aus dem Heilsbrunnen. Ein Handbuch zur gemeinsamen Hausandacht nach der Ordnung des Kirchenjahres. Zweite vermehrte und verbesserte Auflage 1866.

Leibholz-Bonhoeffer, Sabine: Weihnachten im Hause Bonhoeffer, Gütersloh [11]2000.

Lejeune, Carlo: Leben und Feiern auf dem Lande. Die Bräuche der belgischen Eifel. Band I: Von Silvester bis Weihnachten. Die Frömmigkeit des Volkes, St. Vith 1993.

Liturgisches Hausbuch. Gebete der Familie, hg. von Heinz Janssen, Kevelaer 1991.

Löcher, Paul: Wie's einstens war zur Weihnachtszeit. Ein Buch der Erinnerungen, Ostfildern [3]1981.

Lotz, Walter (Hg.): Christliches Hausbuch. Gebete, Unterweisungen und Betrachtungen für den Tag, die Woche, das Jahr und die verschiedenen Gelegenheiten des Lebens, Kassel [3]1951.

Maas-Ewerd, Theodor: „Schon leuchtet deine Krippe auf." Die Feier der Geburt Jesu Christi und der weihnachtliche Festkreis in Liturgie und Brauchtum, St. Ottilien 2000.

Markmiller, Fritz: Der Tag der ist so freudenreich. Advent und Weihnachten (Bairische Volksfrömmigkeit. Brauch und Musik I), Regensburg 1981.

Meyberg, Hildegard: (Hg.), Lasst uns singen in der Weihnachtszeit. Lieder und Kanons, Donauwörth 1985.

Minichthaler, Joseph: Handbuch der Volksliturgie, Regensburg 1931.

Moser, Dietz-Rüdiger: Bräuche und Feste im christlichen Jahreslauf. Brauchformen der Gegenwart in kulturgeschichtlichen Zuammenhängen, Graz u. a. 1993.

Nagy, Sigrid: Der Adventsbaum. Ein evangelischer Verheißungsbrauch (Veröffentlichungen zur Volkskunde und Kulturgeschichte 67), Würzburg 1998.

Nagy, Sigrid: Wie Luther zum Weihnachtsbaum kam, in: Jahrbuch für Volkskunde N.F. 23 (2000), 11–50.

Neis, Helga: Friede den Menschen seiner Gnade. Vorschlag zur Gestaltung einer Weihnachtsfeier in der Familie, in: Gottesdienst 17 (1983), 174f.

Neues Hausbuch zur Advents- und Weihnachtszeit, Freiburg i. Br. 1977.

Neugart, A.: Handbuch der Liturgie für Kanzel, Schule und Haus. I. Die heiligen Zeiten, Einsiedeln [2]1934.

Neysters, Peter, Advent und Weihnachten in der Familie mit Kindern, in: Lebendige Seelsorge 31 (1980), 275–278.

Parsch, Pius: Das Jahr des Heiles. Klosterneuburger Liturgiekalender. Band 1: Weihnachtsteil, Klosterneuburg 1933.

Parsch, Pius: Liturgie und Familie, in: Bibel und Liturgie 8 (1932/33), 161–167.

Pascher, Joseph, Das liturgische Jahr, München 1963.

Poiesz, G.: Art. Huisliturgie, in: Liturgisch Woordenboek I, Roermond 1962, 1016–1019.

Ratzmann, Wolfgang: Kleiner Gottesdienst im Alltag. Theorie und Praxis evangelischer Andacht (Beiträge zur Liturgie und Spiritualität 3), Leipzig 1999.

Rauchenecker, Herbert: Lebendiges Brauchtum. Kirchliche Bräuche in der Gemeinde, München 1985.

Rauchenecker, Herbert: Mit Bäuchen leben. Alte und neue Formen christlichen Feierns, München 1989.

Reicke, Bo: Diakonie, Festfreude und Zelos in Verbindung mit der altchristlichen Agapenfeier, Uppsala/Wiesbaden 1951.

Reifenberg, Hermann: Liturgisches Jahr, Gemeindearbeit und Volksfrömmigkeit II. Advent – Weihnachten – Beginn des Jahreskreises, in: Bibel und Liturgie 46 (1973), 237–258.

Riehl, Wilhelm Heinrich: Die Familie, Stuttgart 1861.

Rommel, Kurt (Hg.): Familienfeste im Kirchenjahr I, Stuttgart 1986.

Ruland, Josef: Weihnachten in Deutschland, Bonn 1978.

Sauermann, Dietmar: Von Advent bis Dreikönige. Weihnachten in Westfalen, Münster/New York 1996 (Beiträge zur Volkskultur in Nordwestdeutschland 93).

Sauermann, Dietmar: Weihnachten in Westfalen um 1900. Berichte aus dem Archiv für westfälische Volkskunde, Münster 1976.

Schleiermacher, Friedrich, Die Weihnachtsfeier, Halle 1806.

Schlißke, Otto: „Äpfel, Nuss und Mandelkern". Was unsere Advents- und Weihnachtsbräuche bedeuten, Neukirchen-Vluyn [8]1988.

Skriver, Carl Anders: Der Weihnachtsbaum, München 1966.

Steinwede, Dietrich, Nun soll es werden Frieden auf Erden. Weihnachten: Geschichte, Glaube und Kultur, Düsseldorf 1999.

Stenta, Norbert: Eine volksliturgische hl. Nacht, in: Bibel und Liturgie 4 (1929/30), 119f.

Theobald, Vreni und Dieter: Heut schließt er wieder auf die Tür. Ein Familienbuch für die Advents- und Weihnachtszeit, Gießen 1999.

Thurmair, Maria: Wie Weihnachten richtig feiern. Überlegungen und praktische Anregungen, München/Luzern 1977.

Überlegungen zu gottesdienstlichen Feiern am Heiligabend, in: Christo tuo venienti occurrentes. Christus kommt. Wir gehen ihm entgegen, hg. vom Bischöflichen Generalvikariat Münster 1993, 19–25.

Vielhaber, Maria: Gotteslob in der Familie, Mainz 1950.

Vossen, Rüdiger: Weihnachtbräuche in aller Welt, Hamburg [2]1986.

Walter, Wolfgang: Meinen Bund habe ich mit dir geschlossen. Jüdische Religion in Fest, Gebet und Brauch, München 1989.

Weber-Kellermann, Ingeborg: Das Buch der Weihnachtslieder, Mainz-München [5]1988.

Weber-Kellermann, Ingeborg: Das Weihnachtsfest. Eine Kultur- und Sozialgeschichte der Weihnachtszeit, München/Luzern 1987.

Weber-Kellermann, Ingeborg: Die Familie. Geschichte, Geschichten und Bilder, Frankfurt a. M. [2]1990.

Weihnachten heute. Das Weihnachtsfest in der pluralistischen Gesellschaft. Gesammelte Aufsätze, hg. von Theodor Bogler (Liturgie und Mönchtum 39), Maria Laach 1966.

Weihnachten mit Kindern vorbereiten. Anregungen und praktische Tips von Maria Karin Krüppel, Freiburg i. Br. 1976.

Weihnachtliches Hausbuch, hg. von Anna Martina Gottschick, Kassel 1954.

Weihnachtsland Erzgebirge, hg. von Gerhard Heilfurth u. a., Husum 1988.

Weinhold, Gertrud, Das Gottesjahr und seine Feste, München/Zürich 1986.

Werkbuch Weihnachten. Textbeispiele evangelischer und katholischer Gottesdienste für Gemeinde und Familie, hg. von Uwe Seidel und Wilhelm Willms, Wuppertal 1972.

Wir sagen Euch an: Advent. Deutscher Katechetenverein e. V. Paderborn 1999.

Wirtz, Klara: Christliche Heimgestaltung. Anregungen für Werktag und Feier in der Familie, Limburg/Lahn [3]1953.

Wolf, Helga Maria: Das BrauchBuch. Alte Bräuche – neue Bräuche – Antibräuche, Wien 1992.

Wolf, Richard: Christabend, in: Menzel, Wilhelm (Hg.): Ostdeutsche Weihnachten. Geschichten und Gedichte, Betrachtungen und Berichte, Wolfenbüttel 1964, 73–79.

Wolfram, Richard: Weihnachtsgast und „Heiliges Mahl", in: Zeitschrift für Volkskunde 58 (1962), 1–31.

Zauner, Wilhelm: Hausliturgie? Privatfrömmigkeit?, in: Liturgie konkret 3/1981, 1–2.

Zum Heimabend in der Weihnachtszeit, in: Bibel und Liturgie 5 (1930/31), 126f.

# Register

# Abkürzungen

EGB   Evangelisches Gesangbuch 1993

EKO   Evangelische Kirchenordnungen des XVI. Jahrhunderts

GeV   Sacramentarium Gelasianum Vetus (Liber Sacramentorum
      Romanae Aecclesiae Ordinis anni circuli, i. Verb. mit L.
      Eizenhöfer u. P. Siffrin hg. von L. C. Mohlberg, Rom 1960).

GL    Gotteslob

GrH   Sacramentarium Gregorianum Hadrianum (J. Deshusses, Le Sacramentaire
      Grégorien. Édition comparative 1–2 [Spicilegium Friburgense 16 u. 24], Fribourg
      1971/79).

MB    Messbuch für die Bistümer des deutschen Sprachgebietes (1975)

MR    Missale Romanum (1970)

Ve    Sacramentarium Veronense, i. Verb. mit L. Eizenhöfer u. P. Siffrin
      hg. v. L. C. Mohlberg, Rom 1956.

WA    Martin Luther: Werke. Kritisches Gesamtausgabe („Weimarer Ausgabe")

# Jede Mahlzeit kann zu einem christlichen Erkennungszeichen werden.

Liturgie & Alltag

*Guido Fuchs*

## Mahlkultur
Tischgebet und Tischritual

*Verlag Friedrich Pustet*

Das jedenfalls meint Guido Fuchs, der der Frage nachgeht, welche Bezüge es zwischen Liturgie und alltäglichem Essen und Trinken gibt. Er stellt Riten und Bräuche des Mahls und des Tischgebetes dar und untersucht sie in ihren liturgiehistorischen und sozio-kulturellen Zusammenhängen. Daraus ergeben sich Anregungen zu einer heute praktizierbaren Mahlkultur, die rückwirken kann auf die eucharistische Feier.

**Guido Fuchs**
## Mahlkultur
### Tischgebet und Tischritual

Reihe: Liturgie und Alltag
387 Seiten, 25 Abb.,
Hardcover.

Verlag Friedrich Pustet,
Regensburg
ISBN 3-7917-1595-X

EUR (D) 24,90/sFr 45.–
EUR (A) 25,60*
*empf. Ladenpreis

*Nähere Informationen:*
**www.mahlkultur.de**